Ni Buzhidao De

你不知道的**中国CHINA**

中 国 地 理 文 化 丛 书

U0740451

圣人故里

山东

（二）

曾招喜 张爱文 ◎编著

中国旅游出版社

序

我们伟大的祖国有 960 万平方公里的辽阔疆土和 1.8 万公里的海岸线。从东到西,由南向北,壮丽的山河、富饶的土地,蕴藏着无尽的宝藏,滋养了伟大的中华民族;各地区独具特色的地域文化,共同形成了生生不息、绵延不绝的中华五千年文明。

数千年来,地理环境的不同生成了不同的民族,也成就了不同的文化。北方的草原大漠既养育了能征善战、驰骋欧亚的一代天骄,也造就了千年不衰的敦煌文化和鬼斧神工的月牙泉奇景;东南沿海辽阔的海疆,既便利了徐福、郑和扬帆远航,传播中华文明,吸收海外文化,也成就了一代又一代侨商巨贾,让中国人的足迹踏遍海角天涯;江南水乡富饶的阡陌田畴既哺育了成百上千的文人雅士,也雕琢出道法自然、幽雅绝伦的江南园林;如果说青藏高原的雄伟雪峰、蓝天白云和千古冰川是虔诚宗教的天然乐土,那么川渝的灵山秀水、天府的氤氲气候则是孕育辛辣美味的川菜佳肴的必备温床……在中国这块神秘的土地上,随处可见的是自然和人文的完美结合,随时可感的是中国地理文化的独特魅力。中国人崇尚天人合一,崇尚自然,寄情于山水,借山水寓思想;名山大川,野径小溪,一草一木,不仅成为中国人精神的慰藉,而且承载了中华民族灿烂的文化。

我们编辑出版这套《中国地理文化丛书》,意在区分不同地域,采用通俗易懂的问答形式向读者介绍各地特有的地理风貌、历史遗存、民风民俗、逸闻逸事、宗教文化、风土人情。条目的选取以突出地域性、知识性和可读性为标准,力求让读者通过浅阅读,收获真知识和正能量。为便于查询,本书特按省、市、自治区行政区划编辑成册,每册又以地市级行政区划编目。为保证质量,我们特邀数百位长期从事历史、地理、旅游研究的专家、学者联合编撰,使图书既不失严谨而又真正做到了简约生动,通俗易懂。

　　了解中华大地不同地域自然和文化的发展和演变,既有助于了解我们世世代代赖以生存的这块土地的昨天和今天,又有助于了解我们伟大的民族和悠久文化的昨天和今天,更有助于把握我们的民族和文化的未来。特别是在中华民族复兴之梦日渐光明的今天,这项工作显得尤为重要。如果我们的努力能为这项神圣的使命贡献一份绵薄之力,那将是我们的无上荣光!

目 录
CONTENTS

中国地理文化丛书

山东（二）

潍坊市

济宁市

泰安市

威海市

临沂市

德州市

聊城市

滨州市

菏州市

致　谢

潍 坊 市

你 了解潍坊市吗？

潍坊市位于山东半岛中部，辖潍城、坊子、寒亭、奎文 4 区，临朐、昌乐 2 县，安丘、昌邑、高密、青州、诸城、寿光 6 县级市，总面积 1.58 万平方千米，2012 年户籍人口 878.87 万，是"世界风筝之都"和中国优秀旅游城市。

潍坊是山东半岛的交通枢纽。境内有济青、潍莱、东青 3 条高速公路和胶济、胶新、大莱龙、益羊、青临 5 条铁路。有潍坊港、羊口港两个国家二类开放口岸。潍坊机场已开通北京、上海、广州、海口等航线，是全国四大航空邮件处理中心之一。

潍坊物产丰富，资源充足。全市平原和沿海低地占总面积的 2/3 以上。北部海岸线长 140 千米。境内已发现矿产资源 58 种，已开采利用 42 种；蓝宝石储量居全国之最。峡山水库最大库容量 14 亿立方米，为全省之最。

潍坊有着雄厚的产业经济基础。农业方面是山东省重点产粮区和全国重要的农副产品生产加工基地，有 500 多种农产品出口世界 80 多个国家和地区，其中禽肉出口占全国的 40%。工业经济发

展迅速，现已形成机械装备、海洋化工、纺织服装、造纸包装、食品加工、电子信息等优势产业。有 45 种主导产品生产规模居全省同行业第一，32 种产品居全国同行业前列。

潍坊自古以来人文荟萃，英杰辈出。"三皇五帝"中的舜、齐国政治家晏婴、东汉经学大师郑玄、北魏农学家贾思勰、北宋画家张择端等都出自潍坊。孔融、寇准、范仲淹、欧阳修、苏东坡、郑板桥等曾在潍坊执政理事，并留下了不少诗文墨迹，流传于世。近代涌现出了王尽美、陈少敏、王愿坚、王统照、臧克家等一批革命家、文学家和艺术家。

潍坊有着得天独厚的旅游资源，如小巧玲珑兼有南北园林特色的十笏园；"扬州八怪"之一郑板桥的书画真迹；稀世珍宝山旺古生物化石；有"东小泰山"之称的沂山风光；清澈透底、四季恒温的名泉老龙湾；隋唐时期雕刻而成的齐鲁最大佛窟——驼山石窟造像；中国三大画市之一的杨家埠木版年画；安丘石家庄的农家风俗和田园生活；被称为民间艺术"三绝"的高密剪纸、泥塑、扑灰年画等。

潍坊是历史上著名的手工业城市，有着特色鲜明的手工艺品及与之相关的民俗。20 世纪 80 年代中期，潍坊首开了中国民俗旅游的先例，开辟了千里民俗旅游线，并举办了蜚声中外的潍坊国际风筝会，成为世界著名的国际风筝之都。每年 4 月 20 日～30 日，潍坊都要举办国际风筝节，举行盛大的风筝放飞比赛。届时，世界各地爱好风筝的人们云集潍坊，旅游搭台，经贸唱戏。

潍坊是怎样成为"世界风筝之都"的？

潍坊古来有春季放风筝的风俗。1984 年当地政府发扬这一优秀民间文化传统，倡导举办国际风筝会，当年就有美国、英国、加拿大、澳大利亚、新西兰、荷兰、新加坡、日本、联邦德国、中国香港等 11 个国家和地区的 17 个风筝团、队，100 多名放飞员前来赴会。首届风筝会于 1984 年 4 月 1 日在潍坊市体育场举行，潍坊市风筝协会主席邹立桂和美国西雅图风筝协会主席戴卫·切克列，先后在开幕式上致辞，12000 名风筝爱好者参加了开幕式。当天下午，各风筝团、队进行放飞表演，近 10 万观众到场观看。会后，国外近百家新闻机构、国内 45 家新闻单位对这届风筝会作了报道。原来在国内外知名度不算太高的潍坊市，随着风筝会的举行，一下子名满天下。从此，每年 4 月都在潍坊市举办国际风筝会，规模越来越大，规格越来越高，内容越来越丰富。

1987 年 10 月，潍坊市风筝协会向世界各国风筝组织发出推选世界风筝都的《倡议书》，引起各国较大反响，纷纷来电表示支持。1988 年 4 月 1 日，在第五届潍坊国际风筝会主席团会议上，美国风筝界知名人士、西雅图风筝协会主席戴卫·切克列先生宣读《提议潍坊市为"世界风筝都"的倡议书》，他盛赞潍坊风筝历史悠久、技术精湛和潍坊市为推动风筝作为一种体育、旅游项目在世界范围内的发展所做的贡献。13 个国家和地区的代表一致通过戴卫·切克列的倡议，并在《倡议书》上签字。至此，潍坊市正式被推举为"世界风筝之都"。

你 了解高密民间艺术"三绝"吗？

高密民间艺术"三绝"分别指剪纸、泥塑和扑灰年画。

高密剪纸在民间历史悠久，广为普及。明代洪武年间大批移民，带来外地剪纸，主客融合，逐渐形成了独特的高密剪纸的风格。一是块与线形成黑白灰色调，相互衬托，对比强烈，并富有韵律感。二是纸条挺拔，浑厚粗犷，富有浓重的金石意味。三是

以精巧的构思见长，构图夸张变形不失真。其题材多为花鸟鱼虫、戏剧故事、吉祥图案、生活习俗等，深受群众喜爱。剪纸作者大都是民间妇女，她们未受过专业艺术教育，兴之所至，随心创作，作品不拘成法，粗犷中见清秀，朴拙中藏精巧。

高密泥塑已有400多年的历史。在明朝隆庆、万历年间，这里的农民就自己设计用泥做成一种叫"锅子花"（也称泥墩子）的焰火出售。后来又把装火药的泥坯塑成娃娃形，焰火放过以后，再当玩具或装饰品摆设。最后这个泥塑的品种逐渐增多，有老虎、狮子、猴子、小狗、小猫、鸡、鸭等动物，也有《白蛇传》、《孙悟空》、《牛郎织女》等传奇故事，并且涂以各种颜色，使其生动活泼。从此，泥塑不再是焰火的附属品，而演变成为一种独立的手工艺术品。到清朝乾隆年间，聂家庄泥塑又借鉴了杨家埠年画的艺术特点，在表现手法上和着色上有所创新，且逐步增加了音效和局部动作，使声音、色泽、动作融为一体。每逢山集、庙会都有卖泥玩具的。民间流传着"孩子哭，找他妈，他妈买个泥娃娃，逗得孩子乐哈哈"的民谣。

高密扑灰年画，全国独此一家。它的制作方法是打好腹稿以后，艺人用柳木炭条起线稿，再用画纸在线稿上扑抹复印，一稿可扑数张，因有这一工序，便有"扑灰"之名。扑灰起稿之后，再加手绘，经"大涮狂涂"、"细心巧画"、"描子勾拉"、"粉脸"、"涮手"、"赋彩"、"开眉眼"、"勾线"、"涮花"、"磕盐菜花"、"描金"、"涂明油"一整套工序，就能画出一张漂亮的画来。

扑灰年画起源于明初，创始人是北乡公婆庙村一个姓王的民间艺人，最初的作品大多是神像和墨屏花开。到乾隆末年地方上做扑灰年画的人渐多，在李家庄、赵家圈、杜家官庄开办作坊成立画店。到清末鼎盛时期，作画能手蜂起，发展成两个主要的流派：

"老抹画"和"红货"。

"老抹画"继承传统画法，仍以画墨屏为主，画风典雅，虽受新画派冲击，决心不改初衷，自编歌谣表态明志："墨屏墨屏，案头清供。婆娘不喜，老头奉承。货卖识主，各有前程。"

扑灰"红货"，大胆借鉴天津杨柳青年画和潍县年画对色彩的运用，向大红大绿靠拢，使作品显出艳丽红火，对比强烈的特色，一时为多数人所喜爱。艺人也自编歌谣，宣扬成绩："红绿大笔抹，市上好销货，庄户墙上挂，吉祥又红火。"

你 能说一说潍坊打秋千的风俗吗？

潍城区旧日打秋千的风俗与放风筝一样流行，近年这项活动也在逐步恢复。

打秋千的活动在清明、寒食时节展开，有运动和娱乐的功能，也兼有信仰上的缘由。俗谚曰："悠一悠，不长秋"，说是春天打了秋千，秋天不招瘟疫，因此，男女老少，都踊跃前来"悠一悠"。当年的秋千有两种形式，一种叫"转秋千"，一种叫"月秋千"。

"转秋千"吊在城中白浪河沙滩上，民国《潍县志稿》对"转秋千"的盛况描写甚详："白浪河边沙滩上，坎地竖以木柱，上缀横梁，四面绳系画板，谓之'转秋千'。小家女子，多着新衣，围坐画板上。柱下围一木栅，内有人推柱使转，节之以锣。当锣声疾时，推走如飞，画板可飞出丈余，看似危险，而小女子则得意自若也。又于秋千柱顶上悬一小旗，并系以钱，则有多数勇健少年猱升而上，作'猴儿坐殿'、'鸭鸭浮水'、'童子拜观音'种种把戏，谓之'打故事'。捷足者得拔旗携钱以归，观者乃夸赞呵好不绝。"

"月秋千"是一般人家所架的秋千。按旧时习俗，如清明逢在农历二月间，就从正月十六日吊秋千；若清明在三月，就从二月二日吊秋千，总要提前一个月头，所以叫"月秋千"。

"月秋千"的搭架，竖两根粗壮的立柱，加两对交叉的托梁柱，下端深埋土中，上端结实地绑扎粗壮横梁。拴秋千绳的环子用蜡条圈，穿套在梁上，名叫"拘"。打秋千之前，抓住两条绳上的两只拘向外甩开，名为"撇拘"。这种可移动的拘，就叫"活拘"。秋千初立，在立柱上贴对联，如"花板润沾红杏雨，彩绳斜挂绿杨烟"，横梁贴批，如"上梁大吉"。有的还烧纸、焚自扎的"姑姑"，俗传可避免摔伤事故，以保平安。

秋千，俗称"悠千"，游戏于秋千之上，叫"打秋千"（"打悠千"），或又称"驱秋千"。"驱"，是用力躬身、屈腿、下蹲、直起、挺身、扩胸一系列连续动作的总称，这是打秋千的最基本的动作。若自己"驱"不起来，靠别人执绳荡起，则名为"送"。秋千荡起，两"拘"会逐渐向横梁中间靠拢，这叫"并拘"。按习惯，"并拘"之后要停下来让给别人。打秋千的花样很多，如"独立"、"独坐"、"单人跪驱"、"捞鱼摸虾"、"拾物件"、"悬棒槌"、"驱双站"、"一驱一"、"打胖孩儿"、"逛花园"、"青石板"、"串花心"等。有的动作还伴以歌谣，如"桃花开，杏花败，李子开花翻过来"。

杨家埠木版年画所表现的内容和体裁形式有哪些？

杨家埠位于潍坊市寒亭区。杨家埠木版年画始于明朝末年，繁荣于清代，至今已有400多年历史，是我国著名的三大民间年画之一。清代乾隆年间，是杨家埠年画发展的鼎盛时期。当时的杨家埠村已有"画店百家，画种上千，画版数万"之说。年画销售量每年高达数千万张，除满足当地民间需要外，还远销江苏、安徽、山西、河南、河北、东北三省和内蒙古等地，曾以品种多、规模大、销售范围广而与天津杨柳青、苏州桃花坞年画三足鼎立，成为名噪一时的中国民间三大画市之一。

杨家埠年画表现内容丰富多彩，有神像类、门神类、美人条、金童子、山水花鸟、戏剧人物、神话传说等，同时也有反映民间生活、针砭（biān）时弊之作。但喜庆吉祥是杨家埠年画的主题，诸如吉祥如

▲ 杨家埠木版年画

意、欢乐新年、恭喜发财、富贵荣华、年年有余、安乐升平等。像亲人的祝福、似好友的问候，构成了农民新春祥和欢乐，企盼富贵平安的特点。

杨家埠木版年画体裁形式新颖多样，从大门上的武门神、影壁墙上的福字灯、房门上的美人条、金童子到房间内的中堂、炕头画，窗旁、窗顶、乃至院内牛棚禽圈上的栏门槛，大车、粮囤上也都有专用张贴的年画。真可谓无处不及、无所不有，把一个农家院落里里外外打扮装饰得节意浓郁、喜气洋洋。

作为中国黄河流域地道的农民画，杨家埠木版年画植根于民间，土生土长，集中了劳动人民的艺术才能和勤劳智慧，凝结了广大劳动人民淳朴的思想感情和对美好生活的强烈愿望。长期以来形成了鲜明的艺术特点，即在表现手法上，它通过概括、象征、寓意和浪漫主义手法来体现主题。构图完整、饱满、匀称，造型夸张、粗壮、朴实，线条简练、挺拔流畅，色彩艳丽、火暴，对

比强烈，富有装饰性和浓郁的生活气息，充分体现了我国北方农民粗犷、奔放、豪爽、勤劳、幽默、爱憎分明的性格特点和高尚的道德情操，是典型的"山东大汉"。也正是这种独到的性格特点，因此备受中外友人的厚爱。

十 笏园名称的由来是什么？

十笏园位于潍坊市潍城区胡家牌坊街。十笏园建于明代，原是明嘉靖年间刑部郎中胡邦佐的故宅，清代陈兆鸾（清顺治年间任彰德知府）、郭熊飞（清道光年间任直隶布政使）曾先后在此住过，后被潍县首富丁善宝以重金购得，于清光绪十一年（1885）改建为私家花园。"笏"为古时大臣上朝时拿着的狭长形手板，多用玉、象牙或竹片制成。丁善宝在他的《十笏园记》中对十笏园的命名作了解释："以其小而易就也，署其名曰十笏园，亦以其小而名之也。""十笏"一词，来自唐人所著《法苑珠林》，在此书的《感通篇》中说，印度吠舍哩国有维摩诘居士故宅基，唐显庆（656～661）中王玄策出使西域，过其地，以笏量宅基，只有十笏，故号方丈之室。后人即以"十笏"来形容小面积的建筑物。此园面积仅2000余平方米，确是小园，丁善宝即取此意。

十笏园面积虽小，但在有限的空间里，能呈现自然山水之美，含蓄曲折，引人入胜。园中假山池塘、曲桥回廊、亭榭书房等建筑共34处，房间67间，紧凑而不拥挤，身临其境，如在画中，给人一种布局严谨、一步一景的感觉，体现出北方建筑的特色，是我国古典造园艺术中的奇葩。十笏园平面呈长方形，由中、西、东三条古建筑轴线组成，中轴线建筑及其院落为园之主体部分。主要有如下景点：十笏草堂、四照亭、鸢飞鱼跃石刻、稳如舟亭、假山、蔚秀亭、落霞亭、漪岚亭、小沧浪亭、回廊石刻、春雨楼、砚香楼、静如山房、秋声馆、深柳读书堂、颂芬书屋、碧云斋、唐代铁佛造像、龟蛇碑、文徵明石刻、董其昌书法石刻、郑板桥专题陈列室。

十 筠园的名亭有哪些？

四照亭 取其四面阳光普照之义，故名。亭较大，方形，为六檩卷棚式歇山顶，四周有坐凳栏杆。该亭四面环水，荷风水月，颇有诗意，西有曲桥同回廊相连。亭中有清代状元曹鸿勋所题"四照亭"横匾，亭外悬有"涛音"，是清代书法家桂馥手迹。亭柱上对联为"清风明月本无价，近水远山皆有情"，亭前悬对联"望云惭高鸟，临水愧游鱼"。顺回廊曲桥步入池心，四面环视，荷花满池，景色宜人。亭内石桌凳，是当年园主举觞流连，咏诗之处。四面桥栏可坐，可观赏池水荷花和假山全景。曲桥与回廊相接的地方，还有一副对联为"于心有不厌，即事多所欣"。

稳如舟亭 亭东北角筑有船形建筑名曰稳如舟，亭临水池如舟形，故名。此亭建筑巧妙，系六檩卷棚式顶，外形如船，恰似抛锚水中，随时可以起锚解缆，引人遐思。稳如舟小亭的北门，有对联为：山亭柳月多诗兴，水阁荷风入画图。

蔚秀亭 建于假山之巅，取自宋朝欧阳修《醉翁亭记》，"望之蔚然而深秀者，琅邪也"中"蔚"、"秀"2字而命名。亭内有"扬州八怪"之一金农的白描罗汉石刻一块，姿态妩媚，造意新奇。旁有孤松一株，直插霄汉，有对联为：小亭山绝顶，独得夕阳多。

落霞亭 山南端建有落霞亭，为四檩卷棚式结构。亭内装嵌有郑板桥手迹石刻《笔墨三则》、《田游岩》和《题画竹》各一，所悬"聊避风雨"为郑板桥手笔。落霞亭对联为：竹宜著雨松宜雪，花可参禅酒可仙。

漪岚亭 顺山径而下，卵石铺路，位于荷池东南假山角下，有一座六角攒尖顶小亭建筑，名曰"漪岚亭"。此亭小巧别致，坐于亭槛，平视喷泉，银珠万点，边起边落；俯视游鱼，飘忽不定。池水的波纹即"漪"；山中之云气即"岚"，故名。宋代名臣富弼的园亭就曾用此名。漪岚亭与山上的蔚秀亭相呼应。

小沧浪亭 与漪岚亭相对，是一座四角攒尖顶、覆以茅草之亭，其四柱为未雕琢松木，愈见其淡雅古朴，富有野趣。沧浪，取意于《楚辞·渔父》："沧浪之水清兮，可以濯吾缨；沧浪之水浊兮，可以濯吾足。"亭下池边有大石一块，正可濯缨濯足。宋代诗人苏舜钦曾筑沧浪亭于苏州，为著名园林。小沧浪正是园主借苏州沧浪亭而命名。又因此亭较小，故名小沧浪。亭内有石桌、石凳，可在此饮茶、乘凉，又可以濯洗。

十 笏园的著名石刻有哪些？

鸢飞鱼跃 四照亭北面六角门上有"鸢飞鱼跃"四字石刻，原为唐代韩愈于贞元二十年（804），贬为阳山令所书的自勉之作。字体飞动婉转，气贯长虹，表现出那种"海阔凭鱼跃，天高任鸟飞"的凌云壮志，有形神兼备、意到笔随之妙。此4字拓片曾发表在《书法》杂志1980年第6期上，为稀世珍品。园内此石刻，为清中期书画家翟云升临摹，惟妙惟肖。

回廊石刻 在水池西有回廊，它把西轴线与中轴线景观巧妙而有机地隔开，起到了既合理分布景观，又增加观赏性建筑的作用。廊上雕花牙，柱间设栏杆。在长廊的墙上嵌郑板桥竹兰图石刻5方。最南端为丁善宝撰、翰林丁良干书写的《十笏园》，记述了建园情况及其意图，是十笏园最好的史料。最北端有张昭潜撰、曹鸿勋书写的《十笏园记》。

城隍庙碑 碑高 1.90 米，宽 0.80 米，厚 0.20 米。碑文 20 行，每行 47 字，为郑板桥所撰并书，通篇楷书，在郑氏书作中极为少见，称为"三绝碑"。郑板桥不信鬼神，在碑文中直道神为人所造，神权是人所授，有朴素唯物主义思想，称一绝。书法为郑板桥楷书杰作，称一绝。丹书石上，由其高足司徒文膏刻碑，不失笔意，与真笔不差毫厘，又一绝。

文徵明石刻 文徵明，明书画家，江苏苏州人，正德末，以诸生岁贡荐试吏部，任翰林院侍诏。嘉靖初年预修《武宗实录》。不附和张璁、杨一清，辞官归乡。行草书有智永遗意，大字仿黄庭坚，尤精小楷。擅画山水，师法宋元，笔墨苍润秀雅，人称"吴门派"，与沈周（或祝允明）、唐寅、仇英并称"明四家"。又与祝允明、唐寅、徐祯卿切磋诗文，人称"吴中四才子"，有《甫田集》传世。园中石刻内容为：万事年来尽扫除，无端翰墨尚留余。欲缘鸥鸟投丹粉，还为鹅群写道书。

董其昌书法石刻 董其昌，明书画家，字玄宰，号思白，香光居士，华亭（今上海市松江）人。明万历十七年（1589）进士，官至南京礼部尚书、詹事府詹事，以书画名重海内外。此石刻为董氏行书一副：葓渟（tíng）淡不流，金碧如何拾；迎晨含素华，独往事朝汲。下有于祉（澹园）跋："杨君润轩，既刻衡山书，并此卷上石，此亦吾家故物也。笔力大似李北海。乙卯秋识。"

张瑞图石刻 张瑞图（1576～1641），明末福建晋江人，明天启六年（1626），晋礼部尚书兼东阁大学士入参机务。时魏忠贤用事，忠贤生祠碑文，多出其手书。善画山水，工书法，与米万钟、董其昌等齐名，有《白毫庵集》。园中石刻内容为：一夜春雨过，千畦尽成绿；不晓意所欣，道是斋厨足。

十　笏园有哪些楼堂斋馆？

十笏草堂　进大门东行为前院，正厅即十笏草堂。结构为三开间七檩，无廊硬山顶，明间雕花门，上悬清代金石学家陈介祺手书"无数青山拜草庐"匾额。堂前山石花木散点，池中荷香四溢，碧波涟漪。

春雨楼　出回廊而北，院西二层小楼即春雨楼。此楼为三开间七檩庑殿式建筑，楼门抱厦出廊，辅以坐凳栏杆。取名春雨楼，系借宋代诗人陆游诗《临安春雨初霁》中的名句"小楼一夜听春雨，深巷明朝卖杏花"而为。它虽建于清代，但又取宋代建筑特点，雨天登楼，窗外一望别有雅趣。"春雨楼"三字由曹鸿勋手书。

砚香楼　院中北楼，为十笏园主体建筑，系明代所建。其结构为两层，两开间五檩，硬山顶。楼前有月台，圆窗方台，古色古香。楼上门窗外有前廊，设栏杆护之。砚香楼是原园主人藏书和读书之所，其名借唐诗人李贺《杨生青花紫石砚歌》中"纱帷尽暖墨花春，轻沤漂沫松麝薰"之句，就是说，白昼书房温暖如春，研墨起花纹，墨汁发出阵阵松麝香味，故取此意而名。站在楼上向前望去，十笏园全貌尽收眼底。中外书画家经常聚会于此进行交流。正如诗云：欲醉春雨楼，砚香十笏堂；桥通四照亭，漪岚小沧浪。

静如山房　西轴线上一排西厢房共八开间，其院称做园中园。自南至北，第一为静如山房，取其安静闲雅、洁净之意，是比较高级的客房。

秋声馆　取欧阳修《秋声赋》而名，为客人下榻之处，前出抱厦并有坐凳栏杆。

深柳读书堂　在园之西院的北过厅名叫深柳读书堂。唐诗人刘昚（shèn）虚的诗《阙题》中有："闲门向山路，深柳读书堂"句，因借用为书塾名称，表示自己志趣在于读书，不好交往，深深柳荫中的堂屋里正好读书。

颂芬书屋　过深柳读书堂，入小院，北厅即颂芬书屋，为园主之书房。厅内雕梁画栋，熠熠生辉。

碧云斋　位于东轴线上，有碧云斋等4院。碧云斋为园主人之家居，取碧色云朵，晴空万里之意。东西有小廊，东廊内装有冯起震画竹刻石10块，分别由董其昌、邢侗、李晔题跋。西廊内嵌有招子庸画竹刻石。画上招子庸自题诗曰："写竹当师竹，何须法古人，了然心眼手，下笔自通神。"园中其他石迹尚多。

十　笏园郑板桥专题陈列室陈列有哪些内容？

郑板桥专题陈列室共四部分：第一部分为序言部分，除文字、实物外，还有郑板桥画像及塑像；第二部分重点陈列郑板桥在潍县遗留的碑刻，其中有郑氏撰文并书写的"城隍庙碑"原碑，园中还有一方石刻，是郑板桥所书"润格"，真隶相参，杂以行草，是其书法代表作之一；第三部分陈列有郑板桥手迹以及文字图表等，介绍郑氏生平及艺术造诣；第四部分展出当代纪念和研究郑板桥的论文专著等。

郑板桥（1693～1765），名燮，字克柔，号理庵，又号板桥，江苏兴化人。出身贫寒，性情落魄，不拘小节，人多目为狂士。清朝潍县知县，"扬州八怪"之一。应科举为清康熙秀才，雍正举人，乾隆进士。清乾隆七年（1742）春，任范县知县。清乾隆十一年（1746）调任潍县知县。郑板桥任潍县（今潍坊市区）知县7年，最大的政绩是救济灾民。当时潍县发生百年不遇的大旱，大批灾民流离失所。"十日卖一儿，五日卖一妇，来日剩一身，茫茫即长路……"是当时的写照。他采取果断措施：一面先行开仓赈贷，令百姓具券借粮，一面向上呈报。对于积粟之家，不分绅商，尽行封存，责其平粜。还修筑城墙，疏浚城河，以工代赈。"衙斋卧听萧萧竹，疑是民间疾苦声。些小吾曹州县吏，一枝一叶总关情。"他处处关心百姓，千方百计拯民于水火，因此触犯了豪绅巨贾利益，遭诬告罢官。

郑板桥诗、书、画皆有成就，号称"三绝"。其画秀丽苍劲，随意挥洒，笔趣横生，尤善兰、竹、石。诗文讲究真情，傲放慷慨，恻恻动人。书法则糅楷、行、草、隶而为一，圆润古秀，自号"六分半书"。著有《板桥文集》《板桥家书》《板桥诗钞》等。郑板桥在中国文学史、美术史上有一定地位。徐悲鸿先生说："板桥先生为中国近三百年来最卓绝的人物之一，其思想奇，文章奇，书画尤奇。观其诗文与书画，不但想见高致，而且寓仁慈于奇妙，尤为古今天才之难得者。"

万印楼何以得名？

万印楼位于潍坊市潍城区，占地面积 370 平方米，建筑面积 380 平方米，是金石学家陈介祺于清道光三十年（1850）创立的，因为它珍藏过陈介祺收集的万余方商、周、秦、汉印章，故称"万印楼"。

陈介祺（1813~1884），潍坊市潍城区人，字寿卿，清代著名金石学家。清道光二十五年（1845）进士，授翰林院编修，后辞官归里。在以后的 30 年中，专心致力于金石学收藏和研究，成为一代金石大师。他以孜孜不倦的精神，进行金石考释和研究，写下了 50 多种著作。文物界权威称：他的论调与批评，不但高出当时同辈一等，简直可以说"前无古人，后无来者"，他的"金石书林"别具一格，质朴凝重，丰富了我国的书法艺术。他以毕生的努力，为我国的金石学做出了卓越的贡献，赢得了国内外专家学者的敬仰。

万印楼建筑群具有典型的清代潍坊建筑特点，并有清代宫廷建筑风格。院内东楼，就是闻名海内外的"万印楼"，东楼两层十间，陈列介绍收藏情况、学术成果。西间大厅各三间，大厅陈列仿古品，收藏编钟11件，取整数名斋号"十钟山房"。收藏稀世珍品有：毛公鼎、曾伯霖簋（guǐ）。

潍坊风筝博物馆分为哪几个展厅，分别展出了哪些内容？

潍坊风筝博物馆位于潍坊市奎文区行政街66号，1989年4月建成，是目前世界上建筑面积最大的风筝专业博物馆。它占地1.3公顷，建筑面积8100平方米，建筑造型选取了潍坊龙头蜈蚣风筝的特点，屋脊是一条完整的组合陶瓷巨龙，屋顶用孔雀蓝琉璃瓦铺成，墙壁铺白色马赛克。整个建筑设计风格独特，似蛟龙遨游长空，伏而又起。

该馆设有综合馆、中国馆、潍坊馆、友谊馆等12个展馆。在约2000平方米的展室内，收藏了古今中外的风筝珍品以及有关风筝的文物资料2000余件，介绍了风筝的历史、分类、创新及潍坊国际风筝会、风筝界友好往来、潍坊市概况。

▲ 潍坊风筝博物馆外景

15

展览以 1000 余只筒式、板式、硬翅、软翅、串式 5 大类风筝精品以及 300 余件翔实的风筝文物资料为主，较全面、客观地体现了潍坊风筝所独有的题材广泛、造型优美、绘画精细、色彩艳丽的风格；介绍了构思大方、造型夸张、色彩对比鲜明、注重飞翔性能、研究价值较高的外国风筝；重现了历届潍坊国际风筝会的盛况。

风筝名称的由来及其起源是什么？

（1）风筝名称由来

风筝的名称很多，在不同国家、不同时期、不同地域有着不同的称谓。中国古代风筝因用木头制作叫"木鸢"，后用纸糊称为"纸鸢"。五代时期李邺（yè）将竹笛拴在纸鸢上放飞，发出"筝鸣之声"，后定名为风筝，沿袭至今。风筝是用线牵引控制，借助风力在空中飞行的人造物体。

▲ 潍坊风筝

（2）风筝起源

第一种是斗笠说。据说古时候有一农夫正在耕作，忽然一阵狂风吹起了他的斗笠，农夫赶紧去追，一下子抓住系绳，恰巧这绳很长，斗笠便在空中飞舞，农夫觉得有趣，以后便经常跟村民放斗笠。第二种是树叶说，来自我国南方一带。据说古时候，人们对风卷树叶满天飞的现象十分崇拜，便用麻丝等拴树叶放着玩，逐渐演变成放风筝活动。第三种是帆船、帐篷说。中国战国时期庄子《逍遥游》中提到"列子御风"，传说禹时船上已有了帆，人们受风帆和风刮帐篷的启发制造了风筝。第四种是飞鸟说。从目前的历史记载中发现的古代风筝看，其结构、形状、扎绘技术等，一个突出的特点就是以飞鸟的形状居多。因而得出结论：最早的风筝问世是受飞鸟的启发，模仿飞鸟制造，并以飞鸟命名的。

（3）风筝始于中国

风筝起源于中国，这是目前世界一致公认的结论。中国最早的风筝是由古代哲学家墨翟（前478～前392）制造的。据《韩非子·外储说》载：墨翟居鲁山（今山东青州一带）"斫（zhuó）木为鹞（yào），三年而成，飞一日而败"。是说墨子研究了3年，终于用木头制作了一只木鸟，但只飞了一天就坏了，墨子制造的这只"木鹞"就是中国最早的风筝。墨子把他制造风筝的技术传给了他的学生公输般（也称鲁班，或鲁般）。《墨子·鲁问篇》中说，鲁班根据墨翟的理想和设计，把竹子劈开削光滑，用火烤弯曲，做成喜鹊的样子，称为"木鹊"，在空中飞翔长达3天之久。后人普遍认为鲁班是风筝的创始人。

你 知道历史上风筝用于军事方面的例子吗？

风筝问世后，便与军事结缘，留下了许多利用风筝进行测距、传讯、越险、载人的历史记载。

公元前202年，刘邦集中韩信、彭越、英布等率领的40万大军，把项羽围困在垓（gāi）下（今安徽灵璧县），这时项羽兵力已不过10万，粮草也快吃完了。韩信为瓦解项羽的军心，用牛皮制作了一只风筝，下置善笛之人吹思乡之曲，高唱楚歌，其声悲怨，动摇了楚军的军心，留下了"四面楚歌"的历史典故。

公元前200年，韩信与陈豨（xī）合谋反汉，想挖地道至未央宫。为了测量至未央宫的距离，韩信命人制作了一只风筝，将风筝放到未央宫上空，从而测得了其间的距离。

据宋高承《事物纪原》载，梁太清三年（549），南朝梁武帝萧衍曾被敌将侯景围困在台城（今南京附近），粮草断绝，形势危急，城外虽有援军，但城池受困无法联系。将军羊侃献计把救驾密诏藏于风筝中，顺风放到城外欲搬救兵，可惜风筝放出后被侯景发觉，乱箭射下。羊侃和梁武帝远远望见束手无策。

宫廷风筝和潍坊传统风筝各有哪些种类?

宫廷风筝是以京式风筝为主，专供皇室贵族把玩的一类风筝。除有长年在宫廷内从事风筝制作的工匠外，还把各地著名的风筝艺人召进皇宫专门制作风筝。宫廷风筝的制作，选材考究，扎制精细，配上精美复杂的装饰，以显帝王的高贵和奢侈。每只风筝都是一件十分昂贵而精致的工艺品，其内容和题材多为"天官赐福"、"龙凤呈祥"、"福寿延年"、"吉祥如意"等。

清代著名作家曹雪芹所著的《红楼梦》中，许多章回里都涉及风筝，其中多属宫廷风筝。在第二十二回里，曹雪芹通过探春所做风筝谜："阶下儿童仰面时，清明妆点最堪宜，游丝一断浑无力，莫向东风怨别离。"把放风筝的人和季节，以及风筝断线后的情景写得极为生动，惟妙惟肖。曹雪芹还"旁搜远招，以集前人之成"写成一部风筝著作《南鹞北鸢考工志》，这本书详细记载了几十种风筝的扎、糊、绘、放的技艺，每种风筝均绘有彩图，并配以扎绘歌诀，是我国不可多得的风筝专著。

潍坊旧称潍县，是风筝的故乡。自鲁班制"木鹊"至今，已有2000多年的历史。潍坊风筝受潍坊民间泥塑、刺绣、首饰、木版年画的影响，逐渐形成了从扎制、造型到绘画所特有的传统风格。其传统风筝主要有串式龙头蜈蚣、软翅蝴蝶、凤凰、鹰、硬翅蝴蝶、硬翅人物、板式八卦、筒式宫灯等。

千百年来，潍坊一带的人民一直保持着放风筝和赛风筝的风俗。曾在潍县任7年县令的郑板桥，在他的《怀潍县》一诗中就形象地描绘潍坊一带放风筝的情景："纸花如雪满天飞，娇女秋千打四围。五色罗裙风摆动，好将蝴蝶斗春归。"这首诗记述了当地人民在风和日丽、草木竞发的清明时节，争相到白浪河两岸游春放风筝的热闹场面。

风 筝有哪些分类？

根据风筝的形状和扎制结构，共分为串式、板式、软翅、硬翅、立体（筒式）5大类。

串式风筝是指数只相同或不同的风筝用线前后依次连接起来放飞的风筝。它的代表风筝是龙头蜈蚣。软翅风筝的升力片（翅膀）是用一根主翅条构成，翅子的下端是软性的，没有依附的主条。它的主体骨架大多做成浮雕式，适宜扎制禽鸟和昆虫。立体风筝是由多层受风片或筒形连接而成，有着明显的立体分层结构。这类风筝一般采用折叠组装的骨架，放飞时可随着风力的大小自由调整风筝自身的角度。板式风筝是平面板形结构，风筝的升力片就是板子本身，无明显凹凸结构，周边有竹条支撑。此类风筝较普遍，易制作、放飞性能好。这类风筝一般都系一个长尾巴或穗子，以便调整角度，维持平衡，利于放飞。硬翅风筝的硬翅是固定形式，用上下两根横杆做成翅状，两侧边缘高，中间凹，形成通风道。硬翅范围以外的部分造型与骨架，因题材不同而各不相同。

国 外风筝有什么特点？

风筝是世界文化宝库中的一颗明珠，是人类世代相传的艺术门类，各国风筝都有着自己的发展历史和文化特色，从而形成了形形色色、各不相同的艺术特点。就国外风筝而言，大体可分欧美风筝和以日本为主的亚洲风筝。

欧美风筝多以几何图形为主，色彩艳丽，对比强烈，注重放飞效果，复线风筝还可以在空中作翻转等特技表演。它的制作是以玻璃钢管或炭化塑料杆制成骨架，用不同颜色的尼龙面料缝制而成，牢固、有韧性，组装方便。

日本风筝是由中国传入的，多以板式为主，画面主要绘制一些武士形象，有着浓厚的民族特色。根据风筝的大小不同可拴系几根到几十根角线，日本风筝以竹料刨削制成骨架，用特制宣纸蒙面，看似简单，其实它从选料到制作各道工序都是非常认真和考究的。

青 州云门山名称的由来是什么？

云门山是 1985 年山东省政府公布的第一批省级风景名胜区之一，位于青州城南 2.5 千米处，海拔 421 米。平原拔笏，松荫盖足，山虽不高而有千仞之势，自古为鲁中名山。主峰大云顶，有洞如门，高阔过丈，南北相通，远望如明镜高悬，夏秋时节，云雾缭绕，穿洞而过，如滚滚波涛，将山顶庙宇托于其上，若隐若现，虚无缥缈，宛若仙境，蔚为大观，谓之"云门"，或称"云门仙境"，云门山由此得名。古"青州八景"称之为"云门拱壁"。登临山巅，便可饱览"驼岭千寻"、"劈峰夕照"和"三山联翠，障城如画"的壮丽景观。在主峰云门洞南西侧有一天然石罅,深不可测,当气压低时,常有蒸汽泛出,名曰"云窟"。

云门山遍布历代文人名士的摩崖题刻和碑碣。云门仙境,历来颇得佛、道两教的青睐。隋唐时期,佛教兴盛,这里就成为佛门弟子的圣地。据《新唐书》记载,唐天授元年(690)七月,法明和尚编撰了一部《大云经》献给武则天,称武则天为西天弥勒佛下凡,应该取代唐朝做天下主。权欲熏心的武则天当然十分赏识,她当即下令将《大云经》颁布天下,并且吩咐在长安、洛阳及诸州各建大云寺一座。现在云门山前崖壁上的"云门山大云寺"题刻还历历在目。由此可见,大云寺之名起源于武则天时。在明朝景泰年间,又将云门山后的大云寺徙建山南麓。现在云门山前的山谷中,尚存当时大云寺的遗址。

青州驼山的著名景点是什么?

有"驼岭千寻"之称的驼山距青州城5千米,与云门山东西相望,因山形似驼,故称"驼山"。驼山除天然景观外,主要以它为数众多的石窟造像而闻名海内外。驼山主峰东西,悬崖耸空,著名的驼山石窟造像就在这里。

驼山共有大小石窟5处,有佛像638尊,大者高7米,小者不足10厘米。由于年代不同,所以佛像风格各异,具有很高的资料价值和极高的艺术价值。据专家鉴定,这些石窟造像早的诞生于北朝后期的北周,晚的刻成于中唐,是我国古代造像中的珍品,充分体现了古代劳动人民的智慧和才能,是研究我国古代雕塑、绘画艺术和佛教发展史的极为珍贵的实物资料。驼山石窟造像群是山东省最大的石窟造像群,也是我国最东部的石窟造像群,其保存的完整程度,是其他同时代造像群所无法比拟的。驼山不仅

是我国重点文物保护单位，研究历史文化、佛教艺术、雕像艺术的重要资料，还是青州市以及全省的旅游胜地。

临胸老龙湾风景区有哪些自然和人文景观？

据北魏郦道元《水经注》载，老龙湾古称薰冶泉，为齐鲁大地名泉之一，水自地下溶岩裂隙中涌出地表成湖。青山绕水，莹流如镜，四季恒温（18℃左右），冬无严寒，夏无酷暑，素有"冶源烟霭三冬暖"的美称。

老龙湾湖水面积近8万平方米，分大小两湾，泉计万许，主泉有铸剑池、秦池、薰冶泉、善息泉、濯马潭、万宝泉……湖底泉涌如珠，缕缕升起，似珍珠脱线；水中莹莹的水草荡漾，若少女长发，似海底纤林。

湖岸绿树成荫，四周古木森森，修竹数十亩，为"江北竹林之冠"。湖面凫鹜悠游，云蒸霞蔚。夕阳西下，百鸟投林，泉响鸟鸣，令人陶醉。

湖中亭、台、楼、阁、桥，精巧别致。怪石假山，石刻镶嵌，诗文荟萃。老龙湾内近北岸处有一为明代礼部尚书冯琦所建的古亭，名"清漪亭"，又名"方洲"。古亭丹柱青瓦，造型精美，四面环水，有一石桥与北岸相通。老龙湾南岸又有一为明代著名散曲家冯惟敏所建的古亭，与清漪亭南北相望，名"江南亭"。明隆庆年间冯惟敏弃官归冶源故里，隐居于老龙湾畔，取"即江南"之意建亭，并自题"即江南"三字匾。他曾咏诗盛赞这里的风光是"海上三山秀，人间万古奇"、"见谈江南好，江南恐不如。"亭内悬冯惟敏题写的"碧波云潭"匾额和郑板桥的竹画。是亭三面环水，面依竹林，古木荫遮，清幽雅致，大有江南之风。周围还有雪化桥、白龙行宫、小蓬壶亭等，皆和谐有致，别有风趣。

陈荣画竹碑为邑人清道光年间贡生陈荣画并题书。其竹画"枝叶劲峭，洒落多姿，宛然写生画图也"；其书"笔路流畅，俊雅秀美"。

铸剑池相传春秋时欧冶子在此铸剑而得名。"铸剑池"三个斗方大字，为明道人雪蓑亲书。南侧石碑"铸剑池"三个草体大字是当代书法家武中奇书。原山东省委书记高启云书题"老龙湾"石刻，立于老龙湾南岸，成为游人摄影留念之佳境。特别是当代名人、书法家迟浩田、赵朴初、沈鹏、启功、刘炳森、佟伟、范曾、刘艺、修德等所书风韵各异的"龙"字70有余，除雪化桥、江南亭处镌刻于石外，多集于"百龙园"，镌于形态各异的太湖石上，石奇、字美，形成独具特色的一景。

在安丘石家庄民俗村能体验哪些民俗风情？

安丘石家庄民俗村，在安丘市西南16千米凌河镇。该村树高林密，路直田方。两层楼房幢幢，排列有序，干净明丽。花圃路边排列，宾馆气派大方，广场宽敞平坦，幼儿园典雅玲珑，一派生机勃勃的新农村兴旺景象。钟秀的景致，文明的乡风，淳朴好客的主人，每年都迎来日本、美国以及东南亚、西欧等许多国家的朋友，来这里随农家俗、学农家活、住农家房、吃农家饭，体验民间风俗，饱享田园之乐。

这个村有个民俗博物馆，建于1988年4月，完全采用了当地民间工艺，石灰泥墙，青砖大梢小瓦房，是我国北方鲁中一带典型的农家四合套院，占地面积1900平方米，建筑面积725平方米。整个博物馆分一厅、六室、一院，代表和体现了鲁中一带清末和新中国初期的农家生活和风俗习惯，对研究当时的政治、经济和文化有较高价值。

民间礼仪厅是民间供奉神灵、年节举行礼仪的场所。民间工艺室主要陈列着民间工艺品，如剪纸、刺绣、年画等，显示了当地人民的艺术才能和情趣。

民间文娱室陈列着民间节日流传盛行的龙灯、高跷、旱船、狮包以及游戏娱乐器具等。

农事用具室陈列着清末以来各式农具，张挂着"四季生产图"，形象地刻画出农家一年四季的耕作过程。

农家生活室各种生活用具品类齐全，有俭朴的家常用具，也有待客用的精致餐具和宴席用品。

农家纺织室陈列着老式的轧、弹、纺、织、印、染等工具，墙上挂有大型壁画"农家纺织图"。

村塾学堂室壁上挂有字画，"四书五经"陈于案头，文房四宝列于几上，再现当年私塾面貌。

婚俗院大门上的对联为："天上双星渡，人间六礼成。"院内放着花轿，设有拜天地用的香案花烛。洞房内布置着新婚摆设，充满喜庆气氛。五湖四海的宾客可在此举行传统的中国古典婚礼，享受天伦之乐。

后院设有碾房、磨房，备有马车。主人可以应游人要求一块去推磨、推碾或坐马车到村外穿行乡间小路、放风筝、观赏田园风光。

在安丘青云山能欣赏到哪些美景，体验哪些民俗风情？

青云山位于安丘城东，是沂蒙山余脉，东北西南走向，半绕安丘城。山体起伏，地貌原始。山顶有旱不涸、涝不溢的安丘"八大景"之一的海眼井，接云寺、观星台、揽月塔遗址亦尚在，还有已建成的200公顷的青云山民俗游乐园。

海眼井　在海拔 120.6 米的青云山巅，有两泉并列，东称"海眼"，西谓"云山"。两井相距数米，温差 6℃，泉水清澈，幽深莫测，旱不涸、涝不溢。相传与渤海相通，为渤海龙王的探眼，故曰"海眼井"。

古寺　青云山顶原有"接云寺"、"观星台"、"揽月塔"等名胜古迹，年久失修，现仅存遗址，其中接云寺最负盛名。青云山因接云寺而增色，接云寺以青云山而壮势。接云寺由正殿、偏殿、麦姑庙、魁星阁 4 部分组成。正殿供奉三皇圣祖伏羲、神农、燧人像。偏殿塑有扁鹊、华佗等中国古代十大名医。

山水园林区　山水一体，蓝天碧水，绿红掩映，推桨缓荡，雨中听荷，泛舟荡桨。游人在此区内可尽收江南秀色，领略江南韵致。云泊榭、观云亭、知音舫、青云桥、莲花山庄诸景点精巧别致，如诗如画。"筠石园"是该区的点睛之作。松竹梅"三友山馆"荟萃了"潍坊民间艺术一绝"的根雕和奇石艺术珍品；汇芳园内人工培植的奇花异草争奇斗艳；用常州斧劈制作的假山，尽现沟、壑、涧、峰、峦、瀑布诸景。全国各地所产的奇石被巧妙地布置在园中，伴以数竿瘦竹，妙趣横生。

民族风情区　这个区设置了西南边陲几个最具特色的少数民族村寨。展示了傣族、佤族、哈尼族、怒族等少数民族的风俗习惯。寨门两边门柱有傩面人、吞口、石敢当以及群像迎宾雕像。在高耸入云的白塔下向北放眼，大草原上的蒙古包和黄土高坡陕北窑洞直把人的思绪带到了空旷、豪放、胡马、秋风的大西北。

齐鲁民俗村　由著名书法家启功题写的"齐鲁民俗村"五个径尺大字高悬在古色古香的古牌坊式建筑上，民俗村浓缩了清末齐鲁民俗全景。复原官宦人家、富有人家、贫苦人家的典型住宅和县衙署及胶东、鲁北、西南山区等普通农家住宅和传统家具、生产工具和物产。

　　"安丘县土城墙，内有五间好大堂"。按清末安丘县衙复制的县衙署，东间为简房，西间为招房，中间的暖阁是县令审理案件的地方。暖阁正面为海水潮日图，顶为太极八卦图，仙鹤同飞，这象征着神通广大，震慑邪恶。县衙署大门楼屋檐嵌有郑板桥的"琴治"二字，这又引出一段清官能吏为政的佳话。"宓子贱作单父县官，终日弹琴，身不下堂，而单父大治。"门口抱柱上镌有刘墉楹联"当官不在言多，须息息从省身克己而出；为政务持大体，思事事皆民生国计所图"。横批为："天理国法人情"。

你 了解潍坊杨家埠吗？

　　杨家埠旅游区位于潍坊市寒亭区城区南侧，面积 10.62 平方千米。这里是中国民间文化艺术之乡和民俗风情浓厚的旅游胜地，是齐鲁千里民俗旅游线上的一颗璀璨明珠，已成为潍坊对外开放和文化交流的重要窗口，是中国民俗旅游一张亮丽的名片。

　　杨家埠是中国三大木版年画的主要产地，另外两个木版年画基地是天津的杨柳青和苏州的桃花坞。500 余年的古槐和年画作坊见证了杨家埠风筝和年画这两朵姐妹艺术之花的繁荣与发展，传承与创新，每年都吸引着数以十万计的国内外宾客来此观光旅游。

　　杨家埠风筝古朴、新颖、美观，是富有民艺情趣且又耐玩味的艺术珍品；杨家埠年画更是招人喜爱，神话传说，民间故事，戏曲人物，瑞兽祥禽，无不栩栩如生。连年有鱼，招财进宝，五福捧寿，更是反映了劳动人民对美好生活的追求与期盼。

　　杨家埠是闻名中外的特色民俗文化旅游村，2000 年得到世界旅游组织权威人士的充分肯定，2002 年被命名为"山东省历史文化名村"，并由省推荐为全国历史文化名村，有"中国民俗风情第一村"的美称，是中国年画、风筝故乡游的胜地。中央电视台、山东卫视、齐鲁电视台相继给予了跟踪报道，得到了国家旅游局、省旅游局领导的高度赞扬。

党和国家领导人李瑞环、谷牧、吴学谦、钱伟长、布赫、何鲁丽、吴官正、迟浩田等均先后前来参观视察，民主柬埔寨国家元首西哈努克亲王及 50 多个国家的驻华使节，也来杨家埠参观，对杨家埠风筝和年画给予了高度评价。

游 客在杨家埠民俗大观园可以看到什么？

在杨家埠民俗旅游区的核心部分——杨家埠民俗大观园里可以详尽了解杨家埠木版年画丰富的内容、鲜明的特点和多姿多彩的形式、画面以及传统的刻版、印刷的过程；可以尽情观赏驰名中外的杨家埠风筝的描绘、扎制过程和如诗如画的放飞场面。改建和重建的古店铺一条街展示了明清时代杨家埠百家画店的繁荣景象。著名根雕艺术家胡世明先生的陈列馆内，不仅可以看到惟妙惟肖、生动形象的根雕艺术精品，还可以尽情领略当地的民俗、民风、乡音和乡情。民间剪纸、布老虎、泥老虎，像一股清风夹带着浓浓的乡土气息扑面而来，让人痴迷、陶醉其中。还有那古老的大槐树，旧时的高大门，深深的老过道，江北农家四合院，威严的大门神等。

在 寿光建林海生态博览园的目的是什么？

林海生态博览园位于中国蔬菜之乡寿光市西北部，濒临渤海莱州湾，由寿光市国有机械林场于 1998 年 9 月份投资兴建，占地面积 10000 亩。建设该园的主要目的是开发治理盐碱地，努力改善人们赖以生存的自然环境，并为现代人提供一处环境优美、理

想、舒适的休闲度假场所。景区目前是全国农业旅游示范点，国家4A级旅游区，省级森林公园，国家湿地公园，是盛开在盐碱地上的一朵奇葩。这里又被誉为"一片神奇的生命绿洲"。

提起寿光，都知道是北魏农学家贾思勰的故乡、中国蔬菜之乡，农业生产自古发达。但是原来这个地方却是盐碱肆虐，是闻名遐迩的北大洼、北大荒盐碱滩涂地，旱涝、海潮等自然灾害总是相伴左右。俗语形象概括了盐碱地的风光——"春冬白茫茫、夏天水汪汪、旱了收蚂蚱、涝了收蛤蟆"。现在这里却是满眼的绿色，与昔日盐碱荒滩地的荒凉形成了鲜明的对比。置身园中，蓝天、绿树、荷香、水景迎面而来。园内不仅有大片的沿海防护林、风景林、经济林形成的盐碱地森林景观，还建有东方不沉湖、休闲垂钓中心、霜雪湖水上运动中心、高尔夫练球场、素质拓展培训中心、荷香园、槐香园服务区、果实采摘园、天然湿地保护区、森林度假村、盐业观光园、农业观光园等一系列游乐及服务设施。远近闻名的"东方不沉湖"、林海果蔬采摘节、山东寿光荷花节、20里黄金湿地水道、农林渔盐业观光体验游、宁国寺祈福是景区的六大旅游品牌。

你 了解寿光市蔬菜高科技示范园吗？

寿光市蔬菜高科技示范园位于寿光市洛城街道，占地1万亩，始建于1999年，中心区675亩，已逐步发展成为集品种技术研发推广、农业观光旅游、会议展览举办、蔬菜加工销售等综合功能于一体的现代农业园区，是寿光市乃至山东省蔬菜产业对外展示交流的重要窗口。园区面向生物工程种苗开发、蔬菜标准化生产、科研技术培训、农业观光旅游等方面，先后引进种植国内外蔬菜、果树、花卉等2000多个品种，形成了8个展馆（厅）、4个蔬菜规模化种植温室、蔬菜博物馆、采摘园等，室内面积 15 万平方米的展示规模。2007 年 4 月 27 日江泽民为"寿光市蔬菜高科技示范园"亲笔题词。

寿光蔬菜高科技示范园是国家级农业科技园区，国家 4A 级旅游景区。园内各色景点星罗棋布，南方的水果、北国的蔬菜应有尽有。造型别致的欧式建筑、引领时尚的现代温室、科技领先的克隆工艺、智能控制的工厂化育苗、模式各异的品种展示及一年一度的国际蔬菜博览会，都是现代农业观光旅游考察的重要内容。

每年一届的国际蔬菜科技博览园主会场设在本园区内，时间为每年 4 月 20 日至 5 月 20 日。2001 年，寿光蔬菜高科技示范园建设了寿光国际会展中心，成为第二届蔬菜博览会的主会场。截至目前，已连续在蔬菜高科技示范园举办九届蔬菜博览会。菜博会依托寿光市蔬菜高科技示范园，为蔬菜的现代化生产、技术推广搭建了平台，展示现代科技支撑下的农业发展成就，在蔬菜栽培模式、单项和整体科技成果利用等方面实现了系列创新和突破。水培西红柿树、空中红薯、植物工厂、管道栽培、转动式雾培等环保生态循环栽培模式荟萃世界前沿技术，充分展示科技力量的神奇。集高科技和多项专利技术于一体的未来馆，启用寿光自主研发的智能机器人，通过高端控制化技术，对蔬菜生长环境的温度、湿度、光照及病虫害情况进行监测，对蔬菜进行育苗追肥、浇水、采摘、管理，科技的展现成为菜博会的一道亮丽风景。自主研发甜瓜、丝瓜、辣椒等新品种，并通过国家鉴定，达到国际先进水平。

中国寿光蔬菜博物馆展出的主要内容有哪些？

中国寿光蔬菜博物馆 2010 年 5 月 7 日在"中国蔬菜之乡"山

东寿光正式开馆。3000 平方米的空间，展示了 7000 多年蔬菜发展历史与文化。从探寻起源、保护历史、见证经典、弘扬文化、激励未来的愿望出发，寿光人把中国乃至世界那些千年的历史元素定格、陈列，把千古的文化现场复原，把人类在蔬菜方面的智慧诠释，让走进博物馆的人沿时间长河，与那些历史元素近距离相遇、对话，用今天的眼光去探究、理解。基本框架由六大板块构成。

第一板块为序厅，突出整座蔬菜博物馆的核心理念和主题。金柱造型和千叶穹顶构成蔬菜文化根深叶茂的意境；正面 88 平方的铜雕壁画"菜之魂"，包容着"混沌初开、历史的天空、大地生辉"三大篇章，镌刻着上千个形象元素，构成了博物馆的主题创意，蕴含"天人合一"的哲学思想。

第二板块为古代历史区，从史前文明到宋元明清及近代文明，一条以山体洞穴为构架模式的历史隧道，用场景复制和文物遗存展示等手段，见证了寿光蔬菜生产源远流长和深厚的历史文化底蕴。

第三板块为蔬菜大观区，主要展示栽培食用蔬菜、观赏蔬菜及野生蔬菜的种类和品种。这是一个综合展示品类品牌及其生命活力的区域，可以依次观赏到近百种鲜活的蔬菜生物标本，百余种野菜干制标本和"九柱生辉"标志性立柱，其中还有 96 种国内外蔬菜良种，120 种烹饪调料和加工精品。6 个美轮美奂的菜神播洒着雨露，形成"雨露滋润禾苗壮"的景观，晶莹剔透的水晶菜果接受着阳光的温馨，少年儿童的画作释放出天真烂漫的个性，勾画出"万物生长靠太阳"的意境。

第四板块为创新与发展区域，通过"我的家园"沧桑历史与科技宫殿对比，揭示科技创新与蔬菜发展的关系。展区内运用大型投影、雾屏电视等手段，增加现代视觉效果。

　　第五板块是蔬菜与民俗文化区，这是一个超越域界、超越时空、超越民族的大千世界，多姿多彩的菜乡收藏与民俗文化，庞大的"鼎立"造型承载着历届菜博盛会的脉动经典，领导关怀等盛会档案彰显着"鼎立"的份量。

　　第六板块叫"民以食为天"。五谷为养，五菜为充，五果为助，五畜为益。蔬食养生、药菜同源，已成为生命科学研究的重要课题。这里是一个精炼而又清新的压轴陈列间，由108种天然象形石组成的"齐民大宴"，是该馆的镇馆之宝。顶部的144盘蔬菜佳肴象征着天赐美食，天宝与物华对应，生态与生命互动；周边的餐饮炊具多属百年前的留存，千门百类，身世沧桑。文明古国的饮食文化源远流长，独领风骚。

济 宁 市

你 了解济宁市吗?

　　济宁市位于山东省的西南部,东部是山区,中西部是平原、洼地和湖泊,河流纵横交错,交通十分方便。京杭大运河和京沪铁路、京九铁路纵贯南北,兖石铁路和济新铁路横穿东西,又是104国道和327国道的交会处,济宁机场已经开通了济宁至北京、广州、上海、济南、青岛等多条航线。

　　全市现辖2区3市7县,即市中区、任城区、曲阜市、兖州市、邹城市、微山县、鱼台县、金乡县、嘉祥县、汶上县、泗水县、梁山县,面积11000平方千米。2012年年末全市户籍总人口807.08万人。

　　济宁农产品丰富,盛产小麦、玉米、稻谷、地瓜、棉花、花生、果品、瓜菜、畜产品和湖产品。矿产资源分布广、品种多、储量大,主要有煤、铁、铜、铅、大理石、花岗石等30多种。济宁是全国八大煤炭基地之一,已探明的储量200多亿吨;稀土储量1300多万吨。济宁是山东省淡水资源最丰富的地区。微山湖水面面积1260平方千米,是全国十大淡水湖之一。另有丰富的地下水资源，淡水资源占全省的1/6。

济宁具有7000年的文明史。自古有"孔孟之乡、礼仪之邦"的美称。春秋时期儒家五大圣人，即至圣孔子、亚圣孟子、复圣颜子、宗圣曾子、述圣孔伋和人类始祖伏羲、女娲、黄帝、少昊帝均出生于济宁。全市有全国重点文物保护单位9处、省级49处、市级145处。其中孔庙、孔府、孔林被联合国列为世界文化遗产；嘉祥武氏祠汉画像石被誉为中国汉代历史的"百科全书"。有天下第一奇山峄山、水浒故事发生地梁山、孔子出生地尼山、铁道游击队故乡微山湖，还有石门山、北湖、泉林、古运河等著名风景名胜和论语碑苑、孔子研究院、六艺城、孔子精华苑等著名主题公园。这些灿烂的中华民族传统文化吸引着众多的海内外炎黄子孙前来朝拜、寻根祭祖。

济宁市历史上哪些人有"圣人"之称？

济宁素称"圣贤之乡，礼仪之邦"，自古人杰地灵，圣贤辈出。包括儒家五"圣人"在内，先后被称为"圣人"的历史人物共有8位。

一是"元圣"周公，姬姓名旦，是周文王的第四个儿子，周武王的弟弟，因受封于太王古公亶父所居住的"周"地为采邑，故称"周公"。他的主要政绩是辅佐武王伐纣灭商，完成统一大业。他曾制定周礼，人称"周公之典"。周公死后葬于毕原（今咸阳北），现曲阜城东北有周公庙。

二是"和圣"柳下惠，春秋时期鲁国（今曲阜）人。他是鲁孝公的儿子公子展的后裔，名禽，又名获，字季。因居柳下邑，故又称"柳下孝"。死谥曰"惠"，故人又称柳下惠。他以正直守信而名扬四方，曾得罪臧文仲，多次被撤职。以和悦守礼而著称，

齐国攻打鲁国，他派人到齐国劝说退兵。他曾将一位冻僵的女子抱回室内，搂在怀里，用体温暖女子，直待其醒，并无越轨行为。这种"坐怀不乱"的佳话，千古传颂。孟子曾说："柳下惠，圣之和者也"，因而被人称之为"和圣"。

三是"至圣"孔子，他是我国春秋时期伟大的思想家、政治家、教育家，儒家学派创始人。其思想学说以"仁"为核心，以"礼"为内容，形成了完整的思想体系。他首创私人讲学之风，培养弟子3000多人，其中最著名的72人。晚年从事古文献整理，删《诗》《书》，定《礼》《乐》，作《春秋》。《论语》一书是现存研究其学术思想的主要依据。自汉以后，其思想成为历代封建当权者的统治思想。"至圣"，意即最高的圣人。

四是"复圣"颜回，字子渊，春秋末期鲁国人，孔子弟子。他安贫乐道，德冠四科，才智出众，为孔子最得意的弟子。

五是"宗圣"曾子，名参，字子舆。春秋末期鲁国南武城（今嘉祥县）人，孔子弟子。乐道养亲，以孝著称。认为"忠恕"是孔子"一以贯之"的思想，矢志不渝地实践孔子学说，著有《孝经》和《大学》，在孔门中被视为道统的继承者。

六是"巧圣"鲁班，姓公输，名班，春秋末期鲁国人，我国古代杰出的发明家、建筑工匠。相传他曾经创造攻城的云梯和磨粉的碾，又发明了刨、钻，改造了锛、凿、斧、锯等木匠工具，技艺精巧，被后世工匠尊为"祖师"。《孟子》中说："公输子之巧，不以规矩，不能成方圆。"所以，后人又称他为"巧圣"。

七是"述圣"子思，姓孔名伋，孔子的孙子，曾子的学生，战国初期的思想家。他继承发扬了孔子的中庸思想，以"中庸"作为自己的学说核心，著有《中庸》一书。孟子曾受业于他的门人，将其学说加以继承和发展，形成"思孟"学派。

八是"亚圣"孟子，名轲，邹国（今邹城市）人，是战国时期的思想家、政治家、教育家。受业于子思的门人，自称"乃所愿，则学孔子"，"序《诗》《书》，述仲尼之意"。教人注重存心养性，注重气节，去做"富贵不能淫，贫贱不能移，威武不能屈"的大丈夫。著有《孟子》一书，被尊为孔子学说的继承者，有"亚圣"之称。

济宁市古代8位圣人的称号，其中"至圣"孔子是北宋真宗皇帝始封；"巧圣"鲁班是民间工匠所称；其余的几位圣人均是元代文宗皇帝赐封。

济宁市有哪些著名的旅游区？

济宁市有4大著名旅游景区。它们分别是孔孟文化旅游区、运河文化旅游区、水浒文化旅游区和微山湖旅游区。

（1）孔孟文化旅游区

中国历史文化名城曲阜、邹城，相距仅20千米。在这片古老的土地上诞生过"人文始祖"轩辕黄帝和孔子、孟子、颜子、子思4大圣人，素称"孔孟桑梓之邦，文化发祥之地"。

曲阜市现存文物景点340余处，"三孔"和鲁国故城为全国第一批重点文物保护单位；寿丘、少昊陵、尼山、周公庙、颜庙等108处景点被列为省市重点文物保护单位；尼山、石门山国家森林公园、九仙山风景区，自然风光秀丽，是中外游客的游览胜地。

邹城市的孟庙、孟府和岗山、铁山摩崖石刻为全国重点文物保护单位；中国最伟大的母亲——孟母，"三迁择邻"、"断机教子"的佳话，至今广为传诵；"岱南奇观"的峄山为省级旅游风景区，留下了"秦始皇东巡首登峄山"的典故；江北最大的地下宫殿——明鲁荒王陵，规模宏伟庄严，建筑典雅富丽。

（2）运河文化旅游区

在山东大地曲折奔流了千百年的大运河，养育了济宁这方热土，也造就了济宁的辉煌。京杭大运河开通以后，济宁更成为"河渠要害"之地，自元代开始，济宁就设有管理运河的机构，到了清代，更把管理整条京杭大运河航运事务的衙门设在济宁。运河促进了济宁商品经济的繁荣，也孕育了济宁灿烂的运河文化。李白、杜甫在此携手漫游，饮酒赋诗，评时论文；康熙、乾隆在此驻跸，题词作赋，留下了很多的民间传说。

兖州是一座历史名城，古九州之一。在原有的少陵公园、兴隆塔基础上，恢复千余年古城历史文化景观，修复了古少陵台、唐诗碑刻、青莲阁及尧祠遗址。嘉祥县诞生了中国历史上的"五大圣人"之一的"宗圣"曾子。曾子庙屹立在南武山前，气势雄浑，魏峨壮观；武氏祠汉画像石，是国务院公布的第一批全国重点文物保护单位。

（3）水浒文化旅游区

水浒文化旅游区因《水浒传》的故事而闻名，是以北宋末年宋江广结天下英雄好汉聚义的梁山为中心而形成的风景名胜区，虽历经800年的风雨沧桑，英雄好汉的踪迹仍可寻觅。水泊梁山是水浒旅游线的中心景区，也是全国唯一一处以农民起义遗址命名的风景旅游区，1985年被山东省政府公布为省级旅游风景名胜区。根据《水浒传》的描写，在原址上先后修复了水浒寨、忠义堂、石碣亭、黑风口、断金亭、宋江马道、宋江井、练武场、莲花台、问礼堂、杏花村、环山河、陈列馆等景点，并塑有形象逼真的《水浒传》作者施耐庵雕像、水浒人物石雕群、36天罡彩色玻璃钢塑像和127平方米的大型唐三彩壁画《水浒英雄聚义图》。

（4）微山湖旅游区

微山湖是省级旅游风景名胜区，总面积1260平方千米，由微山、昭阳、独山、南阳 4 湖连接而成，又称南四湖。微山湖水域辽阔，湖中数十万荷花竞相开放、争奇斗艳、湖光花影、蔚为大观，堪称世界之最。湖中微山岛方圆约 10 平方千米，融人文景观、名胜古迹、自然风光为一体。岛上三贤墓（殷微子墓、春秋目夷君墓、汉张良墓）历史悠久，汉画像石、古碑刻石等文化遗存珍贵异常，铁道游击队遗迹万人敬仰。湖岸的伏羲庙、仲子庙也唤起人们对远古和历史的追忆。

太 白楼是为唐代"诗仙"李太白建的楼吗？

太白楼原来不是为李太白建的楼，是唐代贺兰氏经营的酒楼，坐落在济宁市城区古运河北岸。

唐开元二十四年（736），大诗人李白与夫人许氏及女儿平阳由湖北安陆迁居任城（今济宁），"其居在酒楼前"，每天至此饮酒，挥洒文字，写下了许多诗篇。贺兰氏酒楼也因李白经常光顾而名声大振，生意兴隆。自唐咸通二年（861），吴兴人沈光敬慕李白，登贺兰氏酒楼观光，为该楼篆书"太白酒楼"匾额，并作《李翰林酒楼记》，从此贺兰氏酒楼便改为"太白酒楼"而闻名于世。宋、金、元时期对酒楼均依貌整修。明洪武二十四年（1391），济宁左卫指挥使狄崇在重建"太白酒楼"时，以"谪仙"的寓意，依原楼的样式，移迁于南城墙上，并将"酒"字去掉，名为"太白楼"，后于明、清、民国时期进行了数十次较大的重修。

如今的太白楼是 1952 年人民政府拨专款在旧城墙上重建的。重建后的太白楼连同台基，共占地 4000 平方米，楼体为两层，重檐歇山式样，砖木结构，二层檐下正中悬扇形"太白楼"楷书阴刻匾额。楼上正厅北壁上方镶有明代诗人所书"诗酒英豪"大字石匾，下嵌着李白、杜甫、贺知章全身阴刻"三公画像石"，楼的游廊和院内有《李白任城厅壁记》和唐代以来文人墨客的赞词、诗赋及乾隆皇帝《登太白楼》等碑碣60余块。有罕见的李白手书"壮观"斗字方碑。1987年，济宁市在太白楼建立李白纪念馆。

济宁铁塔是谁建的？

济宁铁塔坐落在铁塔寺内，建于北宋崇宁四年（1105），距今有900多年的历史。整个铁塔，构筑严谨，浑然挺拔，充分显示了我国古代的冶炼技术、建筑工艺的高超水平和劳动人民的创造才能，是我国珍贵的铁艺术遗产。铁塔现为全国重点文物保护单位。

据文献记载：北宋崇宁四年（1105）郡人徐永安之妻常氏为还夫愿，出资在崇觉寺（今铁塔寺）内以铁浇铸释迦塔。建塔时，由于连年战乱，铁塔仅建7级而停工。到了明代，地方官署、士绅及民众都认为铁塔"无顶未尽美"，而又把铁塔"譬伟丈夫佩剑魏峨，可惜冠冕不饰"。因此，于明万历九年（1581）由河道分府龚勉同郡守萧公倡议集资聚众动工，亦用铁浇铸，增高2级，塔顶又冠以铜质镏金天门。

铁铸塔身9层，计塔座在内共11层，通高23.8米，呈八角形，自下而上逐层递减。阳光下，金色的塔顶，玄色的塔身，紫光吐辉。斗拱雕花的平座、围栏、飞檐及金光闪闪的天门，堪称设计精巧，造型奇特，昂然耸立，蔚为大观。

莲花形底座为铜铸，与塔顶紧扣一体组成塔刹。铁塔铭文分别铸在第一层塔身的东南和东北面壁上。塔基深1.9米，塔座设一西向塔室，为砖砌、仿木建筑。室内供有大悲观音千手千眼佛，佛座三面刻有佛教神话、讲经、飞天等故事画面。

"声 远楼" 名字的由来是什么?

声远楼位于济宁市市中区铁塔寺街中段,因楼内悬挂一口巨型铁钟,撞击铁钟,响彻全城,声远10余里,故名"声远楼"。

声远楼始建于北宋中叶。明万历年间河道分府龚勉题"声远楼"匾额一方,悬在二层檐下正前方,字体雄浑,特别醒目壮观。

声远楼建在4.5米高的台基上,通高16米,为11脊十字顶正方形二层楼。下以12根方形石柱做外围主要支架,内以4根通天柱自下而上支撑二层顶端的梁檩,上下二层四檐和周围补间均以斗拱承托。顶覆灰瓦,挑脊上饰有按序排列的鸱吻、飞禽、走兽等。正中顶端设一头东尾西、昂首怒目、背驮宝葫芦的麒麟异兽,寓意颇深。全楼雕梁画栋,朱甍映目,飞檐陡峭,风铎铮铮,属砖木结构亭阁式建筑。楼内设木制楼梯可拾级而上。

楼上所悬巨钟高2.2米,壁厚0.2米,唇周长4.5米,重7.5吨,系宋代铸制,钟形古朴,撞击时音质浑厚而嘹亮。

你 了解曲阜市吗?

中国历史文化名城曲阜,是中华民族始祖先皇古帝的发祥地,殷商故都,周、汉鲁国都城,春秋末期著名思想家、政治家、教育家、儒家学派创始人孔子的故乡。它以其悠久的历史文明和灿烂的东方古文化而蜚声中外。在中国漫长的封建社会里,一直是人们心中的圣地名城,被西方人士誉为"东方耶路撒冷"。

"曲阜"二字,始见于《礼记·明堂位》中:"成王以周公有勋劳于天下,是以封周公于曲阜。"《尔雅》释名说:"大陆曰阜。"东汉应劭诠释说:"曲阜在鲁城中,委曲长七八里。"这就是"曲

阜"名称的由来。

早在上古时代，人类祖先就在曲阜一带生息劳作，开拓了早期的物质文明，文物发掘中发现大量公元前4300～前2400年间的"大汶口文化"和"龙山文化"遗迹。据古籍记载，在四五千年前，这里即是炎帝神农氏营都聚居的"大庭氏之墟"。大约公元前27世纪末叶，中华民族的人文始祖轩辕黄帝诞生于曲阜寿丘。继黄帝之后，少昊曾在曲阜营建都城。相传少昊84岁登帝位，寿百岁，崩葬曲阜城东北寿丘云阳山。中国古史相传的"三皇五帝"中，有4人曾在曲阜留下了活动的踪迹，开创了发达的古代文明。

公元前16世纪后的商代，曲阜为奄国国都，并一度成为商王朝的都城。公元前1066年，西周武王伐纣灭商，武王将其胞弟、王国宰辅周公旦封于故奄地曲阜，立国为"鲁"。

鲁国是曲阜历史上的黄金时期，是当时除周王朝首都镐京外全国文化最发达的城市。特别是春秋末年，著名思想家、教育家孔子在鲁国聚徒讲学，鲁国俨然成了全国的教育中心。鲁国文化高度发达，所以，人们至今仍用"鲁"作为山东省的简称。

鲁顷公二十四年（前249）楚灭鲁，设鲁县。隋开皇四年（584）定县名汶阳，596年因城中有阜委曲长七八里，故更名为曲阜。宋代因黄帝诞生于曲阜的寿丘，故改称仙源县。金代恢复曲阜县名。1986年6月，经国务院批准，撤县制，改为省辖县级市，始称"曲阜市"，属济宁市代管。

曲阜市现辖2办、6镇、4乡。全市总面积895.93平方千米，总人口64万。

全市现存文物古迹300余处，国家、省、地、县重点文物保护单位111处，历代著名碑刻400余块。主要名胜古迹和旅游景点有孔庙、孔府、孔林、鲁国故城、颜庙、周公庙、少昊陵、梁公林、尼山风景区、九龙山汉墓群、洙泗书院、石门山风景区、九仙山风景区、六艺城、论语碑苑、鲁国盛世华夏文化城等。孔庙与北京故宫、河北承德避暑山庄合称中国三大古建筑群。孔庙的大成殿与北京故宫的太和殿、泰安岱庙的天贶（kuàng）殿并称中国三大殿。孔府有"天下第一家"之称。孔林是世界上延续时间最长的家族墓地。1994年，孔庙、孔林、孔府已被联合国教科文组织正式列入《世界文化遗产名录》。

曲阜市的市树是桧柏，市花是兰花，市鸟是鹭鸶。

你 了解孔子吗？

孔子是中国春秋末期伟大的思想家和教育家，儒家学派的创始人。

孔子生年一般按《史记·孔子世家》所记为鲁襄公二十二年，而生月生日《史记》未记，按《谷梁传》所记"十月庚子孔子生"。换算为当今之公历应为公元前551年9月28日生。孔子生在鲁国。鲁国文化传统与当时学术下移的形势对孔子思想的形成有很大影响。

孔子早年丧父，家境衰落。年轻时曾做过"委吏"（管理仓廪）与"乘田"（管放牧牛羊）。虽然生活贫苦，孔子15岁即"志于学"。他善于取法他人，曾说："三人行，必有我师焉。择其善者而从之，其不善者而改之。"（《论语·述而》）他学无常师，好学不厌，乡人也赞他"博学"。

孔子"三十而立"，并开始

▲ 孔子像

授徒讲学。凡带上一点"束修"的，都收为学生。如颜路、曾点、子路、伯牛、冉有、子贡、颜渊等，是较早的一批弟子。连鲁大夫孟僖子、其子孟懿子和南宫敬叔也来学礼，可见孔子办学已名闻遐迩。私学的创设，打破了"学在官府"的传统，进一步促进了学术文化的下移。

西 方人怎样看待孔子?

孔子是中国古代伟大的思想家、政治家、教育家，儒家学派创始人。其学说不仅影响了中国几千年的发展进程，还深刻地影响着每一个中国人的思想和行为模式，成为东方人品格和心理的理论基础。以孔子为代表创立的儒家文化博大精深，构成了中华民族传统文化的主流和基础，时至今日仍在社会生活中发挥着巨大的积极作用。

孔子不仅属于历史，也属于当代；不仅属于中国，也属于世界。2005 年 3 月 8 日，《参考消息》第 14 版整版转载了香港《镜报》文章《西方人心目中的孔圣人——孔子在国外》和新加坡《联合早报》文章《孔子再次周游列国》，较为详细地阐述了孔子及其思想在世界上的影响和地位。在西方人心目中，孔子与希腊古代哲人苏格拉底、柏拉图一样享有盛名，和莎士比亚一样，相信和谐、等级、社会秩序和奉行爱国主义。绝大部分西方人对孔子尊敬有加。

在德国柏林得月园的入口处，矗立着两米多高的大理石孔子塑像，基座上刻着"己所不欲，勿施于人"的孔子名言。德国人把孔子和康德共同尊为教育学的奠基人。

西方出版的《100 个历史上最有影响的人物》中，孔子排名第五。美国人还尊孔子为世界十大思想家之首。

孔子的思想学说包含哪些内容？

孔子的思想学说，以"仁"为核心，以"礼"为行为规范，以"中庸"为思想方法。他所提出的社会原则和社会理想包括丰富的多层次的内涵：既维护以君、臣、父、子为核心的宗法等级制度，又强调各等级之间应该互相承担的责任和义务，尤其还倡导一种从天子到庶人、从治世到修身都应当具有的，以"仁"、"德"、"忠"、"恕"为中心的道德精神。他的思想学说具有明显的政治伦理道德化、伦理道德政治化的特色。

孔子的思想学说体系在当时及其以后的战国时期，虽被尊为"显学"，但只是一派学说。直至汉代，经过总结秦朝灭亡的经验教训和对百家各派的选择，汉武帝采纳董仲舒提出的"罢黜百家，独尊儒术"之后，才被确立为封建社会的统治思想。此后，虽然在封建政权交替转换时期，孔子的地位时有降低，但每当新的封建王朝建立，为了巩固统治秩序，当政者又总是进一步地给予肯定和抬高。儒家思想体系本身在历史发展的过程中，经过不断的发展和改造，变得更加符合维护封建社会制度的需要。因而儒家思想在历时两千多年的封建时代里，始终占支配地位。

在儒家思想成为封建社会的统治思想以后，历代帝王为了表示对其开创者的尊崇，不断给孔子加封追谥。汉平帝始封孔子为"褒成宣尼公"，到元武宗时已升为"大成至圣文宣王"，至清初更被推崇为"万世师表"。孔子的弟子及重要传人也受到沾溉：颜回被尊为"复圣"，曾参被尊为"宗圣"，子思被尊为"述圣"，孟轲被尊为"亚圣"。孔子的嫡裔在汉高祖时被封为"奉祀君"，至宋代改封为世袭"衍圣公"，且此封号一直沿袭到民国二十四年（1935），两千年来，备受当政者的推崇和优待。在封爵赠谥的同

时，历代封建王朝对孔子的尊崇，还以种种物化形态表现出来，经长期积累，在孔子故里形成了一批极其珍贵的历史文化遗存。

孔子思想不但影响到中国，也影响到国外。早在汉唐时代，它越出国界，传播到东南亚、东北亚，特别是朝鲜、韩国、日本、越南，对于促进这些国家封建经济、政治、文化的发展起过积极的作用，甚至成为这些国家传统思想的一个重要因素。有些史学家把中国和上述几国视为"孔子文化圈"，这不是没有道理的。到了 18 世纪，孔子思想又超出"孔子文化圈"，越过重洋，传到欧洲，对于法国启蒙思想、德国辩证法思想的形成、发展，也起过一定的触媒作用。

曲 阜孔庙的历史沿革是怎样的？

孔庙又称至圣庙，是祭祀孔子的庙堂，位于曲阜城中心。孔子死后的第二年（前 478），当时鲁国的国君下令将孔子生前居住过的 3 间茅草屋改为庙宇，"藏孔子衣冠琴车书"。至汉高祖十二年（前 195）刘邦过鲁"以太牢祀孔子"，汉桓帝永寿二年（156）鲁相韩敕以官钱修孔庙，才逐步改变了宅庙的性质，使之成为官设的庙堂。后代帝王绵延相继，不断营饰修缮，至唐太宗不但下诏在京城和全国皆为孔子立庙，而且下令建阙里孔子庙，从而使曲阜的孔庙规格升高，规模扩大。此后，历经宋、金、元、明、清，每当孔庙年久失修，或遭兵燹（xiǎn）、天灾，当朝帝王总是不惜重金，予以修缮营造，庙制规模越来越大。尤其是明朝正德年间，为了加强对孔庙的保护，将距今址以东 4 千米处的曲阜县城移至孔庙所在地，以城卫庙，使整个曲阜县城成了孔庙的外围建筑。至清末民初，孔庙终于被营造成一个世界罕见的具有特殊文化意义的庞大建筑群。

现在的孔庙是明、清两代修建的。历史上，孔庙先后共大修15次，中修31次，小修数百次。孔庙共由104座466间建筑物组成，占地面积21万平方米（21公顷），南北长达1000多米。整个孔庙为九进院落、三路布局，贯穿在一条南北中轴线上。主体建筑大成殿雄踞中央，周围建筑参差错落，前拱后卫，庭院之中，点缀以苍松翠柏。整组建筑，布局合理，疏密有序，金碧交辉，气势宏伟。其面积之广大，气魄之宏伟，时间之久远，保存之完整，被古建筑学专家称为世界建筑史上的"孤例"。

孔庙与北京故宫、河北承德避暑山庄合称中国三大古建筑群。1961年被国务院公布为全国重点文物保护单位。1994年被联合国教科文组织列入《世界文化遗产名录》。

"万仞宫墙"名称的由来是什么？

明朝时曲阜的正南门，上悬"万仞宫墙"四个大字，是乾隆皇帝的御笔。它来源于孔子得意弟子子贡的话。鲁国大会诸侯的时候有人提出子贡的学问博大精深，可与孔子相提并论。这话传到子贡耳朵里，子贡马上反驳说，我可不敢和老师孔子比，如果把一个人的学问比做一堵墙，我这堵墙只有一仞高（周制一仞8尺，约合1.8米，汉制为7尺，东汉末为5尺6寸），大家一踮脚尖，就可以看到里面的东西，没什么深奥的；而我老师孔子的这道墙有数仞高，如果你不走进去，是无法知道他学问的高

▲ 万仞宫墙

深的。后人认为数仞仍不能表达孔子思想学说的高深，便把数仞改为万仞，用来形容孔子的学问高深渊博。"万仞宫墙"四字原是明代山东巡抚胡缵宗的笔迹。当乾隆皇帝来到曲阜时，为了表示自己对孔子的尊重，就换下了胡碑，而刻上了自己题写的字。

金 声玉振坊名称的来历是什么？

曲阜孔庙的第一道牌坊叫金声玉振坊，是孔庙的起点。此坊是由明代山东巡抚、钦差大臣胡缵宗所建，"金声玉振"四字也是由他所题写的。这是根据孟子赞扬孔子的话而得名。孟子赞扬孔子说"孔子之谓集大成。集大成也者，金声而玉振之也。金声之也者，始条理也；玉振之也者，终条理也。"金声是敲钟的声音，玉振是击磬的声音。古时演奏一首完美的音乐，以敲钟开始，击磬结束。这里用金声玉振做孔庙第一道牌坊的名称，象征孔子思想集古圣先贤之大成，达到尽善尽美的程度，赞颂孔子对中华民族的巨大贡献。坊顶上有4个圆雕鳞甲独角兽，名叫辟邪，俗名朝天犼，这不仅是装饰物，也是地位的象征，只有官宦人家才可以用它们做装饰。据说它们可以祛除

▲ 孔庙金声玉振坊

邪恶，保佑家人平安。

为什么在孔庙建"棂星门"?

棂星又名天田星，古人认为它"主得士之庆"。古代帝王祭天，首先要祭祀棂星。把孔庙的第一道大门命名为棂星门，表示祭祀孔子的规格如同祭祀天一样，"尊孔如尊天"。此门原为木质结构，清乾隆年间孔子第七十一代孙、衍圣公孔昭焕重修时改为石质。"櫺星门"三字由乾隆皇帝题写。大门石柱顶部雕刻风调雨顺四大天将。

说到棂星门，据说有一段乾隆造字的故事。当年乾隆皇帝题字的时候，认为櫺星门的"櫺"字笔画太多，同"星门"二字写在一起，笔画粗细很难统一，就自作主张，把"櫺"字下面的"巫"字省掉了，写成了"欞"字。中国旧时有"写家笔下无错字"的说法，皇帝是真龙天子，更有造字的权力，于是就成了现在这个样子。

孔庙圣时门有什么出处?

圣时门始建于明永乐十三年（1415），清康熙二年（1663）重修时名宣圣门，雍正七年（1729）重修，次年雍正钦定为圣时门，乾隆题的匾额。此门名称来源于孟子，据《孟子·万章下》载："孟子曰：伯夷，圣之清者也；伊尹，圣之任者也；柳下惠，圣之和者也；孔子，圣之时者也。孔子之谓集大成。"这里，孟子把孔子和几位先圣作了比较，找出了"圣"之所在。伯夷，因反对周武王进军讨伐商王朝，逃避到首阳山，不食周粟而死，孟子谓其"清者"；伊尹，商初大臣，辅助商王太甲，因商王带头破坏法制，伊尹阻止，并把他放逐，自理其政，3年后太甲悔过，又接回复位，孟子谓其"任者"；柳下惠，春秋时鲁国大夫，以善讲究贵族礼节著称，齐攻鲁，他派人到齐劝说退兵，孟子谓之"和者"；而唯有孔子集古圣先贤之大成，是圣人中最适合时代者。

进入圣时门，豁然开朗，与前面三步一门、五步一坊形成鲜明对照。甬道两侧留有很大的空地，密密栽植着大片高大的古柏树，以造成庄严肃穆的气氛。这种以古树来点缀环境的处理方法，从汉代起就广泛地应用在坛庙、陵墓之中。

孔庙里的成化碑为什么非常有名气？

"成化碑"因立于明成化年间（明宪宗朱见深）而得名。这幢碑非常有名气，原因主要有两个：一是其精湛的楷书书法；二是碑文的内容。碑文的开头几句讲道："朕惟孔子之道，有天下者一日不可无焉。何也？有孔子之道则纲常正而伦理明，万物各得其所矣！""孔子之道在天下，如布帛粟菽（sù shū），民生日用一日不可暂缺"，把孔子的学说比成我们吃饭、穿衣，一天都离不开。正是由于这两个原因，成化碑成了游人到孔庙不能不看的一幢碑。细心的朋友已经发现，这幢碑的碑身有几处裂痕，这是文化大革命时留下的痕迹。当年，陈伯达派红卫兵小将到曲阜，砸坏了许多石碑，成化碑也未能幸免。

碑下这个驮碑的动物叫赑屃（bì xì），长得四不像：龙头、龟背、鹰爪、蛇尾。明朝长沙李东阳首先提出了赑屃之说。龙生九子，各有所能。赑屃是龙的第六个儿子，因它善于负重，故用来驮碑。不过它的架子大得很，只有皇帝立的御碑它才肯驮，所以一看到它驮的碑，肯定是御碑。

孔庙的"藏书楼"为什么叫"奎文阁"?

"奎文阁"是我国著名的古代木结构楼阁式建筑,也是我国十大名楼之一。始建于宋天禧二年(1018),原名"藏书楼",金明昌二年(1191)重修时,改为奎文阁。明弘治年间扩建为3层,清雍正年间改覆黄琉璃瓦,乾隆重题匾额。"奎"是星名,"奎星"是中国古代天文学中二十八星宿之一,为西方白虎之首,由16颗星组成,屈曲相钩,似文字之画,故有"奎主文章"之说。用奎文阁命名此阁,寓意孔子是天上的奎星下凡。这种木结构建筑不用钉子,全靠木头接榫而成,相当牢固。据记载,清康熙年间曲阜发生了一次大地震,"人间房屋倾者九,存者一",但奎文阁仍安然无恙,岿然屹立。阁西碑亭中记载康熙年间地震的石碑就是奎文阁坚固的旁证。阁前廊下有两幢石碑,东侧的"奎文阁赋",是明代著名诗人李东阳撰文,著名书法家乔宗书写的。李东阳不仅是著名诗人,而且是一位高官,官至太子太傅、吏部尚书、华盖殿大学士。他为孔家写奎文阁赋是有缘由的。孔家地位极高,而且非常富有,所以成了很多人仰慕的对象。李东阳也不例外,他把女儿嫁给孔子第六十二代嫡孙孔闻韶作了一品夫人。西边的石碑为《奎文阁重置书籍记》,记载着明正德年间皇帝命礼部重修赐书庋(guǐ)藏的情况。如今阁内藏书已不存,现在展现给大家的是一些碑刻,都是对孔子及其后代子孙的赞美之词。

十三碑亭院里立的都是什么碑?

十三碑亭院共有碑亭13座,南边8座,北边5座。这些碑亭是为了保存历代皇帝的御碑而特建的。里面立的全是御碑,共有

55 块，分别刻于唐、宋、金、元、明、清以及民国时期。碑文多是皇帝对孔子追谥加封、拜庙亲祭、派官致祭和整修庙宇的记载，由汉文、八思巴文（元代蒙古文）、回文、满文等文字刻写，具有很高的研究价值。其中最大的一块石碑是清康熙年间所立，碑身重 35 吨，驮碑的赑屃连同底座重 30 吨，共重 65 吨。这块碑的碑石采自北京的西山，在北京刻好后，千里迢迢运到曲阜来的。大家可能感到不可思议，在当时的条件下，这么重的一幢碑，能运到曲阜非常不简单。我国有一条著名的京杭大运河，但京杭大运河并不经过曲阜，而是经过曲阜西南 40 千米处的济宁。这块碑首先经过大运河运到济宁，然后在滴水成冰的隆冬季节，隔地挖井，取水成冰，用了 600 多人、500 多头牛，花了整整 15 个昼夜拉过来的。所以曲阜有 500 头牛拉大车的说法。

大成门和十三碑亭之间为什么会形成"勾心斗角"？

十三碑亭北，有 5 门并列，居中的一座名大成门，是孔庙第七道大门。

"大成"，是孟子对孔子的评价。他说："孔子之谓集大成"，赞颂孔子达到了集古圣先贤之大成的至高境界。此处 5 门大开，将孔庙分作 3 路：东为承圣门，内奉祀孔子上五代祖先；西为启圣门，内奉祀孔子父母。中路大成门，3 门并立，左掖是金声门，右掖是玉振门。"金声"是击钟的声音，表示奏乐之始；"玉振"是击磬的声音，表示奏乐之终，用以象征孔子思想集古圣先

▲ 大成门与十三碑亭的"勾心"

贤之大成。中路主祭孔子夫妇，并以历代先贤先儒配享从祀。大成门上有清雍正皇帝题匾及对联："先知先觉为万古伦常立极；至诚至圣与两间功化同流。"旧时只有逢祭孔大典时才会将此门打开，只有帝王才能通行，平时所有人只能从两旁的金声门、玉振门出入。

十三碑亭系金代以来逐代增建而成。大成门的东南角伸到旁边御碑亭的两角之间，形成了"勾心"。这是因为先有大成门，后建十三碑亭，空间不够，能工巧匠们充分发挥了他们的聪明才智，巧妙地解决了建筑结构空间的问题。从东路出去往西看，左掖金声门的一角和十三碑亭的一角对在了一起，形成"斗角"。"勾心斗角"本是建筑专业用语，形容斗拱交错，建筑结构紧凑，但后来用于人际关系，就成了一个贬义词。"勾心斗角"，亦称"钩心斗角"，如唐杜牧《阿房宫赋》："各抱地势，钩心斗角。"

孔庙中的先师手植桧真是孔子亲手所植的吗？

一进大成门，右手边这棵高大的桧树，据说是孔子亲手所植。但这棵树怎么看也不像有 2000 多年的样子。据记载，孔子当年确实亲手种植过 3 棵桧树，不幸的是毁于兵火。今天我们看到的这棵桧树是清雍正十年（1732）萌发的新芽长成，名再生桧。"先师手植桧"五个字是明朝万历年间由关西杨光训题写的。在封建社会，此树历来受到重视，它不仅是孔氏家族命运的象征，而且还是整个国家命运的象征。如果这棵树长势茂盛，就说明孔家及国家繁荣昌盛；如果此树委靡不振，就说明孔家及整个国家都要衰败下去。"批林批孔"期间，这棵树也没有被红卫兵小将砍掉。据说当年红卫兵小将认为，这棵树虽然是孔子亲手所植，但不是原先那棵，而是再生桧，属于新生力量，和他们是一类，于是这棵树才得以存活下来。

孔庙杏坛是孔子原来讲学的地方吗？

《庄子·渔父》中记载："孔子游乎缁帷之林，休坐乎杏坛之上。弟子读书，孔子弦歌鼓琴。"传说杏坛是孔子当年讲学的地方，可惜的是，古书中并没有记载杏坛的具体所在。此杏坛是宋天禧二年（1018）孔子第四十五代孙孔道辅重修大成殿时，将大成殿后移，除地为坛，环植以杏，取名杏坛。金代才在坛上建亭。亭上"杏坛"二字是乾隆笔迹。亭为重檐，内用斗八藻井，瓦用黄色琉璃，彩画用金龙和玺，规格很高。现存建筑为明隆庆年间遗物，高 12.05 米，阔 7.34 米，平面正方形，四面敞开，每面三间。

亭内有两块碑，其中写有"杏坛"二字的碑是整个孔庙保存最完好的碑。文化大革命时期，红卫兵小将也见到了这块碑，他们认为这块碑是金代大文学家党怀英题写的，党怀英姓党，"党"的东西是不能乱砸的，所以就保留了下来。而旁边乾隆皇帝的这块御碑就没有这么幸运了，被砸成很多块，是后来拼凑起来的。乾隆对杏坛十分推崇，当他第一次来曲阜时，就在这块碑的正面题刻了一首《杏坛赞》，就是楷书题写的这一面，诗中回忆了孔子杏坛讲学的场景。大家都知道，乾隆擅长写行书，他用楷书书写是为了表示自己对孔子的尊重。楷书工整，表示恭恭敬敬的意思。当他第二次来曲阜时，正赶上杏花开放的季节，乾隆诗兴大发，

▲ 孔庙杏坛

又在同一块碑的背面题写了一首《杏坛赞》，诗中写道："重来又值灿开时，几树东风簇绛枝，岂是人间凡卉比，文明终古共春熙"。

大成殿内供奉了哪些儒家的代表人物？

大成殿就是孔庙的主体建筑，是孔庙最高的建筑，也是整个曲阜老城区的最高建筑，瓦色、开间、彩画均采用最高规格。殿高24.8米，长45.69米，宽24.85米，重檐九脊，黄瓦歇山顶，金龙和玺彩画，周绕回廊。大成殿也号称"中国三大殿"之一，它与北京故宫的太和殿、泰安岱庙的天贶殿并称为中国三大殿或东方三大殿。

大成殿原名文宣王殿、宣圣殿，始建于宋天禧二年（1018），是祭祀孔子的主要场所。宋徽宗取孔子"集古圣先贤之大成"之意，下诏更名为大成殿，并亲笔题书匾额。明弘治年间毁于雷火后重建，清雍正二年（1724），再次遭雷火，又重建，并另题匾额，雍正帝手书。此次重建，清廷特许按照皇宫的设计建造，采用了红墙、黄瓦。整个大殿花了6年时间，共耗费黄金57600余两，匠工30000多个。

大成殿内金碧辉煌，有大型神龛9座，塑像17座，中间一座就是孔子。孔子塑像高3.35米，头戴十二旒（liú）冠冕，身穿十二章王服，手捧镇圭，一副君王形象，这是被历代帝王神化了的孔子。实

▲ 大成殿

际上，孔子的真实面目应该是布衣文人的形象。早在西汉建孔庙时就塑有孔子像，清雍正二年（1724）孔庙及孔子像毁于雷火，雍正八年（1730）重塑，1966 年文化大革命中被砸毁。1982 年省政府拨专款 48.5 万元，黄金 48 两，组织人员以脱胎法重塑孔子坐像，基本上恢复了雍正八年（1730）时的形象。孔子塑像的两侧是"四配"，也称"四圣"，东西对坐，是四个跟随孔子一同享受祭祀的圣人。他们是：东为复圣颜回、述圣孔伋；西为宗圣曾参、亚圣孟轲。再外为十二哲。东位西向的是闵损、冉雍、端木赐、仲由、卜商、有若；西位东向的是冉耕、宰予、冉求、言偃、颛孙师、朱熹。十二哲除朱熹外，其余均为孔子弟子。朱熹是宋朝著名的理学家，因《四书五经》解释得好被封为先哲。殿内外悬挂着 10 块匾额，清朝 10 位皇帝先后为大成殿题过词。门外正中的"生民未有"四字是雍正题写的，孟子赞颂孔子说："生民未有盛于孔子也"，意思是说，自从有人类以来，还没有全面超过孔子的人。宋代文人米芾（fú）所写的《大哉孔子赞》就体现了这一点。诗中写到"孔子孔子，大哉孔子，孔子之前，既无孔子，孔子之后，更无孔子。孔子孔子，大哉孔子。""万世师表"匾是康熙题写的，意思是说，孔子是"万世皇帝之师，千古人类之表"，是皇帝的老师，做人的表率。"斯文在兹"，是光绪题写的，意思是天下的文化都在这里。

大成殿四周廊下环立的石柱有什么独特之处？

古建筑中廊下和殿内立的多为木柱，而大成殿四周廊下环立的是石柱。虽然北京故宫的太和殿象征着皇家无上的尊严，但其木柱与大成殿的石柱比起来也逊色很多。大成殿四周廊下环立 28 根雕龙石柱，每根高 5.98 米，直径 0.81 米，都是整石雕刻而成，是明弘治十三年（1500）敕调徽州工匠刻制。前面 10 根龙柱，雕刻的是深浮雕二龙戏珠。每根石柱雕有二龙，一为升龙，一为降龙，上下对翔，盘绕升腾。龙周遍刻云朵，石柱下端刻山石波涛，两条龙就像腾海升空、穿云飞翔一样。10 根龙柱的图案都不一样，各具变化，造型优美生动，雕刻玲珑剔透，龙姿栩栩如生，是中国罕见的石刻艺术珍品。以前皇帝来祭孔时，这些龙柱都要用红绫包裹起来，以免因超过皇宫而

▲ 孔庙大成殿龙柱

引起皇帝嫉妒。乾隆来了 8 次，最终也没看到这样精美的石刻。

　　大成殿后和两侧的 18 根浅浮雕龙柱，每根龙柱有 8 面，每面 9 条龙，一根柱子刻了 72 条龙，18 根柱子共刻了 1296 条龙。刻这么多龙有几种说法。一种说法是世界上龙的总数是 1296 条；另一种说法是孔子一生活了 72 岁，所以每根石柱刻 72 条龙；而笔者认为最可信的是每条龙代表孔子一个有名的弟子。大家都知道"望子成龙"这句话，做家长的都希望自己的孩子能出人头地，而孔子作为一个老师，当然也希望自己的学生能成龙。孔子一生弟子三千，贤者七十有二，故每根柱子刻了 72 条龙。

大成殿后的寝殿是做什么用的？

　　大成殿后的寝殿是祭祀孔子的夫人亓官氏的殿堂，建于宋朝。关于亓官氏，古书上记载很少，只知道她是宋国人，19 岁嫁给孔

子，而且先于孔子7年去世。在孔庙还是3间茅草屋的时候，亓官氏和孔子一起享受祭祀。到了唐朝，才建了寝殿，亓官氏单独享受祭祀。宋朝时寝殿移到现在的位置，最初有亓官氏的塑像，到了雍正遭火灾后重建时，只有一块木牌位，上书"至圣先师夫人神位"。

寝殿里空空荡荡，不像大成殿里琳琅满目，布满仪仗和祭品，这和孔子有密切的关系。我们说孔子是一位非常了不起的人物，但是再伟大的人也不是十全十美的，孔子的学说也有糟粕之处。孔子说过这样一句话"唯女子与小人为难养也"，可见他对妇女的歧视。至于"女不塑像"则另有来历：传说我国历史上有名的荒淫无耻的昏君殷纣王到女娲庙进香时，忽然一阵狂风卷起幔帐，露出了女娲圣像，容貌端丽，国色天香、宛然如生。纣王一见，神魂飘荡，顿生邪念，急忙招呼左右拿来笔墨，在粉壁上作诗一首。诗的最后两句是"但得妖娆能举动，取回长乐侍君王。"女娲发现了纣王的肮脏灵魂，气得发疯，便派琵琶精下凡，变成妲（dá）己，助纣为虐，很快灭了殷朝。后来在修建庙宇时，人们就以此为戒，不塑女人的像。

寝殿外面的22根石柱上，雕刻的是浅浮雕凤凰戏牡丹。大成殿到处都是龙的形象，而寝殿则到处都是凤凰的形象。因为在中国的封建社会，男龙女凤，所以如此。

圣迹殿的《圣迹图》主要讲述什么内容？

圣迹殿是孔庙的最后一进院落，建于明朝，是专为保存记载孔子一生事迹的圣迹图而建。孔子《圣迹图》共120幅，是明朝万历二十年（1592）据孔庙原存木刻《圣迹图》增补刻成。曲阜儒学生员毛凤羽汇校，维扬画工杨芝作画，吴郡章草刻石。每幅宽约38厘米，长约60厘米，记载了从孔子父母在尼山祈祷生孔子开始，到孔子死后众弟子为他守墓为止。记述了孔子一生中著名的行迹，是我国第一本有完整人物故事的石刻连环画，具有一定的历史价值和艺术价值。

例如，其中有一幅叫《泰山问政》，说的是当年孔子带弟子经过泰山时，听到有一妇人哭得非常悲切，于是派弟子子路前去询问原因。老妇人说："我的公爹被老虎吃了，我的丈夫被老虎吃了，如今我的儿子也被老虎吃了。""既然这里有老虎，你为什么不搬到别处去呢？""这里虽然有老虎，可是没有苛捐杂税呀！"孔子听了长叹一声，发出了"苛政猛于虎也"的感慨。还有一幅叫《观象知雨》，话说有一天早上出门时，孔子让弟子带好雨伞，弟子不解其意。没过多久，天就下起了雨。弟子觉得奇怪，就问孔子怎么知道要下雨。孔子说："古书上说，'月离于毕，俾（bǐ）滂沱矣。'昨晚我观察星象，发现月亮不是停在毕星附近，所以知道今天要下雨。"这个故事说明孔子知识渊博，天文地理无所不知。

圣迹殿正中墙上"万世师表"四字是康熙皇帝题写的。字下有3幅画：正中为唐代大画家吴道子画的"孔子为鲁司寇像"，左为晋代顾恺之画的"先圣画像"，俗称"夫子小影"，据说此画在孔子像中最真，最接近孔子的真实面貌。右为吴道子画的"孔子凭几像"，孔子按几而坐，十弟子分立左右。

你 了解"孔末乱孔"的故事吗？

孔庙东路的家庙里，供奉着孔家的一世祖孔子、二世祖孔鲤、三世祖孔伋以及孔子第四十三代孙孔仁玉。供奉前三世祖都可以理解，但供奉四十三世就有很多人不明白。这里面有一段孔末乱孔的历史。

孔子第四十二代孙泗水主簿孔光嗣，收留了一个叫刘末的病孩子和他的父亲。他的父亲进府当差，改姓孔，刘末因此改为孔末。孔家为孔末治病，病好后也让他当差。孔末很会揣摩主人的心思，因此深得主人喜欢，对他委以重任。不料孔末见主人仁慈好欺，竟然联合一帮歹人杀害了主人，取而代之。这还不算，孔末还想斩草除根，杀害当时只有几岁的孔子的第四十三代孙孔仁玉。恰巧当日仁玉跟他的母亲张氏去了姥姥家（据孔子第七十七代孙孔德懋著《孔府内宅轶事》），孔末便带人追到张家。恰巧张母有一个小孩和仁玉一般年龄，张母便将自己的孩子跟仁玉换了衣服，替仁玉被杀。之后，张母便与外孙以母子相称，抚养仁玉长大成人。后来仁玉考中科举，向皇帝陈明事情原委。皇帝派人查明属实，诛杀孔末，命孔仁玉继承孔家爵位，孔仁玉被孔家尊称为"中兴祖"，这就是其中的原因。

大家看过《红楼梦》，里面有一位远亲刘姥姥，而孔家有一位世袭恩亲"张姥姥"。孔仁玉继承爵位后，为了报答姥姥的救命以及养育之恩，孔仁玉奏请皇上恩准认张家为世代恩亲，并赐给张姥姥一柄龙头拐杖，成为权力的象征。张姥姥去世后，由长房儿媳继承这个称号。每次孔家有什么大事，"张姥姥"都会带着一帮人前去吃喝，她们穿着粗布衣裙，吆五喝六，不把任何人放在眼里。这种特权一直延续到清末民初，就连一向专横跋扈的第七十六代衍圣公夫人陶氏也怕她们三分，总是派人安排她们好吃好喝，临走还要捎上一份厚礼。孔末的后代被迫搬出孔府后称为"外孔"，而孔仁玉的后代被称为"内孔"。以前，"内孔"、"外孔"分得很清楚，不过现在的年轻人已不再那么较真，很多人连自己是内孔还是外孔都分不清楚了。

"鲁壁"为纪念何事而建？

在孔庙东路有一堵红色的墙壁，就是著名的鲁壁，这里记载着"鲁壁藏书"的故事。历史上历代帝王都尊孔，只有一个皇帝例外，那就是秦始皇。当年秦始皇为了巩固自己的统治，下令"焚书坑儒"，将所有的儒家经典统统烧掉。孔子的九世孙孔鲋（fù）认为"秦非吾友……吾将藏之，以待其求"，于是将孔子的部分经典著作藏在故宅的夹墙里面，然后逃到嵩山隐居去了，到死也没回来。到了西汉时，刘馀（yú）被封为鲁恭王。刘馀非常喜欢宫殿，于是拆除孔子故宅为扩建宫殿让路。当拆除孔子故宅时，忽然听到天上似有金石丝竹之声，有六律五音之美，结果从墙里面发现了《尚书》《礼》《论语》《孝经》等书，一共几十篇。于是这一批经书得以重见天日。后人为纪念孔鲋藏书，就建了这堵墙。

孔宅故井为什么受到重视？

在曲阜孔庙诗礼堂后的孔子故宅内有一口水井，据传系孔子当年的吃水井，是孔子在世时尚存的原物之一。宋代石砌此井口，明代在高筑的井台四周修建了雕花石栏。在石栏的东南、东北角上，有两根莲花柱，用响石刻制，以掌击之，能发出悦耳的石磬之声。栏内井口北侧立有石碑一座，上刻"孔宅故井"四字。孔宅故井虽然仅3余米深，但水清且甘甜。孔子饮此井之水成了大圣人，所以人们把它视为"圣物"，井内的水被誉为"圣水"。

孔子故宅内这口孕育出"圣人"的名井，在以后的历史长河中，不知引起多少帝王将相抚膺（yīng）长叹，多少游人墨客感

赋连篇，他们来曲阜祭孔或旅游时，都以能亲口尝到此井内的"圣水"为幸。清乾隆皇帝在位 60 年，曾先后 8 次驾临曲阜，有 5 次到孔宅故井"饮水拜师"，清乾隆十三年（1748）乾隆祭孔，撰《孔宅井赞》，赞美圣水的灵秀、甘醇，赞曰："疏食饮水，曲肱（gōng）乐之。既清且渫（xiè），汲绳到兹。我取一勺，以饮以思。呜呼宣圣，实我之师。"借饮水表达了他对孔圣人的无限崇敬和尊重之情。后人在井西修建了一座四角黄瓦方亭，立上了他饮水拜师的《孔宅井赞》石碑。1952 年，印度总理尼赫鲁的妹妹潘迪特夫人来曲阜参观时，从孔宅故井中带走了两瓶"圣水"，回国后，一瓶送给了当时的印度总统，一瓶送给了印度总理、她的哥哥尼赫鲁。

诗 礼堂是为纪念什么事情而建的？

诗礼堂是为纪念孔子当年教他的儿子孔鲤学诗学礼而建，也是孔子第六十四代孙孔尚任给康熙皇帝讲经的地方，始建于明朝。《论语·季氏》记载，当年，孔子坐在院中，他的儿子孔鲤从身旁走过，孔子问："你学习了《诗经》没有？"孔鲤说"还没有"。孔子说"不学诗，无以言"。意思是说，不学习《诗经》，和别人讲话时就没有谈话的内容。因为在当时，上层士大夫们谈话时都引经据典，如果对《诗经》不熟悉，就无法和上层士大夫接触，于是孔鲤就回去学习了《诗经》。又有一次，孔鲤又从厅堂中走过，孔子问"你学习了《礼记》没有？"孔鲤答："还没有。"于是孔子又说："不学礼，无以立。"意思是说不学习《礼记》，就没法立身做人。于是孔鲤就回去学习了《礼记》，这就是所谓的"诗礼传家"。后人为了纪念孔子教儿子学诗学礼，所以在孔庙东路建诗礼堂。

"衍圣公府"的由来是什么?

孔府和孔庙之间夹着一道小门,名"孔子故宅门",门后就是原来的孔子故宅。现在的孔庙、孔府就是以此为中心扩建而成的。

号称天下第一家的孔府,又称衍圣公府,是孔子嫡系长子长孙居住和办公的一个场所。

唐代以前孔子的嫡系长支多住在阙里故宅,称"袭封宅"。随着历代帝王对孔子后代赐封的不断升高,孔府的建筑规模也不断扩大。宋仁宗宝元元年(1038)开始扩建孔府,从孔子的第四十六代孙孔宗愿于宋仁宗至和二年(1055)被封为"衍圣公"后,改称"衍圣公府"。明代孔子的第五十五代孙孔克坚去南京朝见了朱元璋后,朱元璋于明洪武十年(1377)敕建新宅,并下诏孔府有权设置官署。明嘉靖年间,又改建衍圣公府,奠定了今天的规模。

孔府占地面积16万平方米(240亩),有各种房屋建筑463间,九进院落,三路布局。东路是"东学",建有一贯堂、慕恩堂、孔氏家庙等;西路是"西学",建有红萼轩、忠恕堂、安怀堂及花厅等;孔府的主体建筑在中路,仿皇宫之制,分为前后两部分,前朝后寝。前面是官衙,设有大堂、二堂、三堂及管勾厅、百户厅、典籍厅、司乐厅、知印厅、掌书厅六厅;后面是内宅,有前上房、前堂楼、后堂楼、后五间等,最后是花园。

孔子嫡长子长孙称"衍圣公"的历史沿革是怎样的?

"衍圣公"是皇帝恩赐给孔子嫡系长子长孙的封号。自孔子死后,随着后世对孔子的不断加封,其后裔也常得恩泽。

史载最早对孔子后裔的加封始于秦朝，秦始皇二十八年（前219），东行郡县，曾"观礼于鲁"（《水经注·泗水》），因孔子九代孙孔鲋精通六艺，被秦始皇召封为鲁之文通君。后因秦下令焚书，孔鲋藏《论语》《尚书》《孝经》等于孔子旧宅壁中，走隐嵩阳，教授弟子。秦始皇所封文通君，仅仅是名誉上的称号，并非祭祀孔子的特有封号。专主孔子祀事的封号是从西汉开始的。汉高祖十二年（前195），高祖"自淮南过鲁，以太牢祀孔子"，同时封孔子第九代孙孔腾（孔鲋之弟）为"奉祀君"，专主孔子祀事；惠帝时征为博士，迁长沙太傅。昭帝征孔子第十三代孙孔霸为博士，宣帝时为高密相。元帝永光元年（前43）拜孔霸为太师，赐爵关内侯，食邑800户，号褒成君，以所食邑奉孔子祀。汉成帝时由孔霸长子孔福袭封关内侯，这是孔子后裔爵位世袭的开始。

至唐末，第四十二代孙孔光嗣于唐天祐二年（905）被任命为泗水主簿，失掉爵位。后梁末帝乾化三年（915）为孔庙洒扫户孔末所害。孔末则取代了孔氏嫡裔。孔光嗣之子第四十三代孔仁玉在孔末之乱时，生甫九月，母亲张氏抱匿于外婆家，得免。后唐明宗长兴元年（930），诛孔末，遂授孔仁玉曲阜主簿，主孔子祀。孔仁玉之后，子孙繁衍，先分为5位，又分为20派，再分为60户。孔氏家族追称孔仁玉为"中兴祖"。

宋代是孔氏受朝廷恩宠较为兴盛的时期，北宋乾德四年（966），宋太祖诏孔子第四十四代孙孔宜为曲阜主簿。宋仁宗宝元二年（1039），授孔子第四十六代孙孔宗愿国子监主簿，袭封文宣公，知仙源县事。仁宗至和二年（1055）改封孔宗愿为衍圣公。哲宗元祐元年（1086）改封第四十七代孙孔若蒙为奉圣公，专主祀事。元符元年（1098）坐事废封，改由其弟孔若虚袭封奉圣公。孔若虚死后，仍以孔若蒙之子孔端友袭封。宋徽宗大观年间（1107～1110）复改封孔端友为衍圣公。至此以后，衍圣公这一封号历经宋、金、元、明、清、民国，直至 1935 年国民政府改封孔子第七十七代孙孔德成为大成至圣先师奉祀官为止，先后延续了 800 多年。

"衍圣公"因得益于先祖孔子的荣耀，成为中国历史上经久不衰、世代腾黄、地位显赫的特殊公爵，与朝廷互为利用，成就了"孔府天下第一家"的美名，这在中国乃至世界上也是叹为观止了。

孔 府的大门为什么被漆成黑色的？

孔府大门建得非常气派，门两边为八字白粉墙，门前两只威武的石狮子把门。但如果仔细看的话，孔府大门的颜色和别处府第不同，是黑色的。我们知道，官府或达官贵人的大门都是红颜色的。唐代诗人杜甫诗中就说"朱门酒肉臭，路有冻死骨"。但是孔家不是一般的达官贵人，他们是孔子的后裔，圣人之后，必定有不同于常人之处。孔府把大门漆成黑色是有他的特殊用意的。

中国有五行和五方。五行中金、木、水、火、土，与五方的西、东、北、南、中相对应。北方对应的水，"水清则碧，清而深则黛"，黛就是黑色。因为孔府是内宅与官衙合一的建筑，把孔府的大门漆成黑色，寓意孔府是清水衙门，孔府里的衍圣公是两袖清风的清官。

孔 府大门上的对联为什么会出现两个错字？

孔府是天下第一家，为孔府大门题字的人也是与众不同。大门的正中悬挂的"圣府"匾额是明代大权臣严嵩题写的，旁边的对联则是清代才子纪昀手书。上联是"与国咸休安富尊荣公府第"，下联是"同天并老文章道德圣人家"，口气之大，道出了天下第一家的气势。但如果仔细看一下这副对联，上下联各有一个错字，这是有特别用意的。上联的"富"字少了上面一点，叫"富贵无顶"，下联的"章"字，成了破日之状，称为"文章通天"。

相传，孔子的第四十二代孙孔光嗣结婚的那天，有神仙前来指点，碰到写着"富"字的影壁，把"富"字去了点，并告诉孔家富字有点不吉利。从那以后，孔府凡是富字都不写点。又传说乾隆时期，纪昀为孔府书写对联，写到章字时，连写几遍都不满意，于是就停下来休息。迷迷糊糊中就见一个老翁在他写的章字上加了一笔，成了破日之状，醒来后，纪昀一挥而就，就成了现在的"文章通天"，果然气势非凡。

孔府"白话碑"为何有名？

进入孔府二门，门东有块石碑叫白话碑。碑高 1.45 米，宽 0.71 米，厚 0.18 米。跟孔庙、孔林的"御碑"及一般碑刻相比，"寒酸"得很，但论起"知名度"与影响来，却并不在那些碑刻之下。曲阜现存有数千幢古石碑，其碑文都是用文言文撰写的，只有这块碑是用白话文写成的。不大的"碑"面，分为两层，分别记述了明洪武元年（1368）十一月四日朱元璋与前"衍圣公"孔克坚以及洪武六年（1373）八月二十九日与"袭封衍圣公"孔希学（克坚之子）的两次谈话（所谓"戒谕"）。前者是乡音俚语的白话体，后者是圣语纶音的古文体。可能是先入为主的原故吧，就被称为"白话碑"了。

刚刚建立起大明政权的朱元璋，在接见孔克坚时的谈话，一派口语，堪称"老妪亦解"。前面几句写道：

（上曰：）老秀才，近前来。你多大年纪也？（对曰：）臣五十三岁也。（上曰：）我看你是有福快活的人，不委付你勾当。你常常写书与你的孩儿，我看资质也温厚，是成家的人。你祖宗留下三纲五常垂宪万世的好法度，你家里不读书，是不守你祖宗法度，如何中？你老也常写书教训者，休怠惰了。于我朝代里你家里再出一个好人啊！好？不好？……

"戒谕"中的"也"、"者"，都是语气助词，如今的皖语中，仍可或闻。"中不中"的"中"，义同"行"或"可以"，更是纯属"乡音"。

这段话如同老百姓谈家常，甚为亲切，看不到官场里的那些套话。从而可以想象到这个曾当过放牛娃、做过和尚的皇帝还保持着平民百姓的那些豪放俭朴的风格，同时也可了解他称帝初期的思想和主张。

孔府"六厅"各有什么职能？

孔府重光门两侧的东西廊坊，是孔府仿照封建王朝六部而设立的六厅，即：管勾厅、百户厅、典籍厅、司乐厅、知印厅、掌书厅。孔府作为贵族世家，不仅有豪华的府第，而且还占有大量土地和田产，并有管理着一定数量户人的官衙，因而必然设立一套完备的组织管理机构，以维护其统治。六厅在历史上是陆续建置的，明初已经完备，到清代完全固定下来。各厅长官，由正七品到正六品官员充任。六厅之中百户、管勾、典籍、司乐四厅简称兵、农、礼、乐四司，是孔府管理机构的核心，是统治庙户、佃户、礼生、乐舞生的主要工具。

百户厅，又称"钦设林庙守卫司"，设有林庙守卫百户官一名，简称百户。百户厅是管辖林庙、书院户丁，约束巡防，护卫

林庙，征收丁银，办理与祀典有关的所有祭品等事宜的机构。百户最先由孔姓族人担任，以后改为生员，到明孝宗弘治年间，又挑选洒扫庙户中的"才德兼备者"充当，于是百户的地位就大为降低，并且不得与典籍、司乐、管勾等其他属官并列。

管勾厅是孔府最高的财政机构，掌管租税收入、祭祀支出、祭品供给等事务，即孔府的租粮、租银、集税、筹办祭品等都属管勾厅掌管。它还是孔府最高的民政机构，管理着广大佃户，在佃户中编保甲，审理佃户之间罪在枷责以下的民事案件。孔府的管勾厅设正六品管勾官一名，下设屯官、总甲、小甲。在六厅中管勾厅是最庞大的一个机构。

典籍厅是孔府专门管理典章制度，保存历代帝王赐书典籍，出卖官爵，管理和训练礼生的机构。典籍厅除负责保存历代帝王御赐典籍外，还掌管着祀典制度，兼司组织人员教授礼生，参照古礼，演习礼仪，以适应祭孔时的需要。

司乐厅是孔府主管祭孔乐章、舞蹈（八佾舞），保存乐器舞具、培养乐舞生等事宜的机构。

知印厅掌握着孔府的文书印信，如衍圣公印章、孔庭族长印章、圣庙执事官印章和签押公文等。衍圣公享有很多帝王赏赐的特权和封号，如"袭封衍圣公"、"光禄大夫"、"赏戴双眼花翎"、"赏穿带嗉（sù）貂褂"、"紫禁城骑马"、"奉旨稽查山东全省学务"、"太子太保"等。皇帝在赐予特权的同时，往往也赐给大印，这些大印也交由知印厅保管。

掌书厅专门负责孔府的文书书写，管理衍圣公的表笺奏章，负责管理一切档案，办理上下文书、来往信件、布告、法令、信票、执照、咨文等文书事宜。

孔府大堂原来是用来做什么的地方？

孔府大堂是当时的衍圣公宣读圣旨、接见官员、申饬（chì）家法族规、审理重大案件，以及节日举行仪式的地方。

大堂五间，堂内梁柱彩绘，布置威严煊赫，气势森严。大堂正中是彩绘万福、

▲ 孔府大堂

流云、八宝的暖阁，大圈椅上披的是一张斑斓的虎皮。椅前的红漆公案上，摆着文房四宝、公府大印、令旗、令箭、红签、绿签、惊堂木等。大堂上方正中悬挂着顺治皇帝让衍圣公"统摄宗姓"的圣旨，意思是所有姓孔的人都要听从衍圣公的号令。在以前，衍圣公就是曲阜的县太爷，到后来，县令由衍圣公举荐孔家有才能的人担任。实际上，曲阜的实权掌握在衍圣公手中。

大堂的两边摆放着很多的仪仗，这是衍圣公作为正一品爵位的象征。其中有一件物品与众不同，这根像甘蔗一样的棍子是一件刑具，名叫甘蔗棍。据说凡是用甘蔗棍惩罚的犯人，挨了打不能喊疼，只能说"我尝到甜头了"。但是犯什么样的罪用甘蔗棍惩罚，找不到记载。大堂后面的这些官衔牌，俗称"十八块云牌銮驾"，如"袭封衍圣公"、"奉旨稽查山东全省学务"、"赏戴双眼花翎"等，最能体现衍圣公特权的当属"紫禁城骑马"。大家都知道，紫禁城内未经允许是不可以进入走动的，但是皇帝特许孔子第七十六代孙孔令贻在紫禁城内皇宫御道上骑马，由此可见孔家的地位之高。实际上，在明朝以前，衍圣公官居二品，明朝废除

宰相制度后，衍圣公官居文官之首，也就是说，皇帝老大，他老二。衍圣公进京朝见皇帝时，有专人举着这些牌子，一路上畅通无阻。

孔府二堂前的长凳为什么叫"阁老凳"，又叫"冷板凳"？

　　孔府二堂前有两条古朴的长凳，是专供进孔府拜见衍圣公的官员用的。他们坐在这里等候衍圣公的接见。但现在导游称这两条长凳名"阁老凳"和"冷板凳"。这里面有一个故事和明代大权臣严嵩有关。据载他把孙女嫁给了孔子第六十四代孙孔尚贤作了一品公夫人。这严氏虽然长相丑陋，却很有才华，夫妻二人夫唱妇随，日子过得幸福美满。可严嵩父子平时作恶多端、贪赃枉法，朝中忠臣多遭到他的打压。不料善恶到头终有报，严嵩晚年受到弹劾。皇帝要治他的罪时，严嵩到孔府想请衍圣公到皇帝面前替他求情。但是落架的凤凰不如鸡，启事厅的官员不愿替他传话，而衍圣公也不愿卷到这件事中，严嵩没办法，只好坐在长凳上等。因为他心里有事坐不住，他一会儿坐在这边，一会儿坐在那边，就像热锅上的蚂蚁一样，足足等了两个时辰。因严嵩官居阁老，这两条凳子被他坐过，就得名"阁老凳"了，也叫"冷板凳"。

孔府二堂是衍圣公处理什么事务的地方？

　　孔府二堂是衍圣公会见四品以上官员和受皇帝委托每年替朝廷考试礼乐童生的地方。东边是启事厅，官员由四品官充任，负责内禀外传；西边是伴官厅，官员由七品官充任，是跟随衍圣公进京朝见皇帝的官员的办公地点。和衍圣公品位同等的官员有2名伴官，但衍圣公有 6 名伴官。

二堂正中悬挂的两块牌匾，上面的是康熙题写的"节并松筠"，下面是乾隆题写的"诗书礼乐"。诗书礼乐好理解，节并松筠是什么意思呢？节是气节，并是相同的意思，松是松树，筠指竹子的青皮，后来引申为专指竹子。大家都知道，松树气节很高尚，"大雪压青松，青松挺且直"，而竹子更是"未曾出土先有节"，一向得到人们的喜爱。这 4 个字是说孔子以及孔子的子孙气节像松竹一样高尚。里面有一块"寿"字碑，是慈禧皇太后的笔迹。当年，慈禧 60 岁生日时，衍圣公孔令贻带着他的母亲和妻子进京为慈禧祝寿，慈禧很高兴，就书写了这个寿字赐给孔家。孔家认为很荣耀，回曲阜后就命人照样子刻了这块碑。"福寿"碑是道光皇帝手书。

孔府三堂有什么陈设？

出了孔府二堂就是三堂。三堂的摆设和前面不同，不像大堂、二堂那样庄严，有些像家庭居住的院落一样。三堂，也叫退厅，是衍圣公处理家族内部纠纷、刑讯奴仆的地方，也是衍圣公私设的大堂。门前有块大大的太湖石，放在这里是取"开门见山"的意思。衍圣公希望来孔府办事的人都能开门见山，说话不要吞吞吐吐。三堂正中悬挂的"六代含饴"四字，是乾隆为孔子第七十一代孙孔昭焕的高祖母——诰封衍圣公一品夫人黄氏题写的。当年乾隆来到曲阜，得知孔家六代同堂，非常高兴，就题写了这 4 个字。饴是高粱糖，后来引申为甜蜜，意思是说六代人生活在一起非常甜蜜。这一方"乔木春长"牌匾，是清光绪二十七年（1901），孔氏族里多人联名为衍圣公孔令贻 30 岁寿辰而题赠的。东内间为接待室，西内间为书写官拟写奏折之处。

孔府内宅门有何特别规定？

孔府是天下第一家，与众不同，孔府又是一座府衙与内宅合一的建筑，所以建内宅门把孔府分为前后两部分，前面是官衙，后面是内宅。内宅门也叫内宅禁门，戒备森严，任何人不得擅自入内。光绪皇帝特赐虎尾棍、燕翅锐、金头玉棍三对兵器，由守门人拿武器站在门前，有不遵命令擅自进入者"打死勿论"。里面和外面的联络通过两边的耳房的值班人员。房门上面写的这些名字是当时专门在内宅门负责传事的差役，一种叫差弁（biàn），一种叫内传事，都有十几个人，轮流值班，负责内传外达。旧时，孔府内用水要靠水夫从外面运来，挑水的挑夫都是男性，他们是不能进入内宅的。内宅门旁边有一个水槽，叫"石流"，它穿墙而过，挑水的挑夫把水倒入石流，水穿墙而过，流入墙内的水槽，里面有女佣接水，用以供应内宅。

为什么在内宅门后建"獌壁"？

进了内宅门，回头看迎面壁墙上有一幅彩色图画，画中的动物很像麒麟，但不是。其实它的名字叫獌，一个反犬旁加一个贪婪的贪。这是一种传说中的怪兽，贪得无厌。从画中可以看到，我国神话传说"八仙过海"中八仙的宝贝都被它据为己有，它仍不满足，张着血盆大口，两眼直盯着太阳，想把太阳也吞到肚子里，最后掉进大海淹死了。古时候官宦人家都要把这样一幅画放在出门能看得到的地方，时时警示自己为官要清廉。衍圣公在内宅门后建"獌壁"，每次出门办公的时候，就会有专人在旁边喊"过獌壁"，以此来警戒自己，为官不要像獌这样贪得无厌，最终没有好下场。

孔 府前上房有什么陈列？

孔府前上房是孔府主人接待至亲和近支族人的客厅，也是举行婚丧嫁娶的主要场所。我们现在看到的是举行寿宴的陈列。正中悬挂的"宏开慈宇"匾额，是孔氏族人送给第七十六代衍圣公夫人陶氏的寿礼，中堂之上的大"寿"字是慈禧皇太后亲笔所题。

屋子正堂摆设也是很有特色的。有花瓶，有石镜，还有一座停摆的时钟。这些摆设寓意深远，按照谐音是"始终平平静静"的意思，反映了孔家人的一种平凡的心态。

东侧间里有一套床、椅。这不是一套普通的卧具，是用荆根雕刻而成的，是乾隆皇帝赐给孔府的礼物。据说，乾隆有个女儿，脸上长了一颗黑痣，算命先生说这颗痣主灾，唯一消灾的办法是把公主嫁给天下最富有的人家。乾隆和大臣们思前想后，天下除了皇家以外，最富有、最有权势的就是孔家了。但是乾隆是满族，而孔家是汉族，按照规定，满汉是不能通婚的。乾隆皇帝费尽心机，让公主认了一个汉族大臣于敏中做义父，然后以于家女儿的身份嫁到孔家，嫁给了孔子第七十二代孙孔宪培作了一品公夫人。这套床椅就是乾隆送给他女儿的嫁妆。

旁边房间的桌上有一套餐具，这套餐具是供举办满汉全席用的。餐具共404件，用银制作，而且是象形餐具，器皿上分别雕有鹿、鸭、鱼等，有些餐具分上下两层，上层放食物，下层盛水保暖。整个宴席要上196道菜，是招待皇帝和钦差大臣时举办的宴席。孔府菜独成一派，它与济南菜、胶东菜合称为鲁菜。作为家族菜成为一种独立的菜系，这在世界上是绝无仅有的。孔府菜最突出的特色是具有文化性，最能代表和体现出饮食文化的精髓。

每道菜都与孔子家族发展史和儒家文化相关,如"一品豆腐",讲的是官衔,"诗礼银杏",讲的是文化等。由于历史悠久,门第尊贵,孔府待客的饭菜名目繁多,十分讲究,有喜宴、寿宴、家宴之分,以色、香、味、形俱佳而闻名于世,以清淡素雅而雅俗共赏。

西里间曾是孔子第七十六代孙衍圣公孔令贻签阅文件的地方,现在里面陈列着孔子的部分著述和孔家家谱。

孔府前堂楼是谁居住过的院落?

孔府前堂楼是衍圣公孔令贻和他的几位夫人、子女居住过的一个院落。

前堂楼是七间二层楼阁,高深宽敞,富丽堂皇。室内陈列布置,保持着当年的原貌,中间放置的是铜制的暖炉,是当时取暖的用具。东间是"多宝阁",摆设着凤冠、人参、珊瑚、灵芝、竹雕、玉雕、牙雕、玛瑙杯、珐琅器、瓷器、如意、各种古代书画、名人墨迹等。极为珍贵的元、明衣冠也保存在这里。大家都知道,每当一个新的封建王朝建立,都要将前一朝代的服饰毁掉,但因为孔家的独特地位,元、明时期的衣冠一直保存了下来。里套间是孔令贻夫人陶氏的卧室,再里间,是孔令贻两个女儿的卧室。

前堂楼西一间,是孔令贻的四太太王氏宝翠的卧室,西套间是三太太丰氏的卧室,此人一生无声无息,27岁就去世了。

前堂楼东配楼是内管家的住室,负责收管礼品、点心、糖、茶等;西配楼是内勤老家人的住室。真是一主在院,百人听唤。

衍圣公孔令贻先后娶过4位夫人。大夫人孙氏,年纪轻轻,没有生育就去世了;二夫人陶氏,是北京一大房产主的女儿,据说长相、身材特别像慈禧太后,但因为不是官宦人家的小姐,慈禧很不喜欢她。当年孔令贻带陶氏到北京为慈禧祝寿，慈禧对孔令贻讲：达官贵人家的小姐多得是，你怎么选中了她。陶氏也没有生育，于是孔令贻又娶了三太太丰氏，可惜丰氏同样没有生育。在封建社会，不孝有三，无后为大，孔令贻又纳四房姨太太王氏宝翠。王氏是一个孤儿，从小在陶家当丫鬟，后让陶氏把王宝翠带到曲阜做贴身丫鬟。因为王宝翠长得漂亮，被纳为姨太太。王氏先后生了3个孩子，两个女儿是孔德琦、孔德懋，儿子是孔德成。虽然王氏是3个孩子的母亲，但是她并没有享受到做母亲的快乐。因为她是姨太太，所以每次都是王氏生孩子，陶氏坐月子。孩子一生下来，就被抱到陶氏房中，是陶氏的孩子，而不是王氏的孩子。孔德成生下来后7天，陶氏端了一碗药毒死了王氏。王氏是孔家的有功之臣，生了末代衍圣公，但也因此遭到陶氏的毒手。在封建社会，母以子为贵，随着孔德成的长大，王氏的地位必定会超过陶氏，这是陶氏所不愿意看到的。王氏的一生是凄苦的一生，在孔府备受陶氏的折磨，经常挨打，地位甚至比不上仆人。见到自己的女儿，要像仆人一样必恭必敬地喊小姐。孔德懋在她的回忆录中写道："当她（即其母）是个孩子的时候，就失去了母亲；当她作了母亲以后，又失去了孩子。"

孔 府后堂楼是谁居住过的地方？

　　孔府后堂楼和前堂楼一样也是七间二层，东西各有三间配楼。后堂楼是孔子第七十七代孙孔德成和他的夫人孙琪芳居住的一个院落。堂中是按照孔德成结婚时原样陈列的。孔德成生于1920年，他的父亲孔令贻1919年在北京不幸染病去世，孔德成成了遗腹子。当孔令贻在北京奄奄一息时，不禁为自己没有继承人而伤心，只有把希望寄托在王氏的遗腹上。于是，他请人代笔，分别给当时的大总统徐世昌和逊帝溥仪写了遗折。遗折中写道："念臣年近五旬，尚无子嗣，幸侧室王氏现已有娠，倘或生男，自当承袭世爵。"当王氏要分娩时，大总统徐世昌亲自派来北洋军阀的一个少将带领大队人马荷枪实弹，把整个孔府围了个水泄不通。孔府近支十二府的老太太们坐着软轿到孔府监产，为的是怕别人搞"狸猫换太子"的名堂。因为按照规定，若王氏生下的还是女孩，她们这一支就要搬出孔府，衍圣公的爵位就要由其他近支族人承袭。孔德成一落地，忙坏了孔府里的上上下下，又是敲锣向全城报喜，又是鸣放鞭炮庆贺。至此，衍圣公有了合法的继承人，孔府一块石头才算落了地。孔德成出生百日纪念时，徐世昌派人送来了命令："孔德成袭封衍圣公。"

孔德成16岁与孙琪芳结婚，当时蒋介石本打算为他们主婚。不料发生了西安事变，蒋介石被张学良、杨虎城扣留在西安，未能亲来，但他送了一对沙发作为贺礼，这对沙发就摆放在东里间。现在我们看到的后堂楼是按孔德成结婚时原样陈列的。中间悬挂的带有"瑞应睢麟"字样的幔帐是山东省民国政府主席林森题赠的，是双喜临门的意思。睢是睢鸠鸟，《诗经》头篇就是"关关睢鸠，在河之洲，窈窕淑女，君子好逑。"麟是麒麟，民间传说麒麟受送子娘娘的委托，每日奔波于人间，根据人的好坏，送去优劣不同的孩子。这4个字是说他们结婚是一大喜事，婚后再生一个麒麟子，可谓双喜临门。这幅"天作之合"的大红幔帐是孔广愚先生赠送的。东里间摆放的沙发就是当年蒋介石送的贺礼，里套间就是孔德成和孙琪芳的洞房，当时已经是民国时期，所以比较接近现在的风格。卧室里也有一对沙发，这一对沙发是当时的美国将军马歇尔先生送的。墙上的镜框内镶有孔德成夫妇及儿女的合照。后堂楼西边的两间是孔德成奶妈的卧室，因为孔德成的生母王宝翠生下孔德成不久就被陶氏毒死了，孔德成是由奶妈养大的。

1948 年解放前夕，孔德成随蒋介石去了台湾，一直没有回来过。

孔府的后花园中有哪些奇特景观？

孔府后花园建于明朝，是当朝太子太傅、吏部尚书、华盖殿大学士李东阳设计监造的。李东阳看上了孔家的权势，把他的女儿嫁给了孔子第六十二代孙孔闻韶作了一品夫人。到后来，严嵩又把孙女嫁给孔子第六十四代孙孔尚贤作了一品夫人，严嵩嫁孙女时扩建、重修孔府和后花园，从各地名山搬来奇石怪岩，从各地园林移植名花异草，使得后花园更加可观。乾隆嫁女儿时怕公主远离家乡想家，把各地能工巧匠都集合到曲阜，仿照故宫的后花园大修一次，把孔府和花园修得焕然一新。后花园前后经过 3 次大修，占地 3 万多平方米（3 公顷多）。每当春天来临，花园内百花齐放，芳香宜人。孔府后花园内著名的景观有"五柏抱槐"、"陨铁"和"阳光大道"。

五柏抱槐　花园中最有名的要属"五柏抱槐"，这棵树的树叶，四周是柏树，而中间是槐树。再往下看，一棵柏树分了 5 个杈，中间长了一棵槐树。这本是一种很自然的现象：柏树分杈后，中间积有泥土，风或者小鸟的粪便携带的槐树种子落在其中，长出一棵槐树。但因为长在孔府里面，就与众不同，身价倍增，被精心地保护起来，成了花园一景。这棵树已近 400 年历史，又称"五君子柏"。

▲ 孔府后花园"五柏抱槐"景观

陨铁　陨铁是一种含铁量高的陨石。这几块陨铁本来并不在后花园内，清嘉庆年间，第七十三代衍圣公孔庆镕重修后花园时从别处移来，把花园命名为"铁山园"，他自己就以"铁山园主人"自居。

阳光大道　后花园内还有一幅画。这幅画中间是一条路，右边是一排树，左边是一条河，远处有高山。不管你站在什么位置看，中间的路始终和你正对着。其实这幅画采用的是三维立体绘画手法。但这幅画是什么年代画的，谁画的，没有记载。在古时候，能有这么现代的绘画技巧，实在是不简单。

为什么说孔林是世界上延续时间最久、保存最完整的家族墓地？

孔林也叫宣圣林、至圣林，位于曲阜城北约 1100 米处，是孔子及其家族的专用墓地。公元前 479 年，孔子死后，众弟子遵照他的遗嘱将他葬在这里，并从全国各地移来各种树木种植在这里。此后孔氏族人死后附葬于此，前后延续了 2400 多年，至今孔姓人家死后仍葬于此。随着孔子地位的不断抬升，孔林的规模也不断扩大。最初墓地面积只有 1 公顷，到清朝康熙年间达到现在的规模，占地面积约 2.5 平方千米（250 公顷），围绕孔林的林墙就有7000 米长。林内有坟墓 10 万余座，树木 10 万余株，石碑 3600 余块，殿、门、坊、亭等明清建筑 40 余座。所以称得上是世界上延续时间最久、保存最完整的家族墓地，也是一处古老的人造园林，是研究我国墓葬制度改革的基地。

洙 水桥牌坊正反面的落款为什么不一致？

孔林内的洙水桥牌坊，坊的南北两面都刻有"洙水桥"三字。如果大家留意一下就会发现，坊的南面落款是清雍正十年（1732），而北面却是明嘉靖二年（1523）衍圣公孔闻韶立。大家也许觉得奇怪，为什么一座牌坊有两个纪年？明朝在清朝前面，这座牌坊应当是明朝立的。清朝雍正年间，官府拨款对牌坊进行重修。雍正皇帝是个好大喜功的人，处处树碑立传，如北京故宫的龙阶被下诏重雕，并刻上自己的年号，就是一例。俗话说"上梁不正下梁歪"，这话一点不假。雍正九年（1731）五月二十五日，负责奉旨监修孔林工程的陈世倌、张体仁2人把大量修孔林的金银装进自己的腰包，又怕巡按御使查到问罪，就想出了一个偷梁换柱的点子，把牌坊前面的"明嘉靖二年"等字样凿掉，刻上了"清雍正十年"。也许是石匠对此有意见，用钻子粗粗略略地将坊南面原字凿掉，横七竖八地刻上了雍正的年号，而坊北面的字却没有凿掉，就造成了前后落款不一致的现象。

洙 水河有什么传说故事？

洙水河本是周代因排洪护城而修的一条小河，是我国北方较早的小型水利工程，只是因流经"圣人"墓前，与"圣脉"有关，因此被后世誉为"灵源无穷，宜与天地共长久"的河水，与泗水并称为洙泗。以这两条河流命名的"洙泗书院"是我国古代四大书院之一。我国的大江、大河的流向基本上都是由西往东流，但洙水河和泗水河却是由东往西流，因此有"圣人门前倒流水"之说。实际上是因曲阜的地形东高西低，所以河水自东向西流。

又因为这条河流经孔子的墓前，所以有秦始皇替孔子挖河的传说。传说孔子不信鬼神，但特别信风水。孔子死前把墓地选在了现在的位置，因为这里的风水好。但是众弟子表示反对，虽然这里风水好，但缺少一条河流。孔子说"不用愁，不用愁，自有秦人来开流"。众弟子只得遵照孔子的遗愿把他葬在这里。转眼到了秦朝，秦始皇"焚书坑儒"，但不管怎样，儒家学说依然非常昌盛。有大臣建议说，儒家学说昌盛的原因是因为孔子墓地的风水太好了，如果挖一条河，隔断孔子墓地和故宅之间的风水，儒家学说就会不消自灭。秦始皇采纳了大臣的建议，派人挖了这条洙水河。这样一来，正如孔子所预料的，不但没有破坏反而更加完善了墓地的风水。孔子八代单传，自从秦始皇挖了这条河之后，孔家子嗣昌盛。

孔子墓神道上有哪些"石仪"？

神道是人死后进入天堂的必经之路。孔子墓神道上有4对巨型明清石雕，称为"石仪"。

第一对石雕名叫"望柱"，望柱是进入天门的标志，它不同于华表，华表中间有云朵，而望柱没有。东望柱上有"孔老二"三个黑字，这是文化大革命的产物。因为望柱的石料渗透性好，墨迹已经渗透到石头里面，再也无法去除了。

第二对石雕名"文豹"，文豹是传说中的神兽，神通广大，外形像豹子，腋下能喷火，温顺善良，笑容可掬，和蔼可亲。传说孔子读书时，文豹不仅两边作陪，而且捧书、研墨，为孔子服务。它们出自能工巧匠之手，既威猛，又温柔，满面春风的站在甬道两边，令许多游人情不自禁地拥抱它，亲吻它。

第三对石雕名"用（lù）端"，也是一种想象中的怪兽。它头上长一只角，匍匐在地，究竟在干什么，使人难以琢磨。传说它的本领很大，日行一万八千里，通幽远之事，懂八方之言。孔子周游列国时，就由它拉车，既是很好的谋士，又是很好的翻译。直到现在，还有很多外语翻译人员站在它面前，毕恭毕敬地向它行礼呢。

第四对也是最后一对石雕是一对石人，名叫"翁仲"。翁仲本是秦始皇手下的一员武将，据记载，他姓阮，身长一丈三尺，异于常人。秦始皇命他出征匈奴，因他作战十分英勇，所向披靡，威震边塞，死后铸像立于咸阳宫司马门外。此后，就通称铜像、石像等为"翁仲"。通常在墓前立翁仲，用来守墓。这一对翁仲，一文一武，文者持笏板，武者按剑，雕刻线条流畅，古朴浑厚，站立在享殿门前的两旁。因为中国建筑讲究对称，所以塑了一文一武。

你 知道"子贡手植楷"吗？

孔林里有一个小树墩，用砖亭围护起来，旁边立碑曰："子贡手植楷。"据说这棵树是孔子的大弟子子贡亲手种植的一棵楷树，所以可以说是孔林里最古老的树之一。

据记载，子贡是孔子非常得意的大弟子，是一个商人，当年孔子去世时，子贡在南方贩牛，没有在孔子身边。孔子临死前，一直叫着子贡的名字说："赐也，来何迟也！来何迟也！"子贡，复姓端木，名赐，子贡是他的字。子贡听说老师去世，拄着一根哭丧棒前来吊丧，丧事完毕，子贡把哭丧棒插在地里，泪水和着雨水竟然把它浇活了。不幸这棵楷树在清康熙年间遭雷火劈死了。这种树木质非常坚硬，虽然经历了两千多年的风风雨雨，依然保存完好，没有腐烂。用这种树的木料雕刻的孔子像、如意等，是曲阜的一大特产，统称"楷雕"。石碑上刻着"子贡手植楷"几个字，其中"植"字少了一横，少的这一横据说是因为孔子临终时少了子贡来送终。

孔子墓碑上"大成至圣文宣王"的"王"字为什么写得像"干"字？

孔子墓像一个隆起的马背，这是一种非常尊贵的筑墓形式，叫"马鬣（liè）封"。墓前有两块石碑，后面小的一块是宋代所立，前面大的一块是明正统八年（1443）立的，上面这几个篆字"大成至圣文宣王"是黄养正书写的。墓前的石台，最初是汉代修建的，唐朝时特意从泰山运来"封禅石"重新筑砌，清朝乾隆时又加以扩大。从远处看，墓碑上的字是"大成至圣文宣干"，只有走到墓前才会看到下面一横被石台挡住。这是因为皇帝也经常来曲阜祭祀孔子，只有皇帝才能称王，皇上来曲阜祭孔是拜师不拜王，为了怕引起皇帝的不满，黄养正故意写成这样的。即便如此，据说康熙皇帝来祭孔时，还是出了麻烦。相传康熙来孔林后，站在孔子墓前，看了一下，二话不说，就回到了驻跸亭。众人都捉摸不透康熙的意思，只有当时为康熙讲经史的孔子第六十四代孙孔尚任看出了其中的端倪。他立刻请示衍圣公，派人骑快马回孔府，拿了一匹黄绸布回来，用绸布把孔子墓碑包裹起来，写

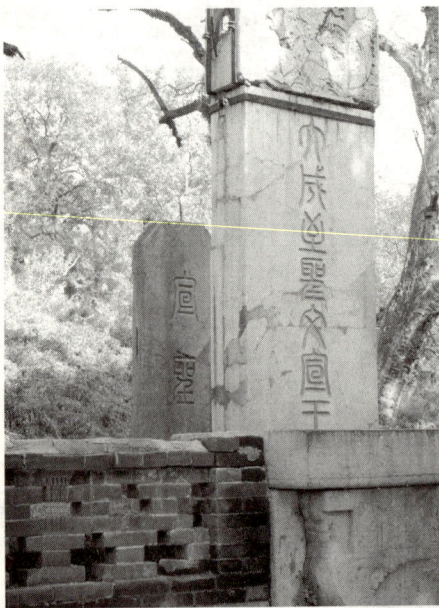

▲ 孔子墓墓碑

上"至圣先师之墓",再去请康熙,康熙过来一看,非常痛快地举行了祭孔仪式。现在这块墓碑是由很多小碎块拼凑起来的。文化大革命期间,这块墓碑被砸碎,当地的老百姓冒着危险将碎片收藏起来,文化大革命过后重修孔子墓时,老百姓又把碎片捐献出来,拼成了这块完整的墓碑。

孔伋墓前为什么会有石翁仲?

孔伋墓前的这一对石翁仲本来立于曲阜城外鲁荒王墓前,与孔伋墓没什么关系。鲁荒王是朱元璋的第十个儿子,荒淫无度,死后谥号"荒王"。后人把这两个翁仲移进孔林,放在孔伋墓前。这对翁仲雕刻得很精致,而且十分传神,文左武右。武翁仲目不斜视,虎视眈眈地盯着文翁仲,而文翁仲则笑嘻嘻地把头一歪,不予理睬。历史上不管谁坐天下,都离不开带兵打仗的武将,但打下天下以后,坐第一把交椅的宰相却往往是那些文官,所以武将忿忿不平,而文官呢,我们都说宰相肚里能撑船,肚量非常大,把头一歪,化干戈为玉帛。

孔伋,字子思,生于前 492 年,卒于前 411 年,一生勤奋好学。孔伋幼年丧父,母亲后改嫁,他是跟孔子一块生活的。孔伋师从曾子,曾子毫无保留地把孔子的思想传给了孔伋,所以孔伋深得孔子思想真谛,作《中庸》一书,元至顺元年(1330),被封为"沂国述圣公"。孔伋被孔氏子孙尊为"三世祖"。

孔家人死后都可以埋在孔林里吗?

孔林里埋葬着孔姓族人,但并不是所有姓孔的人都能埋在孔林里。孔家有规定,有几种人是不能埋在孔林里的。一种是出家的和尚；第二种是犯过罪被国家刑法处罚过的，因为有辱门风，所以不能埋；第三种是嫁出去的女儿不能埋。中国有句话，嫁出去的女儿泼出去的水，一经出嫁，就不是孔家人了；第四种是夭折的孩子不能埋。乾隆皇帝的女儿生了两个女孩，孩子早夭，也没能埋进孔林，而是在孔林的北墙外另辟一块坟地埋葬，起名公主坟。

孔家还有一个规定，就是只有元配夫人才能和丈夫葬在一起，但是有一个例外，那就是末代衍圣公孔德成的母亲王宝翠。王宝翠死后，当时并没有和丈夫孔令贻葬在一起。陶氏死后，孔德成12岁那年，孔氏家族德高望重的人聚集在一起商讨，他们认为王宝翠生了末代衍圣公孔德成，使孔家后继有人，功劳很大，所以特许王宝翠和孔令贻合葬。孔德成听到这个决定热泪长流，跪倒在地，向族人磕头谢恩。孔令贻墓是孔令贻与陶氏、王氏三人合葬墓。

复 圣庙是供奉谁的庙堂？

复圣庙是祭祀孔子的大弟子颜回的庙宇。汉高祖过鲁祭孔时始建颜庙，元泰定三年（1326）重修。元至顺元年（1330）追封颜回为"兖国复圣公"，始有复圣庙之称。明清两代又多次重修增扩，面积约5.6万平方米（5.6公顷），殿亭门坊159间，历代碑刻55块，松、柏、桧、槐500余株。庙门前护以青石雕栏，建有石坊3座，中题"复圣庙"，东题"卓冠贤科"，西书"优入圣域"。《论语》记载颜回居于陋巷。复圣门内，传即陋巷故址，有水井名"陋巷井"。明嘉靖三十年（1551）立"陋巷井"石碑一座，以表彰颜回"一箪食，一瓢饮，居陋巷……不改其乐"的勤奋好学精神。陋巷故址北有门3座，取"克己复礼，天下归仁"

语意，东为克己门，西为复礼门，中为归仁门。入门里，东西各有明代御碑亭夹道而立，亭内藻井彩绘仙鹤图案，内外立明清碑刻。复圣殿在仰圣门内，为庙内主体建筑，殿七间，高约 16 米，绿瓦飞檐，彩绘斗拱。前檐下石柱 4 根浮雕蟠龙，余皆八棱水磨柱，平雕龙凤、花鸟。殿内旧有颜回冕旒执圭塑像。庙内还有复圣寝殿、杞国公殿（祀颜回之父）、杞国公寝殿、退省堂等建筑。其中杞国公殿为元代建筑，弥足珍贵。

颜回是孔子的头号大弟子，以德行著称。他家境贫穷，但勤奋好学，深得孔子喜爱，不幸英年早逝，死后被封为"复圣"。颜回一生追随孔子，待孔子像对待父亲一样，而孔子也像对待儿子一样对待颜回。颜回虽然家境贫穷，但气节高尚。有一次，有个同学丢失了一个镇纸的铜方圈，学生们都怀疑是颜回偷的，因为颜回总是第一个到，最后一个走，于是告到孔子那里。孔子虽然不相信，但说的人多了，也不禁有些怀疑，于是孔子就想试试颜回。一天，学生们都走了，就剩下颜回一人。孔子拿了一锭金子，在纸上写了一句"天赐颜回一锭金"，用纸包着金子，放在颜回回家的必经之路上，然后躲在暗处观察。颜回走着走着，脚碰到一件东西，捡起来一看是一锭金子，又看到纸上面的字，笑了笑，拿笔在下面续写了一行："外财不富命穷人"，把金子扔在路上走了。过了不久，同学丢失的镇纸找到了，颜回的嫌疑得以洗脱。从此以后，不管别人怎么说，孔子对颜回百信不疑。

周公庙是祭祀谁的庙宇？

周公庙，是祭祀周公的庙宇，全称文宪王庙。因周公死后祀号为"元"，亦称元圣庙，位于古鲁城中心的高阜上。周公庙历经宋、元、明、清多次重修，至现在规模。殿庑近 30 间，共计 3 进院落，中间有砖铺甬道，南北贯通。现有棂星门、东西石坊、达春门、成德门、元圣殿等。主体建筑为元圣殿，殿内塑有周公及其长子伯禽的塑像。

周公，西周初年的政治家，制礼作乐，建立了周代的典章制度。姓姬名旦，周文王之子，武王之弟。辅佐武王伐纣，建立周朝。按周朝宗法制度，周公被分封于鲁。因周公留佐成王，故派长子伯禽就封，建鲁国。因周公佐周之殊功，特许伯禽于鲁设立太庙，以祀远祖。周公死后，并祀之。宋真宗大中祥符元年（公元 1008 年）追封周公为文宪王，在太庙旧址重建新庙。

曲阜市有哪些纪念少昊的名胜古迹？

少昊陵　在曲阜市城东 4 千米，旧县村的东北隅，是我国著名的古陵之一，现为省重点文物保护单位。少昊名挚，号金天氏，因"能修太昊之法"，"以金德王天下"而得名，传说中远古东夷族首领。他登帝位于穷桑（在曲阜之北），迁都于曲阜。当登帝位时，凤鸟适至，故以鸟为图腾，以鸟为官名。少昊施政，"民无淫，天下大治，诸福之物毕至"，"实为五帝之冠"。据传少昊在位 14 年，卒时百岁，葬于云阳山。据考证，少昊陵墓后面的小土山，即云阳山。少昊陵何时建筑，已不可考。据载"宋真宗幸鲁，大建宫殿，以道教守之，古树丰碑，林立栉比，金、元亦加修葺"。明弘治时为雷火焚毁，清乾隆年间又两次大修，后又多次重修。少昊陵和万石山皆平地突起，门前为少昊陵石坊，大门里有享殿 5 间，两旁各 3 间配殿，殿前又有大量明、清皇帝和大臣们祭祀少昊留下的祭文碑。整个陵园面积近百公顷。

少昊陵坊　位于陵园大门及古柏夹抱的神道之间。建于 5 级石阶上，四楹三间，石质结构。4 根八棱石柱为石鼓夹抱，柱上分别雕以华表、宝瓶。石坊坊额正书"少昊陵"三字。此坊为乾隆六年（1741）十月初一日奉敕重建，曲阜知县孔毓琚监立。

少昊陵享殿 是少昊陵前的主体建筑，为奉祀少昊的殿堂。共五大间，绿瓦覆顶，殿顶四脊上，鸱吻、神兽形态各异。门窗及廊下明柱皆朱漆到顶，梁椽彩饰蓝底云龙花纹。殿内有神龛，置"少昊金天氏"木主。龛上部悬乾隆皇帝手书"金德贻祥"匾额。享殿前两侧建东、西配殿各三间，均为乾隆三年（1738）建成。

张孟男祭少昊碑 位于少昊陵西庑南头靠东，高1.55米，宽0.88米，龙纹碑头正书"大明"二字。此碑立于明万历元年（1573），内容为对少昊的赞颂。张孟男祭少昊碑为少昊陵中几十块祭祀碑的代表之一。

云阳山 据传为少昊陵寝，《帝王世纪》记载："少昊自穷桑以登帝位，徙都曲阜，崩葬云阳山。"少昊属传说中的人物，是否确有其人，史学界尚争论不已。1978年在少昊陵园西约80米，深1.5米处，发掘出石斧、石铲、红陶鼎、钵等文物，均属新石器时期的大汶口文化。据此可知，传说中的三皇五帝时代，确已有人在此劳动生息。

孔子六艺城是演示孔子六艺的地方吗？

孔子六艺城位于曲阜市南新区春秋路15号，它以中国古代伟大的思想家、教育家、政治家、儒家学派创始人孔子一生崇尚和倡导的"礼、乐、射、御、书、数"六艺为引线，运用现代声、光、电等高科技技术手段，借助音乐、美术、建筑等表现形式建造的一座集知识性、娱乐性、参与性、历史性、趣味性及购物、美食、旅游、娱乐等多种功能于一体的大型文化旅游城。

孔子六艺城于1993年9月建成营业，占地13公顷，建筑面积

6 万平方米。城内既有风景秀丽的园林造型，又有场面博大、气势不凡、文化涵盖丰富的室内景点，还有精妙绝伦、丰富多彩的游乐设施，更有古朴典雅、功能齐备的宫廷建筑和别具一格的古乐舞表演，令世人叹为观止。

曲阜孔子六艺城以其独特的方式诠释孔子六艺，弘扬孔子优秀思想文化，成为"熔古铸今"的经典之作，1997 年被中国旅游协会、文物协会等评审为"中国著名旅游风景名胜景区"，与曲阜三孔并称为"三孔一城"，每年吸引着上百万中外游客，先后接待了朱镕基、姜春云、吴邦国、吴官正等党和国家重要领导人，以及新加坡驻华大使邓东生、印度前总理夫人索尼亚·甘地等外国贵宾和赵忠祥、乔羽等名人 300 余人。

上下五千年，纵横八万里，出神入化演六艺，曲阜孔子六艺城正成为全人类解读孔子、启智明理、寻找东方文明的聚焦之地。

石门山是怎么得名的？

石门山位于曲阜城东北 25 千米处，原名龙门山，因山有二峰对峙，状如石门，故名。右侧的胜涵峰为全山主峰，海拔 406 米，有水雪洞、蟠龙洞等二十四景，尤以石门月霁为胜景。山上有孔子学《易》处、子路宿于石门处、李白杜甫燕集处等遗址。

石门寺在胜涵峰山腰之阴，是曲阜唯一的一座佛教寺院。宋、元时为全真观，明景泰七年（1456）归僧家所有，改称五泉寺，后依山名改为石门寺。全寺以佛殿为主体建筑，前后建有两层楼阁数座，西面建有厢房数十间，均为民国时建筑，今寺已废，遗址尚存。

石门寺西北里许处为孔尚任隐居处，遗迹尚存。孔尚任，字聘之，又字季重，号东塘，别号岸堂，自称云亭山人，孔子第六十四代孙。35 岁前隐居石门，结草庐 3 间，名"孤云草堂"，后受康熙赏识，步入官场。罢官后重回石门山，直至去世。

石门山附近，距市区 15 千米处有石门书院，为曲阜旧时四大书院之一。旧为佛、道、儒三教之堂，乾隆四十年（1775）迁佛、老之像于庙东北隅，在原址建大殿，独奉至圣先师像，春秋致祭。

尼山有哪些祭孔建筑？

尼山原名尼丘山，因避孔子讳而改名为尼山，位于曲阜市东南 30 千米。海拔 340 余米，山顶 5 峰连峙，唯中峰为尼丘。据《史记》记载：孔子父母"祷于尼丘而得孔子"，故尼山闻名遐迩。中峰东麓有孔子庙和尼山书院等建筑物；另有五老峰、鲁源林、智源溪、坤灵洞、观川亭、中和壑、文德林、白云洞等所谓"尼山八景"。

尼山孔庙在尼山中峰东麓。《曲阜县志》记载："后周显德（954~959）中，兖州赵某以尼山为孔子发祥地，始创庙祀"，距今已 1000 余年。宋仁宗时增建祠庙，立学舍、置祭田。元顺帝时，又大行修建，明永乐十五年（1417）又重建。庙中殿亭是清道光二十七年（1847）重建。新中国成立后又多次拨款维修。今庙围垣缭绕，环植松柏，共有院落 5 进，殿堂 50 多间，正门名棂星门，二门名大成门。庙主体建筑为中间的大成殿，殿前有两庑各五间，殿之东、西各有掖门。过掖门，殿后有寝殿三间，祀至圣夫人木主，两庑各三间，祀孔子之子伯鱼及孙子思，但塑像及木主今皆不存。东、西两侧门连接两旁跨院。东院前为讲堂，后为土地祠，西院东侧连接毓圣侯祠，且单成一院。西侧为启圣王殿和寝殿，系供奉孔子父母处。庙内外有元、明、清以及中华民国时期的石碑约十余幢，是了解孔子出生地尼山及其建筑群历史沿革的重要资料。

曲阜有哪些名优特产？

曲阜香稻、果旦杏、矿泉水被誉为"曲阜三宝"。孔府家酒、楷雕如意、全毛地毯、龙头手杖和尼山石砚被誉为"鲁中五绝"。

曲阜香稻　曲阜香稻是清香型水稻，其米细质佳，营养丰富，醇厚可口，有"一家煮米，十家闻香"之誉。

纪庄青梨　又名纪庄槎子梨。该梨青黄色，斑点稀肥细短，个硕大，肉质细白，核小无渣，清香脆甜，能祛积除淤，清热理肺，化痰止咳，健脾利尿，酥脆香甜。

大胡果旦杏　又名"巴旦杏"，是肉仁兼用的名贵稀有品种，为曲阜特产。这种杏果实呈橘黄色，个头较大，单果平均75克，大者80余克。果肉丰厚，质细面嫩、甜酸可口，含糖量高，杏核圆而壳薄，与肉分离，杏仁甜而无异味，食、药兼用，可食率达93%以上。

北山大枣　北山大枣有长红、圆红和脆枣之分，前二者多加工成干枣，后者以鲜食为主。北山大枣以长红质量最优，皮软、肉厚、核小，含糖分高，尤其维生素含量为诸果之冠，被誉为"天然维生素丸"，生熟均香甜可口。

松花砚　石色褐黄，遍布青黑色的松花纹，利用料石的自然形状，开墨堂墨池，砚额花纹剔成浮雕，形成独特的艺术造型。

孔府家酒　以精选高粱为主要原料，以高温麦曲为糖化发酵剂，沿用孔府酒坊"老五甑"混蒸工艺进行生产，经长期存放，勾兑而成。具有无色透明，窖香浓郁，绵软回甜，余味悠长，醇厚甘冽的特点。

楷雕　是曲阜特有的工艺产品，与尼山砚、琉璃瓦、绢花并称为曲阜的四大传统工艺，又与碑帖、尼山砚并称曲阜"三宝"。楷雕的原料名楷木，是孔林特有的名木，相传是孔子的弟子子贡从南方带进孔林。其叶经霜变红，木质坚实柔韧，纹理细密，色呈金黄，久藏不腐。刻制成杖，古朴可爱，不会暴折；雕成如意，玲珑剔透，如丝不断。古为朝贡及社交的贵重礼品，经创新所制笔筒、镇纸、仕女、佛像，尤其孔子像，备受赞赏。

尼山砚　因石料取材于孔子出生地尼山而得名。尼山砚石，色呈柑黄，有疏密不均的黑色松花纹，石面精腻，抚之生润。制作砚台，下墨利，发墨好，久用不乏。尼山砚以古朴大方见长，一方砚石，巧用自然，略加点缀，情趣盎然。而且发墨如锉，舔笔如油，拭不损毫，为鲁砚之奇葩。

嘉祥曾子庙尚存哪些建筑？

曾子庙位于嘉祥县城南 17.5 千米处，是祭祀孔子的著名弟子曾参的祠庙，为省级重点文物保护单位。明嘉靖九年（1530）曾参被追封为"宗圣"，故曾子庙又称宗圣庙。其主要建筑有：

三坊　是曾庙大门外的 3 座附属建筑，均为四柱三楹的石坊。中坊与第一道东西墙平行，正对曾子庙大门，上镌"宗圣庙"三个楷书大字。其他 2 坊东西相对。东坊与东墙平行，上镌"三省自治"；西坊与西墙平行，上镌"一贯心传"。都是斗大楷书，笔力遒劲。中坊前为一高大的红漆照壁，灰瓦覆顶，上饰吻兽。

宗圣门　是曾子庙的大门。为三间悬山式建筑，楣饰阀阅，绿瓦覆顶，上饰鸱吻、跑兽、仙人。

景胜门、育英门　两门位于第一进院落两侧，东西相对，东曰"景胜"，西曰"育英"。两门形制相同，三开间悬山式建筑，灰瓦覆顶，上饰吻兽，门扉 2 扇，门阀 4 只。

戟门 是曾子庙的第二道门，形式与宗圣门同。不逢大祭，宗圣门、戟门不开。

宗圣殿 坐落在中心院落的后部，是曾子庙的主体建筑。大殿七楹五间，通长 34 米，进深 18.85 米，重檐九脊歇山式，通高 15 米。大殿飞檐挑角，彩绘斗拱，望板描龙。上檐为七踩重拱双下昂，下檐为五踩重拱双下昂。斗拱交错，宏大华丽。四周回廊中，22 根水磨石柱擎托梁架。门前两石柱平雕云龙戏水，其余平雕菊花、牡丹等花卉。殿内顶上建有八角蟠龙藻井，龙口含珠，其势欲腾。前面 20 扇和后面 4 扇门窗均透雕梅花，秀丽壮观。殿门上方有木匾一幅，上书"道传一贯"，为清朝雍正皇帝御笔。

寝殿 在大殿后面，为五脊歇山式建筑，原祀有曾子及其夫人公羊氏的塑像，殿在 1966 年倒塌。

三省堂 在东跨院内，与宗圣殿平行。为纪念曾子"吾日三省吾身"之语而建。堂后有斋宿所、神庖、神厨。以上建筑，均已倒塌。东跨院内两边各有侧门，正南门为"慎独门"，出自曾子"故君子必慎其独也"之语。慎独门与戟门平行，通向第一进院落。

莱芜侯祀堂 是曾子父亲的祀堂，位于宗圣殿西侧，始建于明正统十年（1445）。祀堂内建有启圣殿、复圣殿、崇德祠、报功祠。咏归门是莱芜侯祠的正门。启圣殿是莱芜侯祀堂的主要建筑，顶覆绿瓦，为五脊歇山式建筑。

万历碑亭 位于戟门左前方，建于明万历七年（1579），为重檐八角歇山式，由 12 根石柱擎托，顶覆绿瓦。内置"重修宗圣庙碑"一座，碑身高大。碑亭在文化大革命中被毁，石碑被砸断，1981 年将其修复。

御碑亭 位于宗圣殿正前方，建于清乾隆二十五年（1760），为重檐八角，攒尖式建筑，上覆黄瓦，小巧玲珑。内置"宗圣曾子赞碑"一座，系乾隆皇帝御笔，碑亭在文化大革命中被毁，现仅存御碑。

涌泉井　位于万历碑亭前方，井右立石碑一座，上刻"涌泉井"三个隶书大字。井和碑同建于清乾隆四十九年（1784），意在纪念曾子"事亲至孝"。据传曾子"亲亡，泪如泉涌，水浆不入口者七日"。

你 了解邹城市吗？

邹城市是山东省直辖县级市，位于山东省西南部，是中国历史上著名的思想家、教育家孟子的诞生地。

邹城东倚沂蒙山区，西临鲁西平原，南襟徐淮要冲，北枕泰岱南脉与鲁都曲阜毗邻。

邹城古称"邹鲁圣地"，是中国儒学发源地之一。夏代属九州徐州之域，秦朝开始设置"驺县"，历汉、晋、南北朝，及唐初改"驺"为邹，称邹县，沿袭至今。1992 年 10 月，撤县设市，称邹城市。

邹城历史文化悠久，旅游资源丰富，是一座有着 3000 年历史的文化名城。这里人杰地灵、英贤辈出，有三迁择邻、断机教子的世代贤母——孟母，有被赞为"功不在禹下"的儒学亚圣——孟子……悠久的历史，灿烂的文化，为邹城留下了大量珍贵的历史文化遗产，境内共有各类文物古迹 300 余处，其中全国重点文物保护单位 5 处。饱经岁月沧桑还依然展示着往昔风采的"三孟"（孟庙、孟府、孟林）古建筑群，佛教文化及书法艺术精品"四山"摩崖石刻，"京南江北"最大的地下宫殿——明鲁荒王陵，被誉为"邹鲁秀灵"、"岱南奇观"的历史文化名山——峄山……丰富的人文景观和自然景观交相辉映，形成了邹城独具特色的"山

·水·圣人"综合旅游区，是研究中国与东方文化的"历史博物馆"和著名的文化旅游胜地。

邹城境内矿产资源丰饶，品种齐全。共有 8 大类 20 余个品种，以煤炭、花岗石、石灰石为主。境内藏煤面积 375 平方千米，地质储量 41 亿吨以上，全国特大型企业——兖矿集团和全国最大的坑口电厂——邹县发电厂均在邹城境内。

孟子是一位怎样的人物？

孟子（约前 372～前 289），战国时期伟大的思想家，儒家的主要代表之一。名轲，邹（今山东邹城市）人。相传孟子是鲁国贵族孟孙氏的后裔，后来家道中落。他 3 岁时父亲去世，孟子便与母亲相依为命。孟母非常疼爱自己的儿子，曾经为了替孟子找一个舒适的学习环境而 3 次搬家，最后搬到学宫附近。孟子自小便受严格的管教，据说他自从搬到学宫附近，便十分认真读书，稍大一点，孟子变得十分贪玩。孟母便剪断织机上的麻布，她要孟子勤奋读书，要不然将会像那块麻布般，变成一团废物。孟子牢记母亲的教诲立志成才。

孟子长大后，被孔子的儒家思想所吸引，于是决定离开邹国到孔子的家乡鲁国深造，其老师正是孔子的孙子子思的门人。通过学习，孟子认为孔子是有人类

▲ 孟子像

以来最伟大的人，于是他立志发展孔子的思想。

孟子醉心研究，终于名声大噪，邹国和鲁国国君也时常向他请教治国之道。可惜邹、鲁这样的小国，很难实施孟子"仁政"的抱负。他决定带着学生到东方大国齐国去。但是齐国所采取的是锻炼精兵使国家更为富强的政策，对孟子的思想毫不理睬。最后，孟子来到滕国，滕国太子对孟子的"仁政"十分感兴趣，于是孟子便在滕国实行他"仁政"的思想。遗憾的是，滕国是个小国，时时有被灭亡的危险，不可能把仁政推行天下。孟子于是到其他国家宣扬他的"仁政"思想。可是没有一位君主愿意实施他的政策。孟子放弃继续宣扬仁政的念头，决心写书建立学说。他和他的学生一起，"序《诗》、《书》，述仲尼之意，作《孟子》七篇"。

孟子继承和发展了孔子的思想，提出一套完整的思想体系，对后世产生了极大的影响，被尊奉为仅次于孔子的"亚圣"。

孟子提出了哪些学说？

（1）心性论

性善与四端 孟子的"性善说"，主要发挥孔子"仁"的观念。孔子中的"仁"缺乏理论基础及尚未解释"道德价值根源"的问题。因此，孟子要建立"道德价值根源之自觉心"，认为善是人的基本自觉，这种自觉是表现于恻隐、善恶、辞让及是非四端。"四端"说明道德价值的自觉，是与生俱来的。这便能补充孔子"仁"学理论的不足。

义利之辩 孟子认为"四端"是内在于自觉心的，属于人的"本质"，即所谓人的"性"。人之性，必有异于禽兽之处，这种"异于禽兽"的性，便是"善端"。他指出，人之所以不善，是由于受私欲蒙蔽。因此，人应放弃私利，以达到社会的公义，目的

是建立良好的个人道德观。

养气与成德　孟子提出必须靠修养及发挥善性的功夫，以全力扩充存于内心的"四端"，孟子称之为"尽性"。"尽性"的修养，培养出浩然之气，使人成为"富贵不能淫，贫贱不能移，威武不能屈"的"大丈夫"，再以"心志统气"，控制自己的情感，便能成德。

道德天　孟子认为现实世界是道德的世界，而道德根源背后的标准，便是"天"，"天"表现于人，便是"性"。人若能有足够修养，便能知天，达致"天人合一"。

（2）政治论

民本说　孟子指出"民为贵，社稷次之，君为轻"，认为政府要保障人民的利益，君主应以爱护人民为先决条件。因此，天命在于民心而不在于君主：若君主无道，人民便可推翻他；但若君主有道，人民便应谨守岗位。

法先王　孟子主张行仁政，必须效法先王（禹、汤、文、武、成王、周公）的王道统治政治，这样便能把仁政施行于天下。

仁政与王道　孟子主张施行仁政，必须先有仁心，然后方推行仁政。孟子认为"人有不忍之心"，乃有"不忍人之政"，仁政，是统一天下者必具备的条件。而仁政的具体表现，就是施加给人民、百姓安乐的王道，要实行王道，就要"尊贤使能"。

德治观念　孔子论"仁"，是自觉的道德；孟子的"仁"，则兼具教化的功能。君主应培养出德性，这是施行仁政的条件，故主张"有德者执政"。

反对霸政　孟子提倡以德服人的仁政，反对武力服人的霸政，目的在减轻民生痛苦，缓和社会矛盾，故孟子主张"王道政治"，反对霸力服人。

恢复井田制度　孟子认为理想的经济制度是"井田制度"。

"井田制度"即土地为国家公有，国家授田人民耕种，但人民亦要助耕公田，当做纳税，因此，农民便有"恒产"，国家自会安定。

（3）教育主张

孟子认为要"得天下英才而教育之"，提倡人格和道德教育。他说："谨庠序之教，申之以孝悌之义。"而且，孟子认为修养是求学的基点；但又认为人善性，是无法从外在培养，最终都要凭自己的思考来达到。修身方法上，主张自由发展，因势利导。

此外，孟子也十分重视学习环境，置学子于优良环境中，施以自发的教育，方能成功。

孟庙里有哪些纪念建筑物？

孟庙，又称"亚圣庙"，是为纪念儒家思想的代表人物、有"亚圣"之称的孟子所建，是历代祭祀孟子的地方。

孟子有庙奉祀始于北宋景祐四年（1037），创建于现邹城市东北12千米的四基山西南麓，孟子陵墓前。后因距城较远，瞻仰祭祀诸多不便，乃于宣和三年（1121）迁建于现邹城市南关，西与孟府毗邻。其后对孟庙不断增修扩建，直至明代才具有现在的规模。

孟庙南北长458.5米，东西宽95米，占地4.36万平方米。其规模仅次于孔庙，为山东省现存历史最久远、保存最完整的古建筑群之一，是国内宋元至明清时期的古建筑代表作品，1988年被国务院定为全国重点文物保护单位。

孟庙前后由5进院落组成，以主体建筑"亚圣殿"为中心，南北为一条中轴线，左右建筑对称式配列。现有殿庑64楹，碑亭2座，木坊4座，石坊1座。

棂星门是孟庙正南门。棂星门内左右各有一木坊，名为"继往圣"、"开来学"，以此表彰孟子"继孔子以往，开儒家之来"的功绩。

亚圣庙石坊，为亚圣庙第二进院落门坊，始建于明万历初年。石坊通高5.2米，4柱3门，柱顶饰以宝瓶、穿云板，类似华表。正中坊额镌刻"亚圣庙"金字楷书。左右坊心镌以"云中翼龙"、"海水蛟龙"图案，极为精美。

东庑、西庑位于承圣门内，里面供奉孟子弟子及11位对孟子学说有贡献的学者。

亚圣殿，始建于北宋宣和三年（1121），殿7楹，高17米，横宽27.7米，纵深20.48米，为绿琉璃瓦覆顶的重檐歇山式宫殿建筑。殿下竖立26根八棱水磨石柱，柱下托以覆莲状础座。前廊下8根柱上饰以遨游的"双翅翼龙"、"宝相牡丹"、"西番莲"等图案，技艺精湛。殿外梁枋斗拱饰以宫殿和玺彩绘，金碧辉煌。殿正中门楣上悬有清高宗乾隆皇帝御书"道阐尼山"雕龙巨匾，殿内迎门金柱上悬巨副对联："尊王言必称尧舜，忧世心同切孔颜"，亦为乾隆手书。亚圣殿正中为雕龙贴金神龛，内供奉孟子塑像，服饰采用宋代元祐年间礼制：着九旒九章，为公爵之服、正一品服饰。殿内东侧神龛内供奉孟子高足利国侯乐正子塑像。殿内西侧竖有北宋宣和三年（1121）"先师邹国公孟子庙记"碑刻。

孟庙内保存有秦、汉、晋、唐、宋、元、明、清历代碑碣280块，其主要内容有历代封建皇帝封赠圣旨、孟氏家族谱系、历代维修扩建纪实、文人骚客诗词赞颂等。重要的碑刻有西汉《莱子侯刻石》《秦峄山刻石》东汉《石墙村刻石》、元文宗八思巴文《封赠孟子为邹国亚圣公》圣旨碑、明《孟氏宗传祖图》碑等，是研究我国历史和孟庙沿革的珍贵资料。

孟庙内各种树木430株，其主要树种为柏、桧，还有少量的古槐、银杏、紫藤等。这些古树多栽种于宋、元时期，至今仍参天拔地、青翠蓊郁、森然茂盛。孟庙古树名木中有 4 大自然奇观："古柏抱槐"、"藤系银杏"、"洞槐望月"、"桧寓枸杞"。

孟 府是一座怎样的纪念建筑物？

孟府位于孟庙西侧，是孟氏嫡系后裔居住的宅第，始建于北宋晚期。

孟府呈长方形，南北长 226 米，东西宽 99 米，总面积 2.24 万平方米。其建筑布局严谨，主要建筑分布在南北中轴线上，前后由 7 进院落组成，前为大堂官衙，中部为内宅，后为花园，西路为孟氏家学"三迁书院"。现有楼、堂、亭、阁 148 间，是省内现存规模宏大、保存较完整的衙署与宅第合一的古建筑群。1998 年被国务院公布为全国重点文物保护单位。

孟府大门 3 楹，门楣正中悬有"亚圣府"贴金巨匾，黑漆大门上绘有两米多高的门神，手持金瓜，面目威严。门外建有高大影壁。门前一对明代石狮雄踞左右，门阶两旁有上马乘车用的方形石台一对。二门又称礼门，门有 3 洞，正中门楣书"礼门仪路"大字，6 扇黑漆大门上分别彩绘顶盔披甲的执刀武士和面目温雅、身着朝服的文官。三门又称"仪门"，单门悬山式建筑，前后有 4 个木雕花蕾，故又称垂花门。平时仪门不开，每逢孟府喜庆大典、皇帝临幸、宣读圣旨或举行重大家族仪式时，鸣礼炮开启，故此门表现出森严的封建礼仪规范。

大堂在仪门内，共 5 楹。前有宽敞的露台，两侧有精雕夔龙石栏，东南角置"日晷"，西南角置"嘉量"。堂正中楣门上悬有清世宗雍正三年（1725）御书"七篇贻矩"匾额，檐下明柱门上悬有"继往开来私淑千年承燕翼，居仁由义渊源百代仰先烈"巨幅对联。大堂内设有木制暖阁，案上放置文房四宝、签筒、印盒。

大堂左右两侧陈列各种"肃静"、"回避"、"世袭翰林院五经博士"、"亚圣奉祀官"等牌子，并有旗、锣、伞、扇等各种仪仗。

在封建社会里，孟府大堂是孟氏家族申饬家法、宣读圣旨、颁布孟氏家谱、族规的场所，是封建宗法制度的缩影。

孟府大堂后是内宅院，由正房和东西配房组成一座典型的四合院。正房"世恩堂"是孟氏嫡裔居住之处，堂内明间悬有清代书法家铁保手书巨匾。5 间厅堂内陈列着古木家具、古玩字画、钟表照片等文物。

"世恩堂"后面是赐书楼、延禄楼等古代建筑，是当年存放皇帝墨宝、圣旨诰命、古版书籍、家谱档案、文物字画等珍贵文物的场所。

孟府第七进院落是占地约 1 公顷的花园，由于在清代晚期就已荒芜，到现在还没有恢复。

峄山有哪些自然和人文景观？

峄山，《诗经》作"绎"，取其义；《书经》作"峄"，奠其名。因其"怪石万垒，络绎如丝，故名绎焉。"又名驺山、邹峄山、东山。东晋太尉郗（xī）鉴曾率军数万避乱于此，故又名郗公峄、大峄，另有小泰山之称。

峄山位于邹城市东南 12 千米，与泰山南北对峙，被誉为"岱南奇观"。孟子曰："孔子登东山而小鲁，登泰山而小天下。"东山即指峄山。峄山海拔 582.8 米，周长 10 千米许，五华峰为其顶。

峄山，早在秦汉时期就著称于世，它是中国古代立志的九大名山之一。公元前 219 年，秦始皇立国之初，首次东巡齐鲁，即慕名率群臣登上了峄山，在惊叹山石神工鬼斧、风光俊秀婀娜之际，命杰出的篆书大师、丞相李斯撰文刻石，颂扬"废分封，立郡县，统一天下"之奇功。著名的秦峄山碑就是秦始皇东巡的第一块刻石。峄山上还有东晋太尉郗鉴碑题"天下第一名山";唐代杜甫书"灵通天府"四字碑;宋代米元章碑题"天下第一山";北宋大中祥符元年(1008)碑题"灵贶";元代文宗延祐皇帝封峄山神为"灵岩侯";明代丞相叶向高碑题"玲珑第一山";明代王自瑾碑题"古今名山";1989年秋,书法家杨萱庭碑题"天下第一奇山。"

峄山有一种天造地设的美。

一是石美。那参差嶙峋、玲珑剔透、被地理学家称为当今世界之奇观的海蚀石,自不待说,满山遍峪如禽如兽、静动有之的怪石则数不胜数,使峄山缺了份雕琢,多了份野趣。

二是洞穴、泉水美。山上,磊磊巨石之下,有许多天然洞穴;据考察,有名洞穴144个。诸洞大如广庭、小如斗室、纵横通达、曲径通幽、深邃莫测;且洞多有泉水,每每东北风起,百泉涌涨,云气汹涌,"峄山戴帽,大雨来到",其情景犹似仙山。

三是神话传说美。女娲炼五色石神工补天,而将滚滚乱石叠成峄山;梁山伯、祝英台求学于"梁祝洞";贞妇明志的"舍身台";"金钟化作石";"骑鹤隐仙"升天去……千百年来,人们借物寄情,把许多美好的憧憬和愿望变成种种神话传说,曲折离奇,令人陶醉。

四是琳琅满目的石刻美。石刻涉及历朝历代,名家之多、内容之广,堪称露天之历史文化宝库。旧时"秦碑"为国之瑰宝;新刻"鳌"字,名列世界大字之最,令人称奇道绝,叹为观止。

正因峄山山奇景美,向有"邹鲁秀灵"、"灵通泰岱"的美誉。

梁 山名称的由来及其主要景点是什么？

梁山，古称良山，《山东通志》云："汉文帝第二子梁孝王常围猎于此，死后葬于山麓，遂易名梁山。"这里历史悠久，古今闻名，夏商时期就有先人稼穑渔猎，繁衍生息，汉代为皇家猎场，梁孝王常到此围猎。隋唐时期是颇有声望的佛教圣地，武则天东巡时曾两次驾临梁山莲台寺。五代后黄河多次溃决，大水注入山足，形成八百里水泊。北宋宣和年间宋江结交天下英雄好汉，凭借水泊天险，啸聚山林，替天行道，声震天下。元代中期，黄河南徙，梁山泊日趋干涸，遂成良田。明清时此地文人雅士辈出，水浒文化闻名于世。

800多年历史沧桑，峰峦间好汉的踪迹仍历历在目。宋江寨、忠义堂、断金亭、黑风亭、石碣亭建筑，《花荣射雁》、《双雄镇关》、《林冲雪夜上梁山》等塑像及范曾先生《水泊梁山记》、试刀石、练武场、宋江马道等几十处遗迹、遗址无不唤起游人悠悠的思古之情。帝子遗碑，梁山叠翠，法兴夕照，莲台春色，石井甘泉，堪称5大胜景，其古迹尚存，典雅壮丽。

梁山北麓登山处旁边的悬崖峭壁上有众多摩崖石刻，集中了当代书法大家的上乘之作，如舒同先生的"水泊梁山"，费新我的"草莽名山"，范曾先生的《水泊梁山记》，成为上梁山的重要景观，其右侧有一座鲁智深、武松石雕，称"双雄镇关"，把守着入关山隘。

梁 山宋江大寨及其周围有哪些景观？

宋江大寨坐落在主峰虎头峰上，构思缜密，具有强大内聚力，是义军头领居住的军事重寨。寨中央为忠义堂，是义军首领商议军情、调兵遣将、排定座次的场所。堂内塑有宋江、卢俊义、吴用 3 位头领塑像，墙壁上镶嵌着反映水浒故事的大型唐三彩壁画《水泊英雄聚义图》，东西厢房有三十六天罡星塑像，堂前立有"替天行道"杏黄大旗和当年的旗杆窝遗址。忠义堂和三十六天罡星印证了《宋史》载"宋江等三十六人，横行河朔，官军数万莫敢撄其锋"的记述和水浒的描绘。游人到此，总被唤起无限的遐思。忠义堂西侧有宋江井和石碣亭。石碣亭供奉石碣一块，相传是水泊英雄大聚义时应天象从地下掘出，上有一百零八将星座名号，为梁山增添了许多神秘的传奇色彩。

左右军寨与宋江大寨成"品"字形对峙。左军寨雪山峰上有练武场、点将台、观武台、比武场、左寨七英塑像。右军寨郝山峰上有仗义疏财台、杨志试刀石、滚木擂石关、炮台关等，当年梁山好汉就在这里"论秤分金银，一样穿绸锦"，肝胆相照，仗义疏财，不分贵贱，八方共域，异姓一家。

梁山杏花村和《水浒传》中描写的杏花村有关系吗？

梁山东南麓，有远近闻名的十里杏花村，每到阳春三月，十里杏花竞相开放，争奇斗妍，传说即是《水浒传》中描写王林卖酒的地方。杏花村里有一眼泉水清澈，甜如甘露的"八角琉璃井"，传说当年王林用这甘甜清澈的井水酿出了溢香十里的"杏花酒"。镇守黑风口的李逵被酒香所诱，经常光顾王林酒店开怀畅饮，并引出一个李逵负荆请罪的故事。

一天，李逵到"王林酒店"，只见王林遍体鳞伤，见到李逵哭着说，头天有两个汉子自称是梁山头领宋江和鲁智深，吃喝完后，抢走他那如花似玉的闺女。黑旋风听后，气得牙咬得咯嘣咯嘣响，

手拿两把大板斧，闯到忠义堂，砍倒杏黄旗，要杀宋江和鲁智深，幸被众好汉死死拉住。后来真相大白，捉住了两个冒充宋江和鲁智深的强盗。李逵深感自己鲁莽，为求得宽恕，便背着荆条，让兵卒把他绑上向宋江请罪。

梁山断金亭有什么出处？

《水浒传》故事中，提到一个梁山英雄聚会的亭台，名曰"断金亭"。取《易经》"二人同心，其利断金"之意。

当年林冲雪夜上梁山时，朱贵引见林冲，撑一叶小舟穿过金沙滩，看岸上两边即是合抱的大树，半山是一座断金亭子。四面水帘交卷，周围花压朱栏。万朵芙蓉铺绿水，千枝荷叶绕芳塘。华檐外阴阴柳影，锁窗前细细松声。江山秀色满亭台，豪杰一群来聚会。后来，林冲为纳晁盖、吴用及阮氏三雄等7位好汉入伙，在此间火并了胸怀褊狭、嫉贤妒能的白衣秀才王伦，立晁盖为梁山泊主。正是"断金亭上招多少断金之人；聚义厅前开几番聚义之会"。

今日"断金亭"在一百零八磴石级尽处的悬崖上。三面怀临深谷绝涧，木石结构，粗犷雄浑，亭中置石桌石凳，古朴庄重。匾额"断金亭"为著名书画家范曾题写，笔势潇洒俊逸，与亭榭浑然一体，给梁山增添了无限风韵。置身亭榭，凭栏俯瞰，令人浮想联翩。

梁山黑风亭里有什么传说？

黑风亭坐落在水泊梁山风景区骑三山至高处，该亭传说是李逵等众头领吃酒庆功、瞭望敌情的场所。每逢闲暇时，众头领便到杏花村王林酒店打酒，在黑风亭宴请弟兄。黑风口是通往大寨的咽喉要道，此处地理位置险要，气候恶劣，素有"无风三尺浪，有风刮掉头"之说。黑风亭位于黑风口北端，北有雪山峰、小黄山作屏，西有右军寨、郝山峰，东有左军寨与之作障。黑风口有一个"避风港"，李逵上梁山后便占据此处察看寨情。

时过境迁，过去的建筑已不存在，后因旅游发展的需要于1983年修建了此亭。1989年一次龙卷风将该亭刮坏，后进行了重新修建，将原来的石柱换成木柱。该亭高9米，为6米×6米仿宋式方亭，成为梁山景区著名景点之一。

梁山爬山龟有何传说故事？

梁山西北，有座山体独特的龟山，是当年山寨的一道御敌屏障。

传说宋代宣和年间，东海里有个神龟，听到水泊梁山的英雄好汉们杀贪官、诛污吏，干得轰轰烈烈，就想来看个究竟。"呀，我在东海修炼多年，从没见过这等好景致"，神龟为八百里水泊那港汉纵横，浩渺无际的壮阔景观所陶醉。正看得出神，忽听得远处战鼓隆隆，杀声震天。神龟行到跟前，原来是两军正在对阵。一方战旗上写着个"宋"字，旗下一个黑头领站在船上摇旗指挥，这莫不是那人称"及时雨"的宋江？另一方战旗上写着"高"字，旗下站着一个身穿朝廷官服的猴脸元帅，这一定是世人皆骂的太尉高俅了。"我何不帮帮好汉宋江？"神龟想到此，便游到高俅的船底下，运动神功，猛地把大船顶翻，官军一看帅船翻了，一下子乱了阵，宋江率领众好汉乘势穷追猛杀，大获全胜。

不料，神龟这正义举动触犯了神界的清规戒律，被罚驮日爬山。每至黄昏，人们从山东侧可望见山北麓有一石龟正驮着个红日，昂首伸足，吃力地爬着，这便是龟山的来历。

你 知道凤凰山的传说故事吗？

　　梁山景区内的凤凰山，郁郁葱葱。翠柏把山体覆盖得严严实实，宛如凤凰身上那美丽的羽毛。连绵起伏的山体显出凤凰那婀娜绰约的丰姿。踏过蜿蜒的小路，来到山南端，四个幽深曲折的大溶洞展现在眼前，冷气扑面，神奇莫测。走近中间的洞口，眼前忽然开朗，洞里平坦宽敞，像是一座富丽堂皇的宫殿，可容纳上千人。洞的四壁，怪石嶙峋，千姿百态，洞口通向山的西边。每到傍晚，落霞的余晖透过西洞口射来，洞内立刻被染成金黄的颜色，使山洞更加神奇诱人。大洞北边，有个洞口倾斜狭小，只见里面淡雾弥漫，冷气袭人，还不时发出"滴答、滴答"的水声。

　　这凤凰山是当年梁山寨的一道屏障关口，而这迂回曲折的溶洞，又曾是义军与官兵巧妙周旋的天然壁垒。传说当年梁山好汉拉起"替天行道，杀富济贫"的大旗后，高俅统率官兵多次进剿，都被梁山英雄们杀得人仰船翻，丢盔弃甲，死伤惨重。高俅本人也差点丧了命，为此一筹莫展，大病一场。他有个弟弟高封自恃武艺高强，又熟读兵书，总想显示一番，便请求攻打梁山，扬言要提着宋江的头为兄长雪耻压惊。高俅正为找不到攻打梁山的统帅而犯愁，一听他愿往，真是喜出望外，当即出 5 万精兵归高封统辖。这高封率 5 万精兵乘战船浩浩荡荡奔赴梁山脚下，在水上一帆风顺，没遇到义军抵抗，以为梁山毫无准备，便下令攻打大寨。不料，山寨攻不下，凤凰山洞却钻出了无数的"神兵"，切断官兵退路，把官军包围起来。梁山好汉个个以一当十，直杀得官兵喊爹叫娘，那高封一看乱了阵脚就想夺路逃跑。只见"赤发鬼"刘唐手持鬼头大刀杀到近前，没用几个回合，就把高封的头砍了下来，把首级悬挂洞口。自此，官兵再也不敢轻视梁山好汉。

这四个洞面积之大，在我国北方实属罕见，是一个避暑、游览和娱乐的理想去处。

你 了解微山湖景区吗？

微山湖景区位于山东省微山县，由微山湖、昭阳湖、南阳湖、独山湖组成，又称南四湖。微山湖水域辽阔，南北长约 120 千米，东西宽 4.5～24.5 千米，周长 306 千米，总面积达 1260 多平方千米。湖面波光粼粼、烟波浩淼、天水相连，是我国北方最大的淡水湖。富饶的自然资源和矿藏资源，被誉为"北方水乡"、"齐鲁明珠"，国家将其列为"全国重点保护湿地"。

微山湖物产丰富，向来有"日出斗金"的说法，湖内有各种鱼、虾类七八十种，水生植物 40 余种，水禽、鸟类达 80 余种，是个名副其实的天然博物馆，被命名为中国"麻鸭之乡"和"乌鳢之乡"。

微山湖风光秀丽，美丽而又神秘，自然而又洒脱，山、岛、森林、湖面、渔船、芦苇荡、荷花池，还有那醉人的落日夕阳、袅袅炊烟等，和谐统一地结合起来，构成了微山湖特有的美丽画面，是个天然的大公园。这些风物中，尤以有"花中仙子"之称的荷花最为耀眼，其美丽的身姿，和出淤泥而不染的性格，又全身都是宝，人们甚是喜爱。其洋洋洒洒地铺在湖面上，有的多达几万公顷，蔚为壮观，所以又有人把这里叫作"中国荷都"。

微山湖地区历史悠久，文化底蕴丰厚。微山湖的由来便是由殷商时期的殷微子而得名，微子名启，是殷纣王的庶兄。纣王昏庸无道，微子数谏不听，愤而出走，到微地隐居去了，死后葬在这里；人们便称所葬之山为"微子山"。此地形成湖之后，又依山取名"微山湖"，由于"微子山"在湖的里面，所以就把它叫做微山岛。在这里最早的历史遗迹是伏羲庙。传说伏羲与女娲兄妹在此生活，为了繁衍，兄妹结婚，有了人类，并教人们渔猎。后人为了纪念他们，就在这里修了伏羲庙。西汉年间，湖区曾是汉高祖刘邦起事的地方，我国的汉文化在这里留有很深的历史遗迹。隋代京杭大运河的贯通，给此地带来了空前的繁荣。另外，这里也是梁山好汉曾经聚义的地方，历史上南四湖与北五湖连为一体，构成浩浩荡荡的八百里水泊。我们所知道刘知侠的长篇小说《铁道游击队》，并以此拍摄的电影，讲的都是这里的故事。这里是铁道游击队、运河支队、微山湖大队等抗日武装浴血杀敌的好战场，他们依靠浩浩荡荡的芦苇荡这个天然屏障和不屈不挠的民族性格，沉重地打击了日本鬼子的嚣张气焰。另外，刘少奇、陈毅、粟裕、肖华等革命老前辈也曾在此留下过光辉的足迹。这里是一片红色的热土，被命名为济宁市"爱国主义教育基地"、"山东省国防教育基地"。

微山岛上有哪些名胜古迹？

　　微山岛位于微山湖中，四面环水，东西长 6 千米，南北宽 3.5 千米，面积约 9 平方千米，14 个自然村庄分布岛上，山清水秀、环境优美，犹如世外桃源。由于岛上有微子、张良、目夷 3 位受人敬仰圣贤的古墓，所以也叫它"三贤山庄"。

　　微子墓：坐落在岛的西北部、全岛的制高点，海拔 91.6 米，因传说这里落过金凤凰，故岛上人俗称"凤凰台"。微子墓呈圆形，高 10 米，底径 7.5 米。墓前方建有殿堂，堂内有微子坐像和汉丞相匡衡题字等物。殿堂后面为陵园，亭台楼阁、鸟语花香，是人们访古、休闲、游玩的好去处，是微山岛上的主要景点。

　　目夷墓：位于微子墓东 2.5 千米处，墓前立有一石碑，是宋神宗熙宁五年（1072）徐州知州傅尧俞所立。目夷，字子鱼，春秋人，殷微子17世孙，宋襄公的庶兄，是著名的政治家和军事家。宋楚大战于泓水时的"子鱼论战"，可窥见其超人的战略思想。

张良墓：楚汉相争后，张良被封为留侯。张良，字子房，汉高祖刘邦的重要谋臣。在推翻暴秦，建立大汉的过程中，帮助刘邦"运筹帷幄之中，决胜千里之外"，立下汗马功劳。张良墓在微子墓的南面1.5千米处。现与微山湖文化园连为一体，园内有石刻、碑廊等设施供人瞻仰，是目前微山岛规模最大的景点。

铁道游击队纪念碑：铁道游击队纪念碑是为了纪念活跃在微山湖区的铁道游击队于1995年8月建成的。此碑坐落在微山岛上，微子墓的东面，由山东省著名黑陶艺人仇志海创作，碑名由已故国家副主席王震同志题写。铁道游击队纪念碑设计雄伟壮观，真实再现了当年铁道游击队抗击日寇的英勇事迹。铁道游击队纪念碑占地3800平方米，建筑面积1800平方米。此碑的建成使人们进一步了解历史，缅怀英雄，勿忘国耻，激励人们奋发进取。

泰 安 市

你 了解泰安市吗？

　　泰安地处山东省中部，北与省会济南相连，南临孔子故里曲阜，东连全国五大陶瓷基地之一淄博，西濒黄河。总面积 7765 平方千米，截至 2012 年末常住人口为 552.9 万人。泰安市辖泰山区、岱岳区 2 个区，新泰、肥城 2 个县级市，宁阳、东平 2 个县。泰安城坐落在举世闻名的泰山南麓，山城一体，风景秀丽，文化发达，环境优美，是一座历史悠久的风景文化旅游城市。市树是槐树，市花是紫薇。

　　泰安是华夏文明发祥地之一。早在 50 万年前就有人类生息，5 万年前的新泰人已跨入智人阶段；5000 年前这里孕育了灿烂的大汶口文化，成为华夏文明史上的一个重要里程碑。由于古人对太阳和大山的崇拜，自尧舜至秦汉，直至明清，延绵几千年，泰山成为历代帝王封禅祭天的神山。随着帝王封禅，泰山被神化，佛道两家、文人名士纷至沓来，给泰山与泰安留下众多的名胜古迹。泰安也因泰山而得名，取"泰山安则四海皆安"之意，象征国泰民安。

泰安属暖温带温润型季风气候，四季分明，雨热同季，春季较干多风，夏季高温多雨，秋季天高气爽，冬季冷而少雪。全年平均气温 13℃，年平均降水量 700～800 毫米，年内无霜期 200多天。

泰安旅游资源得天独厚，岱庙主殿天贶殿为我国三大宫殿建筑之一。泰山为五岳之首，是中华民族精神的象征，是华夏文化的缩影。泰安的旅游以泰山为中心，向四周所辖县市区辐射，带动徂（cú）徕山、腊山、莲花山、牛山、东平湖等旅游区的发展。

泰安的旅游活动，主要有传统的东岳庙会，每年一届的"泰山国际登山节"，岱庙大型帝王封禅仪式表演活动以及近年推出的宁阳梨花艺术节、肥城桃花盛会、泰山美食文化节等。

泰安交通四通八达。京沪高速公路、京福（北京至福州）高速公路纵贯境内，并在泰安交会；泰安至青岛、烟台、威海、日照等沿海城市有高速公路网连接；境内铁路有京沪线通过，并西接"京九"大动脉；京沪高速铁路中间设有泰安站。

你 了解"五岳独尊"的泰山吗？

泰山，古称岱宗，面积 426 平方千米，海拔 1532.7 米。泰山雄伟壮丽，历史悠久，文物众多，以"五岳独尊"的盛名称誉古今。巍巍泰山就像一座民族的丰碑屹立于中华大地，举世瞩目。

泰山素以壮美著称，呈现出雄、奇、险、秀、幽、奥、旷等诸多美的形象。泰山景区内有著名的黑龙潭、扇子崖、天烛峰、桃花峪等 10 大自然景观；有旭日东升、晚霞夕照、黄河金带、云海玉盘等 10 大自然奇观。泰山景观雄伟壮丽，主峰傲然拔起，环绕主峰的知名山峰有 112 座，崖岭 98 座，溪谷 102 条，构成了群峰拱岱，气势磅礴的泰山山系。俯瞰泰山，山南麓自东向西有东溪、

▲"五岳独尊"刻石

中溪、西溪3条大谷，北麓自东而西有天津河、天烛峰、桃花峪3条大谷，6条大谷溪分别向6个方向辐射，将泰山山系自然地划分成6个不规则区域。6个区域，景观各异，形成了泰山著名的6大旅游区。

1982年，泰山被国务院列为第一批国家级重点风景名胜区；1987年被联合国教科文组织列为世界自然与文化双重遗产；1992年荣登全国旅游胜地四十佳金榜。作为世界自然与文化双重遗产的泰山，无论从科研、保护，还是从审美价值看，都具有突出的特点，因而它不但受到众多科学家的高度重视，也获得了无数游览者的喜爱。泰山至今保护较好的古建筑群有22处，总建筑面积达14万多平方米。在古建筑群之间，还有12处石坊、6座石桥、7座石亭、1座铜亭和1座铁塔。泰山刻石有2200多处，被誉为"中国摩崖刻石博物馆"，这里有中国碑制最早的刻石——泰山秦刻石；有珍贵的汉代张迁碑、衡方碑和晋孙夫人碑；有被誉为"大字鼻祖"、"榜书之宗"的北齐经石峪刻石；有洋洋大观的唐玄宗《纪泰山铭》和唐代双束碑等。泰山古树名木繁多，被誉为"活着的世界自然遗产"。泰山有百年以上的古树名木3万余株，其中有2100年前的汉柏6株，1300年前的唐槐，500年前的望人松、五大夫松，还有一棵被誉为国宝的600年前的盆景松树"小六朝松"。

泰山的海拔是1532.7米，在中国的五岳当中居第三位，但我们说泰山是五岳之首，"五岳独尊"。原因有这样几个：首先，泰山崛起于华北大平原之上，周围没有任何一座山可以和它相比，在人的视觉上显得格外高大；二是泰山位于东方，东方是太阳初生之地，万物发生之所；三是和中国的神话传说有关。大家都知道盘古开天辟地的神话，盘古开天辟地之后，屹立在天地之间。日子长了，盘古累了，就倒下了。盘古倒下之后，他的头就化做东岳泰山，四肢就化做其他四岳，他的血液化成了河流，他的骨骼化做其他的山脉。头是一个人的首部，所以这也是一个原因；最后一个原因，也是最重要的一个原因是跟皇帝来泰山举行封禅仪式分不开的。由于古人对太阳和大山的崇拜，自尧舜至秦汉，直至明清，延绵几千年，泰山成为历代帝王封禅祭天的神山。据记载，秦始皇以前就有 72 位帝王来泰山封禅，此后，秦皇汉武、唐宗宋祖，更是源源不断地来到泰山封禅。

什么是封禅祭祀？

远古时期，人们有崇拜山川的习俗。上古帝王有郊祭天帝、柴望山川（其意是火焚积柴先祭天神，表示已到了泰山，并按次序遥祭东方名山大川）的礼制。封禅祭祀即是古代大山崇拜及郊祭天地的发展和嬗（shàn）变。泰山雄踞东方，巍峨耸立于华北大平原，在古代被认

▲ 帝王封禅祭祀活动表演

为是"万物之始，阴阳交代"之处，因而被推崇为五岳之宗，成为历代帝王封禅、朝拜的圣地。同时，也为宗教的发展提供了土壤。

"封"即在岱顶聚土筑圆台祭天帝，增泰山之高以表功归于天；"禅"即在岱下小山丘积土筑方坛祭地神，增大地之厚以报福广恩厚之义。据《史记·封禅书》记载，秦汉以前即有封禅祭祀活动，因年代久远，"其仪阙然堙灭"，沿至秦汉，封禅遂成大典，至唐宋仪礼臻于完备。自宋真宗封禅之后，帝王只祭祀，不再封禅。

封禅祭祀活动在国内其他名山大川是没有的，而且并不是所有的皇帝都有资格来封禅。只有易姓而起的开国皇帝，或者功高盖世的皇帝，并且要有祥瑞出现，他们才有资格来封禅。历代文人墨客也以登泰山为荣。《史记》的作者司马迁的父亲司马谈就因为汉武帝来封禅时，把他留在河南，未能来泰山而遗憾终生。实际上，帝王的封禅仪式是宣扬帝王"受命于天"、"功德卓著"，是一种统治老百姓的工具。

随着封禅祭祀的兴起，道、佛、儒在泰山不断发展、融合。东汉张道陵弟子崔文子曾在泰山活动。魏晋时，佛教传入泰山，天竺僧朗公在岱阴创建朗公寺；北魏僧人在泰山、徂徕山创建谷山玉泉寺和光化寺等。唐、宋时，泰山道、佛教进入鼎盛时期，寺庙声振齐鲁。元、明时，先后有日本僧人邵元、高丽僧人满空等航海来中国，曾分别任灵岩寺、普照寺住持。泰山地方神，主要有泰山神、碧霞元君、青帝等。宋之后，由于封禅制的嬗变，泰山主宰神逐渐被碧霞元君取而代之。明、清时，元君庙遍及中国各地。

泰山神祇不仅影响中国，还影响到国外。日本平安时代（794~1192），泰山崇拜传入日本，长期为日本人民所崇祀。

泰山主要神祇有哪些？

泰山寺庙所祀神祇，主要有泰山神和碧霞元君。

泰山神 又称东岳大帝、东岳泰山之神，是道教中的重要山神。泰山神源于原始社会人们对自然神的崇拜。道教产生后，纳入道教神祇系列。道教认为，泰山神"主管人间贵贱尊卑之数，生死修短之权"，"东岳泰山君领群神5900人，主生主死，百鬼之主帅也"。唐玄宗开元十三年（725）封禅泰山，封泰山神为"天齐王"。宋真宗大中祥符元年（1008）东封泰山时，封"仁圣天齐王"，大中祥符四年（1011）封"天齐仁圣帝"。元世祖忽必烈至元二十八年（1291）封"天齐大生仁圣帝"。古代帝王来泰山封禅，均先在岱庙礼拜泰山神，泰山神地位越来越高。清康熙帝、乾隆帝礼泰山神时，行三献典礼。元代之后，祭祀泰山神多由皇帝遣官致祭。辛亥革命后，此制遂废。传说农历三月二十八日是泰山神"诞辰"，届时会在山下岱庙举行盛大的庙会。

泰山神对佛教发展也有一定影响。佛教密宗称泰山神为深沙大将，是阎魔王的太子。在地府十冥王之说中，泰山神主第七殿，专司热脑地狱等。明清后，较为流行的泰山神来历传说有《封神演义》中的黄飞虎，《神异经》中的金虹氏，后说载入《道经》。

碧霞元君 全称东岳泰山天仙玉女碧霞元君，俗称泰山娘娘、泰山老奶奶、泰山老母等。是道教中的重要女神。据清韩锡胙（zuò）《元君记》载，秦始皇嬴政来泰山封禅，在岱顶发现一尊石雕女像，遂称其为神州姥姥，进行祭奠。宋真宗赵恒封禅时，疏浚山顶泉池，挖出一尊石雕女像，诏令更为玉石像，封"天仙玉女碧霞元君"，在岱顶建昭真祠（今碧霞祠址）祀之。道教认为，碧霞元君"庇佑众生，灵应九州"，"统摄岳府神兵，照察人

间善恶"。民间对碧霞元君的崇拜始于宋，盛于明清。明万历二十一年（1593）立《东岳碧霞宫碑》："自碧霞宫兴，而世之香火东岳者咸奔走元君。近数百里，远即数千里，每岁瓣香岳顶数十万众，施舍金钱币亦数十万。"

元君庙在泰山有上、中、下三庙。宋代以后，元君庙遍及全国，每年农历三月十五为碧霞元君"诞辰"。

泰山上除泰山神和碧霞元君外，还供奉哪些神祇？

玉皇大帝　简称玉皇，又称昊天金阙至尊玉皇大帝、玄穹高上玉皇大帝。据《高上玉皇本行集经》记载，玉皇大帝乃昊天界上光严净乐国王与宝月光皇后所生之子。出生之时，身宝光焰，充满王国。幼而敏慧，长而慈仁，将国中库藏财宝，尽散施穷之困苦、鳏寡孤独、无所依靠、饥馑残疾的一切众生。经三千二百劫，始证金仙，初号自然觉皇，又经亿劫，始证玉帝。

玉皇大帝是诸天之帝、仙真之王、圣尊之主，三界万神、三洞仙真的最高神。又说玉皇大帝是三清之化身，天地万物、阴阳造化无不在玉皇大帝掌握之中。

玉皇大帝神诞之日为正月初九日。道教宫观要举行金箓醮仪，称"玉皇会"。农历十二月二十五日传称是玉皇大帝下巡人间的日子，旧时道观和民间都要烧香念经，迎送玉皇大帝。

王母　俗称王母娘娘，是传说中的女神。原是掌管灾疫和刑罚的怪神，后于流传过程中逐渐女性化与温和化，而成为年老慈祥的女神。相传王母住在昆仑山的瑶池，园里种有蟠桃，食之可长生不老。亦称为金母、瑶池金母、西王母。

送生　俗称送生娘娘，原为碧霞元君称号之一。碧霞元君神像旁一对女侍，其中之一怀抱婴儿，后渐变为单独供奉对象。道教认为，送生可以为人们送子送福。其神多为元君庙旁祀。

眼光　俗称眼光娘娘，《道藏·陀罗尼经》称眼光能治一切眼病。泰山南麓有东、西眼光殿，各元君庙有其旁祀，来源与送生相仿。

青帝　即太昊伏羲，古代神话人物之一，道教尊奉为神。传说青帝主万物发生，位属东方，故祀于泰山。岱顶有青帝宫，岱麓旧有青帝观。隋开皇十五年（595）隋文帝东巡时，在青帝观设坛祭拜。宋大中祥符元年（1008），宋真宗登泰山时，加封青帝为广生帝君。

泰山三郎　泰山神有子，始见于《魏书》。后渐有五子、七子之说，诸子中以三郎最著名，其夫人为永泰公主。据《旧五代史》载，后唐长兴四年（933）七月，一个泰山僧人为明宗治病，僧人说曾遇泰山神，托为其第三子求个爵位，明宗遂封泰山三郎为威雄大将军。据《宋史·礼志》载，宋大中祥符元年（1008），封禅毕，宋真宗加封泰山三郎为炳灵公。旧时泰山下有炳灵公庙（今汉柏院内）。道书以农历五月十二日为炳灵公"诞辰"。

延禧真人　唐开元十五年（727），茅山宗道士司马承桢向唐玄宗建议："今五岳神祠，皆是山林之神，非正真神也。五岳各有洞府，各有上清真人降任其职……请别斋祠之所。"玄宗"因敕五岳各置真君祠"。东岳祀延禧真人，旧时岱庙中有延禧殿。宋天贶殿壁画中，延禧真人与泰山三郎是泰山神

▲"泰山石敢当"镇宅石

左右陪行重臣。

泰山石敢当　道教认为石敢当是禁压不祥之神。唐大历五年
（770），福建莆田县令在县衙附近修石敢当，在石块上刻下文字：
"石敢当，镇百鬼，压灾殃，官吏福，百姓康，风教盛，礼乐张。"
其来历，有多种说法。一般认为，石敢当来自石神信仰，是一种
原始信仰形式。在石信仰中，有作为古代巫术手段的石崇拜，石
敢当加上泰山字样，是从古代诸侯升封泰山的传说，到历代帝王
封禅泰山至高至尊而来，言泰山之石，不同凡石，有奇异神力。

何 为泰山四大名药？

泰山不仅以其雄伟壮丽，文化灿烂驰名中外，而且还以物产
丰富、药材宝藏著称于世。据近代泰山名医高宗岳编纂的《泰山
药物志》记载，泰山有"特产"药物 60 余种，"通产"药物 500
余味，其中何首乌、四叶参、黄精和紫草被中医药界誉为"泰山
四大名药"。

何首乌　何首乌原名白首乌，传因泰山白发何翁（何立德）
食之须发变黑还童，故泰山一带称白首乌为何首乌。多年生缠绕
草本植物。天烛峰、桃花源等处常见，为"泰山四大名药"之首。

何首乌性微温，味甘、苦，具有补肝肾、益精血、强筋骨、乌
须发、延寿命之功能，治久病虚弱、贫血、须发早白、慢性风痹、
腰膝酸软、性神经衰弱、痔疮、肠出血、阴虚久疟（nüè）、溃疡
久不敛口等症。

四叶参　即泰山参，又名羊乳。泰山四叶参个大似胡萝卜，外
皮粗糙，色灰黄，野生于泰山深处的岩石缝隙、阴湿山沟、山坡
林荫之下。

四叶参肥大的肉质根和脆嫩的茎叶均可食用。主要以根入药，

主治身体虚弱、乳汁不足、肺脓肿、乳腺炎等症状。根据现代医药科学研究，其中黄酮类成分具有解毒作用。经药理研究，四叶参具有显著的抑制肿瘤的生长、抗疲劳、平咳镇喘和抑制链球菌及流感菌等作用。

黄精 黄蔓精之简称，又名轮生玉竹。生长在阴坡、石壁、杂草丛中和树下，多年生草本植物。根状茎圆柱形，横生，粗细不等。产于泰山的黄精，根肥大，肉质，形似鸡头，又称鸡头黄精。

黄精性味甘平，具有润肺滋阴，补中益气，益肾填精的作用。有抗衰老、增强免疫力、降血糖、降血脂、抗菌、抗病毒等功能。临床上主要用于治疗糖尿病、低血压、冠心病、高脂血症、白细胞减少症和艾滋病等。

紫草 为紫草科多年生草本植物，块根入药。每年六七月间紫草开花前掘根，"质坚色足，功大十倍。"（《泰山药物志》）

紫草具有活血、凉血、清热、解毒、利尿、消炎、杀菌等功能。主治血热毒盛、疹出不畅、黄疸、丹毒、大便温闭等症。近年来用于治疗妇科顽疾、肝炎、肝癌和艾滋病收到了显著效果。紫草外用，亦可治疗烫伤、烧伤、冻伤、带状疱疹等症。民间用紫草根泡酒，饮之舒筋活血，强身健骨。

泰山赤灵芝有什么神奇功效吗？

泰山赤灵芝，民间称灵芝草。多孔菌科，是一种药用真菌。外形颇似一株五彩蘑菇，"蘑菇盖"呈不规则云朵形，有环纹与辐射状的皱纹相穿插；"盖"的下面有众多的细密菌管孔洞；梗则生于"盖"下，光泽如漆。每逢夏季，泰山气温渐高，林间相对湿度逐渐增大，阳光散射，形成泰山灵芝迅速生长的有利条件。秋末，可在柞（zuò）树、枫树朽木桩旁采到。

泰山赤灵芝是著名的泰山特产，为我国医药宝库中的珍品，是名贵地道药材。自古以来灵芝被称为仙草，古代传说它可以令人长生不老，起死回生。它作为滋补品已有2000多年的历史，据《本草纲目》中记载："灵芝味苦，无毒，可补中，增智慧，久食可轻身不老。"现代医学界经研究发现：灵芝对心脏病、脑血管病、肝肺病、肾脏病等有显著疗效，有提高人体免疫力和抗癌作用，兼有抗衰老、解毒、抗菌等功能。因此，"泰山赤灵芝"成为泰山的独特旅游商品。

泰山赤鳞鱼有哪些独特之处？

赤鳞鱼又名螭霖鱼、时鳞鱼、斑纹鱼。据《泰山药物志》记载："本品因螭头喜霖而得名。"是泰山的著名特产，鱼类中的稀世珍品。

泰山赤鳞鱼是一种小型野生鱼类。自然条件下，该鱼生活在海拔270～800米的泰山山涧溪流中，成鱼长不足20厘米，重不过100克。体侧扁，腹部圆，头小吻钝，口下位，呈新月形，上唇有须2对。体暗褐色，腹白，背部微显蓝色。体被细鳞，两侧鳞片微黄，背鳍、尾鳍灰黄色，其他诸鳍橘黄色。生殖季节雄鱼色彩明显，鳍呈橘红色，吻部及臀部缀以白色珠星。体色随环境而变，或深或浅，对声音变化反应灵敏、行动敏捷，一遇到外界刺激即迅速潜入石下。

泰山赤鳞鱼以其肉质细嫩、香而不腻、鲜而不腥、营养丰富而驰名中外。据测定，赤鳞鱼含脂量比鲫鱼高一倍以上，蛋白质含量也高出2%～3%。据传，夏日置鱼于石上曝晒，鱼肉可化油而流，只剩鳞片和骨架。在药用保健方面，具有"补脑力、生智慧、降浊气、悦颜色、延高年、明目聪耳、齿牙坚固、主治百会疽、头晕等症"之功能。并且"暖妇女子宫、利男子小便甚佳"。当今慕名而来的中外游客，以登泰山、品尝泰山赤鳞鱼为快事。

古代帝王来泰山封禅，泰山赤鳞鱼为御膳中必备之类，是国内五大贡鱼之一，也是山东省重点保护的唯一淡水鱼类品种。属鱼中之上品，又为泰山所仅有，经当地名厨师妙手烹饪，可制做出"清汆赤鳞鱼"、"青龙卧雪"、"龙凤宝珠汤"等多种名贵肴馔，品味极佳。

近年来，由于天气干旱，泰山山涧泉溪和池塘经常断流干涸，赤鳞鱼生存空间越来越少。为保护这一珍贵鱼种，山东农业大学和泰安市水产科技工作者做了大量的试验研究，基本上摸清了泰山赤鳞鱼的生态习性和生物学特点，人工驯化和繁殖获得了成功。打破了"泰山赤鳞鱼不下山"的说法。

遥 参亭名字有何由来？

遥参亭位于泰安市区的中部，通天街的北首，坐落在岱庙正阳门外，是岱庙的前庭，为进入岱庙的初阶，旧称草参门、草参亭。明嘉靖十三年（1534），山东参政吕经升任副都御史，临行前改为"遥参亭"，一直沿用至今。遥参亭门外的遥参坊是清乾隆三十五年（1770）创建，至今完好。另有旗杆高竖，左右铁狮蹲列。坊南的"双龙池"，方石垒砌，引王母池之水，环绕岱庙注入池中。池因西北、东南各有一个进出水的石雕龙头而得名。

遥参亭为过亭式院落，东西宽52米，南北长66.2米，总面积3442.4平方米。古时帝王封禅泰山首先要在这里举行简单的参拜仪式，然后进入岱庙举行正式仪式祭祀泰山神。门洞上横悬金字红匾，额书"泰山第一行宫"六个大字。亭为二进院落，前院为正殿。正殿五间，建在院中长方形台基上面，为四柱五梁，九脊单檐歇山式，黄瓦盖顶。明清时祀碧霞元君，两侧为东西配殿。院中有清康熙五十九年（1720）同知泰安州事张奇逢立《禁止舍身碑》。后院中立四角亭，1983年重建。后山门内东侧有1990年立日本书法家柳田泰云书写的《李白登岱六首》诗碑。

遥参亭是一组独立的建筑，但与岱庙在内涵上又是统一的，由于它的存在，把岱庙神秘而庄严的气氛烘托得更加浓厚。遥参亭在唐代曾叫"遥参门"，民间曾有"参拜泰山神，先拜遥参门"之说。所以游览岱庙时，应当先从遥参亭开始。

岱庙的建筑是如何进行布局的？

岱庙位于泰安市城区北部，恰好在南起旧泰城南门，北抵南天门岱顶中轴线上。南北长405.7米，东西宽236.7米，呈长方形，占地面积为9.6万平方米。岱庙的建筑，采用了中国古代纵横双方扩展的形式。在总体布局上遵循的是传统的宫城模式，以南北为纵轴线，划分为东、中、西3轴。东轴前后设有汉柏院、东御座、花园；西轴前后有唐槐院、环咏亭院、雨花道院；中轴前后建有正阳门、配天门、仁安门、天贶殿、后寝宫、厚载门。主体建筑宋天贶殿位于岱庙内后半部，高踞台基之上。其他建筑则设在中心院落之外，彼此独立，又有内在联系。这种建筑

▲ 岱庙正门

布局是按照宗教的需要和宫城的格局构思设计的，形成分区鲜明，主次有序，庄严古朴的独特风格，并通过建筑空间的变幻，在庄重、肃穆和幽深、雅朴的相互渗透中相映成趣，完整一体。庙中巍峨的殿宇与高入云端的南天门遥相呼应，给人以置身泰山之中的优美感。

岱庙旧称"东岳庙"，又叫泰庙、泰山宫，主要祭祀"东岳泰山之神"，是古代帝王来泰山封禅告祭时居住和举行大典的地方。

岱庙创建历史悠久，西汉史料始有"秦既作畤（zhì），汉亦起宫"的记载。唐开元十三年（725）增修，宋大中祥符二年（1009）又进行了大规模的扩建，后经金、元、明、清历代拓修，逐渐形成了泰山规模宏大、最完整的建筑群。

岱庙是泰山文物最集中的地方。这里保存了琳琅满目的历代帝王祭祀泰山神的祭器、供品、工艺品，也有闪烁着华夏文明光华的泰山出土文物和革命历史文物，并保存了大量的泰山典籍和道经。更为珍贵的还有184块历代碑刻和48块汉画像石，成为我国继西安、曲阜之后的第三座碑林。

岱庙又是一座赏心悦目的古典园林。虬龙盘旋的古柏，遮天蔽日的银杏，玲珑精美的盆景，争奇斗艳的花卉，又为古朴典雅的亭、台、楼、阁增添了万种风情。岱庙，一年四季景色如画，吸引了众多的中外游客。

这里的每一处建筑都体现着中国古代建筑艺术的风采，每一件文物都反映了泰山的文明发展。漫步在这艺术的世界里，抬眼望到的，举手触到的都是民族的瑰宝，无不使观者动容，令游人感慨。巍巍岱庙，是一座融建筑、园林、雕刻、绘画和中国传统文化于一体的古代艺术博物馆。

岱 庙唐槐院内有哪些文物古迹？

唐槐院位于庙西南隅，因院内有唐槐而名。原树高大茂盛，蔽荫亩许，民国年间枯死。1952 年在枯槐内植新槐，今已扶疏郁茂，俗称"唐槐抱子"。树下有明万历年间甘一骥书"唐槐"大字碑，又有清康熙年间张鹏翮（hé）题《唐槐诗》碑。

唐槐北为延禧殿旧址，原祀延禧真人。宋元时在殿北建诚明堂、馆宾堂、御香亭、庖厨、浴室、环廊等。明清时又在其废址建环咏亭、藏经堂、鲁班殿等。环咏亭四壁嵌历代名碑，其中有韩琦、蔡襄、范仲淹、欧阳修、石曼卿等大家手笔。民国年间殿、堂、亭均毁，古碑碣大部分被凿毁散失。1984 年，在此建仿古卷棚歇山顶环形文物库房楼，内藏文物数千件、古籍 3 万余册。

汉 柏院文物古迹有哪些？

汉柏院因院里五棵汉柏而得名。门上悬挂的匾额上写着"炳灵门"，因为这个院落最初是祭祀泰山神的三儿子炳灵王的，后来改名汉柏院。院中这五棵古柏，传说是当年汉武帝亲手种植的，距今已有2100 多年的历史了。汉武帝虽然不是开国皇帝，但是功绩卓越，在他统治期间，国富民强。汉武帝在 21 年中，先后 7 次来泰山封禅，可见他对泰山的推崇。以前山东没有柏树，是汉武帝把柏树带到了这里。汉柏院里有一株双干连理的侧柏，高 11 米，直径 4 米，当年乾隆皇帝来泰山时，看到这棵树，写下了一首诗，诗中有"此后还能似此无"的句子。300 多年过去了，这棵树依然长势旺盛。树旁乾隆的《御制汉柏图碑》上刻的就是这棵柏树。

汉柏院有历代碑碣 90 块，其中亭台及东墙内嵌 70 余块。著名的有张衡《四思篇》、曹植《飞龙篇》、陆机《泰山吟》、宋代石痴米芾《第一山》、明嘉靖十四年（1535）四川巡抚张钦书写的"观海"大字碑、乾隆帝《登岱诗》、邓颖超题"登泰山看祖国山河之壮丽"、朱德诗碑、陈毅诗碑及刘海粟大师书写的"汉柏"、舒同书写的"汉柏凌寒"、沙孟海书写的"荡胸生层云，决眦入归鸟"等碣。

▲ 汉柏院

院北部原有炳灵殿，内祀泰山三郎炳灵王。殿毁于 1929 年，1959 年在此建汉碑亭。亭耸立于 3 层台基上，气势宏敞。1967 年撤汉碑易为毛泽东诗词碑，遂改称汉柏亭。登亭可瞻岱宗雄姿，可瞰泰城全貌，可眺徂徕如屏，可观晚霞夕照。

院南部原为北宋学者孙明复、石介讲学旧址。1965 年建茶室。

东 御座里有哪些珍贵文物？

东御座是个小巧玲珑的四合院，建于元代至正七年（1347），因坐落在东华门内，所以称"东御座"。明朝时叫迎宾堂，是接待来泰山进香的达官贵人的场所。清康熙年间增建"三茅殿"，祭祀三茅真人。这三茅真人就是《集仙传》中所称的东岳上卿，汉朝的茅盈、茅固、茅衷三兄弟。清乾隆三十五年（1770）改建为驻跸亭，是皇帝祭祀泰山时居住的地方。1985 年辟为泰山珍贵文物陈列室，共陈列精品文物 250 余件。

正殿是按照清朝宫殿设置陈列的，有龙墩、龙椅等紫檀木古家具，各种挂屏以及文房四宝。龙座两旁有一副对联，道出了皇家的气势。上联是"唯以一人治天下"，下联是"岂为天下奉一人"。

厢房内陈列着当年乾隆皇帝送给泰山的镇山之宝。

"沉香狮子"，是乾隆二十七年（1762）御赐岱庙的。两只狮子一只重 3.5 千克，另一只重 3.75 千克，是选用布满凹入孔穴、凸起瘿（yǐng）瘤的怪状沉香树根疙瘩加工黏合而成的。它是智慧的工匠们在原料的自然形态基础上，进行巧妙的构思、设计和精心雕镂的产物，外形上看完全出于天然，丝毫不露斧凿痕迹，自然素雅，达到意想不到的妙趣。这对狮子体现了清乾隆时期我国根雕工艺的高超水平。

"温凉玉圭"，质地细腻，结构致密、温润而有光泽。全长 92.2 厘米，分上下两截，重 27.75 千克，因为上半截是玉，所以摸起来凉；下半截为璞（pú），摸起来温。上半截上部雕刻着日月星辰，下部雕刻波涛滚滚的海水浪花，海浪中间立一圭形层叠的高山，立体感特别强。玉圭的下半截雕刻有"乾隆年制"四个楷书大字。这个图案设计寓有皇权主宰天地、与日月争辉、与山河共存的含义。

乾隆御赐了 3 件镇山之宝，另外一件是一对明嘉靖年间烧制的青花黄釉葫芦瓶，真品不全。葫芦瓶是明嘉靖时非常普遍的吉祥陈设品，但像这种带盖的葫芦瓶则是少见的，是嘉靖官窑中的精品。乾隆五十二年（1787）将这对葫芦瓶御赐给泰山。1942 年冬，被杨安一盗去，落于济南鸿宝斋，又被京商翠珍斋店员徐少山购去，转售于北京冀东银行监事赵汝珍。后来由当时山东省民政厅派员追回，送还岱庙。现在仅存一件完整的和另一件的瓶盖，另一件瓶身，据说解放前夕因库房倒塌被砸坏了。

里面还有件大袍子，也是乾隆御赐给泰山神的，共 3 件，这里展出了最小的一件。这件袍子身长 2.1 米，肩袖通宽 4.4 米，袖肥 1 米，下襟宽度为 2.3 米。袍子上绣着金色团龙、五彩江崖海水和吉祥八宝图案。这件袍子不仅是为供奉泰山神专做，而且把泰山神抬举到了与皇帝平起平坐的地位，反映了封建社会中君权与神权的统一。龙袍旁边悬挂的这些漂亮的装饰品叫"刺绣八宝纹幡"，是由 6 个不同颜色不同图案的绣包用丝线连接起来组成的。

正殿前玻璃罩中的石碑就是著名的泰山秦刻石，是秦二世登泰山后命丞相李斯立的。现在仅存 10 个字能够辨别出来："臣去疾臣请矣臣" 7 字完整，"斯昧死" 3 字残泐（lè）。泰山秦刻石被列为国家一级文物，堪称稀世珍宝，这是目前泰山发现的最早的刻石。和它相对的另外一块碑刻是宋真宗《御制青帝广生帝君之赞碑》。

泰山秦刻石为什么著名？

泰山秦刻石又称李斯小篆碑，是我国现存最早的纪功刻石之一。前 219 年秦始皇率群臣封泰山，在泰山极顶，除举行盛大的祭礼外，还立石颂德，其刻辞全文可见《史记·始皇本纪》。原石共四面，三面为秦始皇刻辞 144 字。在刻辞中，他着重宣扬了统一天下的功绩，表达了治理国家的决心。前 209 年秦二世胡亥也东封泰山，并在秦始皇刻辞的剩余一面刻其诏书，共 79 字。现残存的泰山刻石就是二世诏书中的 10 个字。两次刻辞均为丞相李斯所书。

泰山秦刻石原立岱顶。北宋末期，秦始皇刻辞已大部分磨灭；明代尚存二世诏书中的 29 字；清仅存二世诏书 10 个残字：斯、臣、去、疾、昧、死、臣、请、矣、臣。泰山秦刻石几移其所，自清代移至岱庙后保护至今。

泰山秦刻石以极高的历史价值、书法价值，成为人们研究帝王封禅史和秦代"书同文"现象的珍贵资料。宋刘跂（qī）《秦篆·谱序》云："李斯小篆，古今所师。"元代郝经《赞泰山石刻》诗云："拳如钗骨直如筋，屈铁碾玉秀且奇。千年瘦劲益飞动，回视诸家肥更痴。"清代王家榕赞颂其："零星两片石，卓越两千年。"

孤 忠柏名字有何来历？

天贶殿露台前有个小露台，小露台中间有一块怪石，差不多一人高，有很多人蒙上眼睛在绕它转圈。这块石头叫"扶桑石"，取日出扶桑之意，它也叫"迷糊石"。石头的前方有一棵树，这棵树叫"孤忠柏"。

传说，自从武则天被唐高宗皇帝李治召进宫后，逐渐得宠。不久高宗便废掉了王皇后，由武则天取而代之。李治仁厚无能，上朝不能决大事，需由宰相提出建议，然后由他恩准。武则天虽为女流之辈，却精通文史，御人有术，她当了皇后以后，逐渐代皇帝批示奏折，临朝参政。

太子李显逐渐成人以后，对母亲干预朝政甚为不满，屡有不同政见，由此触怒了武则天而招致杀身之祸。追随太子李显的大臣石忠，也早已对武后参政十分反感，见太子被害，为了表示对太子的忠心，他拔剑剖腹自杀，以示对武后的不满。

因为泰山神主宰人的生死，石忠死后，其魂魄来到东岳泰山，面见泰山神，状告武则天任用酷吏，滥杀无辜，连自己亲生儿子也不放过，要求山神惩治其罪。泰山神感其忠心，令其化作一棵柏树，侍立殿前，日夜守护着山神，并赐名"孤忠柏"。这棵树中间的树疤就是他当时剖腹的地方。

据说，蒙上眼睛，绕这块石头左转三圈儿，右转三圈儿，然后再去摸树上的树疤，如果能摸到，就说明这个人运气特别好。你想，绕着这块石头左转三圈儿，右转三圈儿，人就转得头晕脑胀，迷迷糊糊的了，哪里能辨得清方向，所以此石又称"迷糊石"。

天贶殿有何来历？

天贶殿是祭祀泰山神的神府，是宋真宗取得"澶渊之战"胜利后导演的一场降天书、东封泰山，答谢上天的骗局。宋真宗景德元年（1004），在主战派代表寇准的督促下，宋真宗亲临澶渊，士气大增，取得了澶渊之战的胜利。虽然取得了战争的胜利，宋朝却与辽国签订了割地赔款的《澶渊之盟》，人民怨声载道。为了平息民怨，巩固自己的统治，主和派代表王钦若在宋真宗的授意下，伪造天书，宋真宗借辞带领大队人马，浩浩荡荡前来泰山封禅，成为封禅历史上的旷世大典。封禅完毕，于第二年下令修建天贶殿。

天贶殿和曲阜孔庙的大成殿、北京故宫的太和殿并称为"中国三大殿"。天贶殿，又叫峻极殿，建成于北宋真宗大中祥符二年（1009），是岱庙主体建筑。按照传统建筑的规格规范，天贶殿采用的是我国古代建筑中最高规格的"九五"之制及重檐庑殿顶的制度来建造的。一般来说，只有王宫的正殿才可以使用"九五"之制。天贶殿东西长43.67米，南北宽17.18米，高22.3米，殿阔九间，进深四间，重檐八角，斗拱飞翘，檐间悬挂"宋

▲ 岱庙天贶殿

天贶殿"的巨匾，檐下 8 根大红明柱，柱上有普柏枋和斗拱，外槽均单翘重昂三跳拱，内槽殿顶为 4 个覆斗式藻井，余为方形平棋天花板。整座大殿栾栌叠耸，雕梁画栋，贴金绘垣，丹墙壁立，峻极雄伟，虽历经数朝，古貌犹存。

天 贶殿内修复或保存的主要文物有哪些？

殿内正中高大的彩色塑像是 1984 年重塑的，牌位上书"东岳泰山之神"，坐像高 4.4 米，头顶十二旒冠冕，身着衮袍，手持圭板，肃穆端庄，造型生动，大有"栩栩如生，呼之欲出"的感觉。给泰山神加封始于唐朝，唐玄宗封泰山神为"天齐王"，宋真宗加封为"天齐仁圣帝"，元世祖再次加封为"天齐大生仁圣帝"。在半个多世纪内，泰山由山变神，由神变王，又由王变帝，真可谓"配天作镇"。明太祖登基后认为给泰山加封号是不礼貌的，于是去掉所有封号，改称为"东岳泰山之神"，从此岱庙享有"东岳神府"的盛名，全国各地都建东岳庙、塑像来祭祀泰山神。殿内两块牌匾一块是康熙题"配天作镇"，一块是乾隆题"大德曰生"。庙内 4 个铜质香筒是明朝铸造的泰山供品，供案上陈列的是乾隆御赐的铜质五供，有一个香炉、两个香筒、两个蜡台。

大殿东边有一架明弘治年间铸造的铜"照妖宝镜"。这面镜子高 1.45 米，宽 1.5 米，内圆外方，边缘用条石镶嵌，坚固厚重，常人无法搬动。照妖宝镜主体是四方形，中心是一个光滑的圆形凸面，其余四角雕刻花纹图案。铜镜上部正中有一个持圭女神站立像，突出平面，上半身嵌在条石上，下半身铸造在铜镜中，像形体丰满匀称，宽衣广带，线条清晰。据考证，这幅像刻画的是碧霞元君，也就是民间所说的泰山老奶奶。镜面上有测运气用的几枚硬币。照妖宝镜当初是用来驱妖除邪的，随着时代的变化，它的内涵也发生变化。人们把照妖宝镜当做降福驱灾的神灵象征，把圆形方孔钱在镜面上磨一磨，拿回家用线绳穿上，戴在小孩脖子上，可保佑小孩一生平安，长大成才。后来铜制钱在民间不流通了，人们就用流行的硬币来代替，把硬币往镜面上摩擦一阵儿，然后贴在镜面上，只要贴上了，就表示有福气。虽然这是一种迷信行为，但也说明照妖宝镜在人们心目中依然神圣。

殿内墙上东北西三面有一幅壁画，名叫《泰山神启跸回銮图》，相传是宋代创作的。启跸是出巡，回銮是出巡归来，描绘泰山神启跸回銮的宏大场面，是道教壁画的杰作。壁画全长62米，高3.3米，以后门为界，东部是启跸图，西部是回銮图，画面所表现的是泰山神出巡狩猎的大场面。整幅壁画共有人物675人，千姿百态，栩栩如生。山水、殿阁、树木点缀其间，构图宏伟，造型生动。整个画面显得疏密有致，繁而不乱，具有很强的艺术魅力。两边的内容基本相同，只是回銮图增加了二夜叉抬老虎和骆驼驮卷宗，以示出巡圆满成功。实际上这幅画是借描绘泰山神出巡时的浩荡宏伟场面来显示宋真宗封禅的场面。

封 禅蜡像馆内展示的是什么时候的封禅场面？

封禅蜡像馆在天贶殿东侧，于1989年9月落成开放。蜡像馆围绕帝王封禅泰山这一中国历史上特殊的文化现象组织陈列设计，选取宋代真宗皇帝封禅泰山的场面，共19个蜡像人物。

整体布局以中部的宋真宗为中心，向两侧展开，内容分封禅大典、歌舞升平两大部分。封禅场面庄重神秘，真宗皇帝神情端庄，气宇轩昂。两侧亲王肃立，各随行官员面部表情虔诚恭敬。歌舞升平场面由文舞生、武舞生和乐工各两名组成。文舞生手持笛、羽，在乐工配合下翩翩起舞；武舞生执戈、盾相互对战。封禅场面以泰山为背景，运用舞台灯光的气氛烘托，融陈列、舞台、蜡像艺术于一体，为岱庙增加了新的景点。

岱 庙里的汉代著名碑刻有哪些？

汉代著名碑刻有《衡方碑》和《张迁碑》。

《衡方碑》全称《汉故卫尉卿衡府君之碑》，立于东汉灵帝建宁元年（168）。此碑原立汶上县次邱乡中店村（旧称平原社郭家楼）。

碑文共800余字，字径4厘米，隶书。碑阴原有门生故吏题名，现已全部湮灭。衡方，字兴祖，东汉平陆县（今汶上县）人。步入仕途后，因政绩卓著，入朝升任卫尉之职。灵帝建宁元年，召用旧臣，任命其为步兵校尉，统六军之帅，督守边疆，不久因病而卒，享年63岁。该碑为衡方的门生朱登等为其所立颂德碑。

衡方碑的书法以体丰骨壮而著称，笔画端正，折角敦方，顿挫分明，应规入矩，被认为是汉隶方正类的典型作品。

《张迁碑》全称《汉故谷城长荡阴令张君表颂》，立于东汉中平三年（186）。是张迁由谷城（今平阴县西南东阿镇）长升为荡阴（今河南汤阴县，汤阴古称荡阴）令后，其故吏韦萌41人捐资为表彰其政绩而立的功德碑。

全碑共500余字，字径3.5厘米，隶书。碑阴刻立碑官吏41人衔名及出资钱数。碑首及碑侧浮雕龙凤及人物，该碑的装饰、雕刻技法未见有同例。

张迁，字公方，陈留己吾（今河南省夏邑县）人。碑文一半的文字是追述张迁祖系功德的，甚至上溯到1000年前的西周宣王时代。此碑为一小小的县令升迁表颂，意在褒其族，扬其姓，正是当时士族官僚势力得志的一种风气。碑文也从侧面反映了东汉末年农民起义的斗争场面。

张迁碑字体端直朴茂，雄强遒劲，自明代出土以来，便被奉为珍品，成为书法爱好者临摹的范本。

《双束碑》是怎么得名的？

《双束碑》全称《岱岳观造像记碑》，唐高宗显庆六年（661）为道士郭行真所立。原立于王母池西岱岳观老君堂殿前，1968年为保护部分珍贵泰山碑刻，将其埋入岱庙内炳灵门外。该碑1982年重见天日，1983年移立于岱庙碑廊，是泰山保存最早的唐代碑刻。

《双束碑》是因其形而得名。碑身二石并立，方座，覆仿土木结构歇山顶式帽。同座一顶，二石相束而立，所以有"双束"之谓，二石相依并存，又有了"鸳鸯碑"的说法。碑首代表天，碑座代表地，双碑代表高宗李治和武则天，寓意二人共同治理天下，这与当时的历史背景相吻合。

碑四面刻文，碑文记载了唐代六帝一后在137年间的斋醮造像之事20余则，另有宋人插刻四则。题记中有武则天改唐易周称帝的九则刻文，采用了她的自造字。题记的内容情节比较详细，且都与武则天有关，而这些内容在正史礼仪志中很少记载。因此，双束碑是一份研究唐代政治、宗教和历史，特别是武则天历史的实物资料。

岱庙的两大丰碑是哪两块？

《封帝号碑》和《宣和碑》有岱庙两大丰碑之说。

《封帝号碑》全称《大宋东岳天齐仁圣帝碑》，立于宋大中祥符六年（1013）。位于岱庙延禧门外北侧，与炳灵门外的《宣和碑》东西相对。碑螭首龟趺，通高近 8 米。北宋翰林学士晁迥撰文，翰林侍诏、朝散大夫尹熙古篆额并书。碑阴刻明人张允济和王贤题"五岳独宗"四个大字。

该碑是宋真宗加封泰山为"天齐仁圣帝"的纪事碑。碑中对泰山神封号一事进行了陈述。唐代的"天齐王"是泰山神的第一次加封，其后至宋真宗封禅泰山之后，即宋大中祥符元年（1008），泰山神被加封为"仁圣天齐王"，事隔 3 年，宋真宗又将五岳之神皆加封帝号，泰山神升封为"天齐仁圣帝"。碑文还颂扬了泰山的雄姿峻貌，并记述了修建岱庙的情景，是封建统治者尊崇泰山的有力见证。

《宣和碑》全称《宣和重修泰岳庙记碑》，立于宋宣和六年（1124）。位于岱庙炳灵门外北侧。该碑螭首龟趺，通高 9.25 米。翰林学士宇文粹中撰文，朝散大夫张崇（chóng）篆额并书。碑阴为明万历十六年（1588）山东巡抚李戴、吴龙征题，田东书"万代瞻仰"四个大字。龟座重达 20 余吨，号称"山东第一大龟"。

碑文主要叙述了宋徽宗自建中靖国元年（1101）登基后，至宣和四年（1122）间陆续重修岱庙的情况。从碑文中看，岱庙至北宋末年，已具有了相当宏大的规模。此碑高大宏伟，是研究北宋历史、岱庙沿革发展的重要资料。

岱庙里的铜亭和铁塔为什么残缺不全？

岱庙东北角台子上这个亭子就是铜亭，又叫"金阙"，为全铜铸造，仿木结构，以前有门窗可以开关。高 4.4 米，阔 3.4 米，明万历四十三年（1615）铸于岱顶碧霞祠，是为供奉碧霞元君而建。明末清初李自成的农民起义军以为是金子做的，把它移到山下，后来发现是铜做的，就把它弃在灵应宫。1972 年迁入岱庙，是目前国内仅存的三大铜亭之一（另外两座铜亭一座在北京颐和园，一座在云南）。铜亭门窗后被外国侵略者盗走。

铁塔在岱庙的西北角，和铜亭相对。这座铁塔铸于明嘉靖十二年（1533），原为 13 级，塔身上铸有捐款铸塔人的姓名。这座塔是分级铸造，然后套装而成。日军侵华期间，将这座塔炸毁，现在仅存 4 级，造型质朴，仍不失当年风采。这座铁塔也是日军侵华的一个物证。

岱宗坊有什么传说故事？

岱宗坊位于红门路南首，是登泰山的起点。关于岱宗坊的来历，有一个传说。相传当年碧霞元君占了泰山以后，觉得自己的地盘小，一心想要扩大自己的地盘。姜子牙说："这样吧，你拿一件信物，从山上往下扔，信物落到哪里，方圆内的地盘都归你。"碧霞元君也是聪明一世，糊涂一时，她想绣鞋很轻，应该扔得很远。于是拿起她的红绣鞋就扔了出去，哪里想到，因为鞋子太轻，飞了不久就落了下来。姜子牙带领众人去找，红鞋子落在绿草中非常显眼，不一会儿就找到了。因为有话在先，碧霞元君也没办法了，只好认命。姜子牙就命令在鞋子落地的地方修了岱宗坊，坊以上归碧霞元君，坊以下归泰山神。

其实，岱宗坊始建于明隆庆年间，清雍正八年（1730）郎中丁皂保奉敕重建并题写匾额。1956 年泰安市人民政府又对基台进行翻修。岱宗坊是跨道石坊，四柱三门式，造型粗犷、简洁，额题篆书"岱宗坊"三个金色大字，有标志导向作用。牌坊两边的两块石碑是清代立的，一块是《重修岱宗坊记》，另一块是《重修泰山记》，具有一定的史料价值。

孔子登泰山留下哪些纪念遗迹？

　　孔子是中国古代著名的政治家、思想家、教育家和文学家。泰山与名人结缘，肇始于孔子。孔子登临泰山，抒怀畅志，开阔胸襟；考察封禅，学习礼仪，了解民情，观知时政，活动内容与历史遗迹十分丰富。明代《泰山志》说："泰山胜迹，孔子称首。"这不仅拓展了泰山文化的内涵，也使儒家思想文化借泰山之力发扬光大。同时，孔子也开创了名人登泰山的先河。由于他的特殊地位和影响，使后人竞起效仿，接踵而至。"登泰山而小天下"成为历代文人名士不可缺少的生活内容，沿袭成为积淀深厚的文化心理，蔓延成为流传久远的文化风气，演变成为传统文化中的一大景观。

　　孔子游泰山，还有观览名胜，开阔眼界，增强道德文化素养的目的。泰山上现在留下的纪念孔子的遗迹有孔子登临处、望吴圣迹、瞻鲁台和孔子庙等。

　　"孔子登临处"坊，在红门宫前，于明嘉靖三十九年（1560）由山东都察御史朱安等人建。坊上镌联："素王独步传千古，圣主遥临庆万年。"不过汉代以前，登山是走泰山东路，入山须走大津口乡。明人在此建坊是以儒家文化晓谕游人，"代圣人立言"，扩大孔子在泰山的影响。

▲ 泰山孔子登临处石坊

　　"望吴圣迹"坊，据传因孔子曾在这里眺望过吴国而得名。当年孔子和弟子颜回来登泰山，在这里眺望吴国。颜回望见吴国都城城门外有一匹洁白的丝绢，前边染有蓝色。孔子更正说："这是匹白马，它身上反射的光影像长长的白色丝绢。"

瞻鲁台位于岱顶南侧，是孔子登泰山眺望鲁国的地方。据《孟子·尽心上》记载："孔子登东山而小鲁，登泰山而小天下。故游于海者难为水，游于圣人之门难与言。"这是讲知识境界要不断递进，才能有更高的道德修养。

泰山还有关于孔子的建筑。孔子庙有两处，一处在泰城岱庙东南，始建于宋代，一处在岱顶天街东首，碧霞祠西侧，始建于明嘉靖年间。庙中除供奉孔子外，还祀颜回、曾子、孟子、子思，是为"四配"，另有"十二哲"列祀。

泰山东路登山盘道上所立 3 个天门各有什么寓意？

泰山东路（原中路）有 3 个天门，分别是一天门、中天门和南天门。一天门坊建于明代，清康熙五十六年（1717）重建，巡抚都察院副都御史李树德题额"一天门"。两侧的"天下奇观"及"盘路起工处"大字碑是明代人题写。如果说岱宗坊是泰山的山门，那么一天门则是天梯的开始，人们由人间已渐渐进入天界。

中天门在泰山东路中段，爬到中天门说明已经征服了泰山的一半。中天门又叫二天门，海拔 847 米，它是登泰山东西两路的交会处。中天门石坊建于清朝，是两柱单门式石坊。旁边这座庙祭祀黑虎神，俗称二虎庙。庙内的塑像是财神赵公明跨黑虎，手持铁鞭的神像。坊后有块石头名虎阜石，因为石头像一只蹲伏的老虎而得名，篆书"虎"字是清末金石学家吴大澂（chéng）所书。

南天门又叫三天门，位于登山盘道顶端，坐落在飞龙岩和翔凤岭之间的山口上。由下仰视，犹如天上宫阙，像一颗红宝石熠熠生辉，是登泰山顶的门户，也是进入"天庭"的门户。南天门是元初道士张志纯修建的，明清多次重修，建国后又翻修两次。南天门分上下两层。下层为拱形门洞，条石垒砌，券石起拱，顶铺条石，四周冰盘式出檐，东西总长 9.65 米，南北进深 6.26 米，高 4.7 米。拱形门洞宽 3.7 米，高 3.25 米，上镶石匾额"南天门"，字贴金。两侧镶石刻对联："门辟九霄仰步三天胜迹，阶崇万级俯临千嶂奇观。"上层建摩空阁，面阔三间，进深 5.2 米，通高 5.3 米，二柱五檩五架梁，重梁起架，黄琉璃瓦卷棚重檐歇山顶。门上石匾额"摩空阁"，白底贴金红墙衬托，与黄琉璃瓦顶相辉映，更显巍峨壮观，是泰山的标志性建筑。当年唐代大诗人李白来到这里，写下了"天门一长啸，万里清风来"的诗句。

红 门宫是怎么得名的？

红门宫距岱宗坊 1.2 千米，因宫西大藏岭南丹壁悬崖如门而得名。明天启六年（1626）重修，登山道把红门宫自然分为东西两院，并以飞云阁跨路相连。飞云阁内原来祭祀观音，拱形门额题"红门"二字。东是弥勒院，西是红门宫。东院正殿原祀弥勒佛。院内有更衣亭，以前是帝王官宦登山更衣的地方，现在是茶室。西院是元君庙，正殿原祀碧霞元君及送子娘娘、眼光奶奶，现在供奉的是明神宗所尊其母孝定皇太后——"九莲菩萨"铜像。红门坊建于清康熙五十二年（1713），坊额题"瞻岩初步"四字。

宫东跨溪稍南是白骡冢遗址。传唐玄宗登泰山时乘白骡，礼毕下山至此，骡累死，遂封"白骡将军"，并备棺垒石为冢。现冢无存，仅留石碑，传为白骡冢碑。

宫西是大藏岭，其巅有石屋能藏物，故名。

宫后有一巨石耸立，上刻"小泰山"，传为碧霞元君的化身。

原有元君小庙，旧时香客多在此焚香祈福。新中国建立后庙毁，1985年重建。稍北路西有清代和民国年间《合山会记》碑26块，记载当年朝山进香的盛况，今称小碑林。

红门宫是泰山中溪的门户，呈半封闭凹形空间，再加宫前三重白色石坊及碑碣，构成一组高低错落、色彩鲜明、形若天梯的古建筑群。自飞云阁洞北望，林荫夹道，石阶绵延。自古有"红门晓日"之景。

万仙楼及周围有哪些景点?

穿过飞云阁不远就是万仙楼，跨道阁楼式建筑，旧称"望仙楼"，明万历四十八年（1620）建。殿内原祀王母，配以列仙，所以又称王母殿，后增祀碧霞元君，民国年间塑像全部毁坏。据传这里是王母娘娘召集泰山万仙聚会的地方。1998年在楼上的东、西、北三面墙壁上，塑造了128位神仙和众多的异兽亭台等，集宗教传说、泰山神话、人文景观、自然景观为一体，形态各异，栩栩如生，称进山第一景，殿墙四周镶明代朝山进香碑63块。门洞东侧有隐真洞，是旧时道人修炼处。

门洞后面有"谢恩处"三个大字，传说帝王登山时，官员送驾到此，帝令回府，群官谢恩处。也有的说是香客登山回到这里安然无恙，叩谢元君保佑之恩。

楼前有"三义柏"，3株古柏挺拔并列，苍翠凌云。

楼北是1946年所建烈士纪念碑，碑体镌刻着解放泰城战斗中牺牲的708名烈士英名。

纪念碑西侧有一峭石，清人上题"拜石"二字。

纪念碑东侧有断崖，石刻遍布。唐大历八年（773），泰山著名道姑张炼师题记及元代镇压红巾军的元将题名等依稀可辨。

"**重**二"是什么意思？

在去斗母宫的路上，路左有块摩崖刻石，上刻"重二"，是字非字。这是清光绪二十五年（1899）历下才子刘廷桂题镌的两个字，实际是个拆字游戏，是"风月"两字拆去边框所得，隐喻"风月无边"之意。一是用来形容这里风景幽美，吸引游人驻足观赏猜度字谜奥妙；二是因为再往前走不远就是斗母宫，以前斗母宫的尼姑们为了生存，不得不周旋于达官贵人之间，暗指这里"风月无边"。一语双关，道破天机之后不禁令人拍案叫绝。上山游客大多在此与石合影留念。这两个字也引导大家把注意力转到泰山的风景和石刻上，一路上谈笑风生，忘记了登山的疲劳。

泰山斗母宫是佛教寺院还是道教寺院？

斗母宫旧称"妙香院"，宫东临龙泉峰，又有龙泉水自西北山峡绕宫东注中溪，故又名龙泉观。此宫原为道教祀奉之地，后来成为香火鼎盛的尼姑庵了，所以宫内既有道神，也有佛像，亦道亦佛难以分晓。宫筑于盘道旁深壑绝壁之上，深秀幽雅。宫初建年代无考，明嘉靖年间重建，清康熙初年（1662）由尼姑住持，祀北斗众星之母，遂更名斗姥宫，又名妙香院，俗称斗母宫。

宫分前、中、后三院。中院有西向山门，精雕石狮蹲列门下。门侧分列钟、鼓楼。院内正殿原祀斗母神，俗称千手千眼佛，今置地藏菩萨铜像。东配殿原祀精雕紫檀观音、文殊、普贤3菩萨。前院，北有僧房，东南有寄云楼，今均辟为茶室。院中有清光绪年间赵尔萃建天然池，蓄龙泉水灌田。池北为南山门。后院有正殿、配殿及禅房，东有听泉山房及龙泉亭，供游人小憩赏景。亭下洞内有"三潭叠瀑"如龙飞舞，故名飞龙洞。游人立于潭间，流水声似丝竹奏鸣。西山门外有古槐"卧龙槐"，因巨枝扑地如同卧龙翘首而名。

经 石峪金刚经是什么朝代的刻石？

经石峪金刚经刻石在斗母宫东北经石峪，是中国现存规模最大的佛经摩崖刻石。经文刻于面积 2064 平方米的缓坡石坪上，自东而西刻《金刚般若波罗蜜经》，共 44 行，每行 125 字或 10 字不等，共计 2799 字，字径 50 厘米。经历千余年风雨剥蚀、山洪冲击、游人践踏、捶拓无度，已磨灭过半，现仅存经文 41 行、1069字（包括可认读的残字和双勾字）。刻石无年月和书刻者姓名可考，后人根据它的笔势风格疑是北齐人书写。据史书记载，佛教自西汉末年传入中国后迅速得以蔓延，历经东汉和西晋 300 多年的发展，至东晋时传入泰山。南北朝时，佛教盛行，北周武帝深知沙门祸国，便于建德三年（574）下令灭佛。建德六年（577），北周灭北齐，武帝仍然下令毁灭齐国境内的佛教。这就是被佛家所说的"四大法难"之一，因此经石峪的经刻被迫中断。在这里还可看到第十五行的十几个描红双勾字，只勾勒出了主体轮廓。因此，整个刻石没有落款，给后人留下了千古疑案。

刻字大 50 厘米见方，经刻书法纵逸遒劲，以隶为主，富于变化，兼有篆、行、楷、草的意态，结体宏阔自然，用笔苍劲古拙，神采潇洒安闲，丰润雄浑。《书法梁津》称它是"大字鼻祖"，清代康有为赞为"榜书第一"。站在高崖俯视大字，如尊尊罗汉，肃穆端庄，稳坐如山，与整个泰岱的神韵相融合。它的书艺之高，结体之大，规模之巨，自古罕见，堪称"天下第一"。1967 年，为使经刻免受冲刷，在崖北筑砌一道石坝，把水道改到刻石西侧。

1982 年又拨款在石坪周围筑石栏，以免游人任意捶拓或践踏。这个石刻现在是省级重点文物保护单位。

壶天阁名字有何来历？

"壶天"按道家的说法，就是神仙居住的地方。传说秦始皇当年派方士徐福到东海蓬莱、方丈、瀛洲取长生不老药时，见三座山的形状都像壶一样，壶天阁就是仙山琼阁之意。明代称升仙阁，乾隆十二年（1747）拓建改名壶天阁。1979 年重建，门洞上镶石匾额"壶天阁"，是乾隆皇帝登泰山时所题。

阁楼建于高台之上，是跨道式门楼建筑，九脊歇山黄琉璃瓦顶，前廊式。清嘉庆六年（1801）泰安崔映辰题联："壶天日月开灵境，盘路风云入翠微。"嘉庆二十一年（1816）泰安知府廷璐又联："登此山一半已是壶天，造极顶千重尚多福地。"这里海拔为 800 米，大致是泰山高度的一半。门洞上有两株柏树从墙中生长出来，东西对峙，盘旋而上，显示了强大的生命力，就像守护山门的雷祖、真武二将军，堪称奇景。

壶天阁跨盘道而建，是城门楼式。下层是石筑，由 12 层条石砌成，东西宽 14.5 米，高 4.75 米。跨道拱形门洞，高 3.1 米，宽 3.5 米，总进深 7.95 米，其中北面 2.4 米系后拓展而成。拱脚角上施仰覆莲墀头石，东西有石阶通上层。台上建殿阁 3 楹，面阔 10 米，进深 5.4 米，通高 5.9 米，三柱五架梁，七檩前廊式，重梁起架，黄琉璃瓦九脊歇山顶。柱下施覆盆式柱础，柱子、檩梁及檐子、扒砖等均为水泥预制件。正间开门，装六抹隔扇门四扉，次间开窗装四隔扇窗，其上装支窗（上亮窗）。正间后面开一拱形门，两次间后面各开一拱形窗。

门洞的上面是 1993 年重修的三清殿，殿内供奉着 3 尊天神：

元始天尊是道教的第一大神，左手虚拈，右手握棒，象征着混沌世界的无极状态；灵宝天尊手捧半黑半白的圆形阴阳镜，象征着从无极状态延伸到太极；道德天尊手持一把阴阳鱼扇子，象征着从太极生化出来的两仪。这便是一幅道教的宇宙演化图。

泰山"回马岭"有何来历？

　　回马岭位于泰山登山中路的中段，壶天阁之上，中天门之下，海拔 800 米，古名石关、瑞仙岩。这里山重水复，峰回路转，景色十分优美。现有石坊一座，额刻"回马岭"三字，东西崖勒刻清乾隆帝《回马岭》诗 3 首，是泰山风景区著名景点。关于这"回马岭"之名的来历，历来众说纷纭，至今仍是一个难解之谜。最主要的有 3 种说法。

　　宋真宗赵恒回马说流传最广，与清乾隆在乾隆十三年（1748）登泰山时在此赋诗题刻有关："曈曈日照紫芙蕖，石磴盘行路转徐。传是真宗回马处，当年来为奠天书。"至今摩崖石刻仍保存完好。可是，从历史记录来看，宋真宗赵恒来泰山封禅并不是骑马上山的。宋大中祥符二年（1009）立于泰山脚下岱庙的《宋真宗封祀坛碑》中记述："上乃乘轻舆，……""轻舆"应是指山轿而不是马车，也就谈不上回马。明萧协中著《泰山小史》（1932 年版）和 1986 年山东人民出版社出版的《泰山导游》认为，"回马岭"之名是唐玄宗于开元十三年（725）骑马登封泰山时，至此山势高峻陡拔，马不能上而得名。还有人认为，东汉光武帝刘秀于建武中元元年（56）登封泰山时，在此回马，得名"回马岭"。

斩 云剑有什么传说？

过中天门不远，路西有一石突兀，其形若剑。据说，以此石为界，山上的云雾沿峡谷而下，至此便逆流折返，山下的云雾沿峡谷而上，至此也折而复回，如果两个锋面相遇，冷热锋交错，即可形成锋面雨。这种神奇的功能，自然会有一个美丽动人的传说。

在很久很久以前，有一伙儿山民在山间采药，什么何首乌、灵芝草、泰山参以及能填精补脑的黄精等药材应有尽有。他们为这些上等的名贵药材所吸引，专心致志地挖药，忘记了走过的路途，忘记了天上的风云变幻。当他们来到斩云剑附近的时候，突然浓云骤至，天空像塌了一样黑得吓人，狂风裹着雨点无情地击打着人们，不一会儿，山洪便雷鸣般一倾而泻。就在人们将要被山洪冲走的时候，一位青年挺身而出，只见他飞身跃上一块高地，双臂拼命地舞动着他手中的铁锹。随着他的挥动，那低沉的乌云，那瓢泼的大雨骤然遁去，天空一片湛蓝，山谷中出现一道绚丽的彩虹。人们为能从死里逃生而欢呼雀跃。但是，当人们去寻找那骁勇的壮士的时候，却不见了他的踪影，只见他站过的高地上，悄然屹立着一块如削的剑石。人们为了怀念那位青年，就把这块石头取名"斩云剑"。

▲ 斩云剑

云 步桥有什么传说故事？

云步桥，原名云木桥。相传，碧霞元君与兄长争坐泰山，兄妹二人互不相让，于是商定谁先爬上山顶，泰山就是谁的。登山日期定为三月十五日。

元君自知三寸金莲爬山不是哥哥的对手，就提前走访调查，找到了一条通往山顶的捷径。登山之日一到，元君便按事先调查好的路线，翻山越岭，过沟爬坡，来到了快活三里。元君走得正起劲儿，忽见前面一道万丈深渊拦住了去路，只见周围都是悬崖绝壁，就是长翅膀也飞不过去，这下可把元君给难住了。元君急得火烧火燎，眼里噙着泪水。正在她犯愁之际，就听"咔嚓"一声，一棵几搂粗的松树从山上滚来，不偏不倚，正好横亘山涧，成为一座小桥。元君绝处逢生，转悲为喜，不禁叹道："天助我也！"说着就要举步上桥。可是，独木桥难行，元君又是小脚，再说桥下一眼望不到底，看一眼都令人头晕目眩，元君只好又把脚缩了回来。

元君这时寒心绝望了。这里前不着村，后不着店，荒无一人，远处尚有鬼哭狼嚎，不禁叹道："天啊！你为何这样捉弄我？"元君流泪不止，忽见一片白云，从山顶飘然而下，浮在桥底铺平了山涧，再也见不到无底的深渊了。于是，元君稳稳当当过了桥，捷足先登，坐了泰山。

元君的兄长按着规定的路线往上爬，围着泰山转来转去，转到晌午才爬上山顶，那时，元君早在山顶等候多时了。他枉费辛苦，也没捞着坐泰山。

事后，人们便把农历三月十五元君登山的这一天，作为她的生日，每年都有许多人给她进香祝寿。那座松树架起的小桥，人们给它取名为"云木桥"，以后几经修复，改成了石桥，名字也改成了更富有诗意的"云步桥"。

泰山"飞来石"有何传说？

在御帐崖之上，五大夫松之下，有一巨石陡立，危如累卵，摇摇欲倾，上刻"飞来石"三字，格外引人注目。

相传，宋真宗带领千人万马来到泰山封禅，行至云步桥上，只见重峦叠嶂，白云压首，秦松亭亭，溪水悠悠，瀑布飞泻，犹如银河倒悬，山清水碧，好似新雨初霁之清秀。置身涧底，捕捉玉珠琼花，令人忘情；置身崖上，静观高山流水之清韵，使人心醉。宋真宗看到有这样一个绝胜佳处，便下令停轿，在悬崖上石坪凿石立柱，设帐铺床，在此休息。真宗坐在龙床上，上有松涛阵阵，下有流水潺潺，前有歌舞美女，后依万古青山，好不逍遥自在。文武大臣们跑这跑那忙得不亦乐乎。

正巧，这时泰山神巡游从此经过，看到真宗如此享乐，不禁大怒："这个无能的昏君，名为到泰山封禅，实则是游山玩水，心不真，意不诚，赶快轰他下山。"于是山神作法，将身边一块巨石朝真宗滚来。

▲ 泰山飞来石与五大夫松石坊

真宗这时正赏乐观景，忽听有声如雷贯耳，回头一看，见一块大石压顶而来，吓得三魂六魄都升了天，忙喊："救驾！"此刻哪里还有人应声，文武百官早就逃命去了，只有封禅使王钦若吓得浑身打颤，钻到床下。王钦若在床下，看到巨石突然停在树下不动了，顿时来了劲儿，忙喊："万岁不要怕，石叟是元君派来接驾的。"真宗闻言，果见大石耸立，像在对自己施礼，遂又回到床上，招呼文武百官，一本正经地说："奴才，一块碎石就把你们吓成这个样子?！我乃真龙天子，是元君派来接迎的，我怎能会横遭此祸?"话虽这样说，此时真宗仍心跳不止，便赶忙起驾上山了。

王钦若为了讨好真宗，便将此石取名为"接驾石"（俗称飞来石），把真宗憩过的石坪取名为"御帐坪"。

五 大夫松有什么来历?

五大夫松斜依拦住山，背靠五松亭，在这里可遥望十八盘、南天门，只见两山对峙，松涛阵阵。在这里还可以下望云步桥，只见水流潺潺，陡然入涧，瀑水悬流，溅花泻珠，风响水鸣，万籁俱寂，风景之秀丽之清幽无以言表。

据说，秦始皇做皇帝时发现东南有天子气，唯恐别人夺了他的皇帝宝座，就带了大队人马，从京城咸阳出发，浩浩荡荡来到泰山封禅，一是想借此报天地之功，更重要的是向天下人炫耀一下他的威风，以便慑服天下。

登山的这一天，正值艳阳高照，晴空万里，始皇爬到半山腰，虽骑马乘轿，却也早已累得汗流满面。忽然，天气骤变，乌云从山头滚下，顿时天昏地暗，风雨雷电一起袭来。

始皇措手不及，见前面有一棵松树，高达数丈，枝繁叶茂，树冠如篷，风雨不透，便急忙躲到树下避雨。随行人员早乱了套，钻洞的钻洞，爬崖的爬崖，乱成一窝蜂。

不一会儿，风消云散，雨过天晴，始皇因在树下，未遭风雨侵袭，为赏松树遮雨之功，始皇当即封它为"五大夫"。以后人们便将此树称之为"五大夫松"，再后来错传成了五棵松树。据说，在明万历三十年（1602），由于泰山蛟龙腾起，山洪暴发，秦松被水冲走。我们今天看到的不是秦松，而是清代康熙时补栽的。

泰 山迎客松为什么又叫望人松？

五大夫松往上的山坡上，有一棵袅袅婷婷的松树，一枝长长的树干斜着向下伸展，好像殷切热情的泰山在企盼着海内外宾朋的到来。它就是泰山迎客松，又叫望人松。许多年轻的情侣，往往将它作为忠贞不渝的爱情的象征，在树下留影，因为它身上凝聚着一个动人的爱情故事。

传说，很久很久以前，在朝阳洞附近住着一对年轻的夫妻，他们日出而作，日落而息，相亲相爱，乐善好施。一天，一位外地的花匠到泰山采集花草，不慎失足掉下山崖，被丈夫救回家中，二人悉心照料，花匠很快恢复了健康。花匠为了感谢他们的救命之恩，拿出许多奇花异草的种子相赠，说是撒在山间，来年泰山将会漫山花香，分外妖娆。他们照做了，第二年泰山果然花繁草茂，十分美丽。又一次，一位石匠来到他们家避雨，他们倾其所有，热情款待，石匠为了感谢他们的盛情，一夜之间凿通了上山下山的所有盘道，引来了大批的游人，使他们夫妻大开眼界。后来，丈夫为了把泰山打扮得更加美丽，决心出山到外面学习技艺。然而，丈夫走了一年、两年、三年，却迟迟不闻归期，从春到夏，从秋到冬，年轻妻子站在山坡上焦急地望着，执着地期待着，漫天的大雪掩没了她的身体。来年春天，冰雪消融了，年轻的妻子却不见了，在她站过的地方长出了一棵亭亭玉立的松树，像那少妇翘首望着远方，企盼着丈夫的归来。

有一天，他的丈夫终于回来了，见妻子变成了一棵松树，悲痛异常，于是在树下筑了一间石屋，日夜守护着他的妻子，把对妻子满腔的爱，都献给了泰山。他妆扮泰山，建设泰山，并为来泰山游玩的客人做了许多的好事。

对 松山上松树有什么来历？

对松山奇峰对峙，万松叠翠，松树奇形怪状。特别是由于地势海拔高，风力强等原因，使这个松海家庭的每个成员都呈平顶的伞形，更加姿态动人。清风吹来，松涛阵阵，是听松涛的绝佳地带。当年乾隆来到这里，被这里的松树及松涛吸引，写下了"岱宗最佳处，对松真绝奇"的赞美诗句。

说到这些松树，还有一个故事。传说很久以前，各路神仙云游四海，都想找一方宝地做自己的地盘。太上老君首先来到泰山，看到这里山清水秀，立刻喜欢上了这个地方。他想，我得留个凭证，于是就在一棵松树下埋下了他的信物——木鱼。太上老君走后，碧霞元君紧接着也来了，她也相中了这个地方，也想埋下一个信物。当她挖坑想埋绣鞋时，挖出了太上老君的木鱼。碧霞元君一看不好，这里已经被太上老君占领了。但碧霞元君很聪明，她把木鱼丢在一边，继续往下挖，埋下绣鞋以后，把太上老君的木鱼埋在上面，然后跑到玉皇大帝那里去了。两个人都说泰山是自己的，玉皇大帝没办法，只好带领众神仙前来一辨真伪。老君说埋下了木鱼，元君说埋下了绣鞋，结果先挖出了木鱼，后挖出了绣鞋。玉皇大帝一看，绣鞋埋得深，应该到得早，就把泰山判给了碧霞元君。太上老君一看，知道是碧霞元君捣的鬼，气得火冒三丈，一气之下，就把山顶的松树全给拔光了，捆成两捆，一捆踢到山前，一捆踢到山后。山前的一捆就是对松山的松树，山后的一捆就是后石坞的松涛，而山顶就再也找不到一棵松树了。

泰山十八盘有什么来历？

　　十八盘从云门开始，现在叫开山，是清乾隆末年改建盘道时所开辟的。泰山有"紧十八，慢十八，不紧不慢又十八"三个十八盘之说。从开山到龙门坊是"慢十八"，有 393 级台阶；龙门坊到升仙坊是"不紧不慢又十八"，有 767 级台阶；升仙坊到南天门是"紧十八"，有 473 级台阶，共计 1630 余阶。十八盘的名字，始见于北宋元祐年间邵伯温著《登泰山闻见录》："经天门十八盘，峰犹耸，北眺青齐，诸山可数。"十八盘岩层陡立，倾角 70°～80°，在不足 1000 米的距离内落差 400 米。盘路于 1956 年进行翻修，加宽台阶，重建路墙，设置休息盘台和铁栏扶手。1978 年后又多次维修整固，最近的一次是为迎接 2000 年新世纪的到来重新修整的。

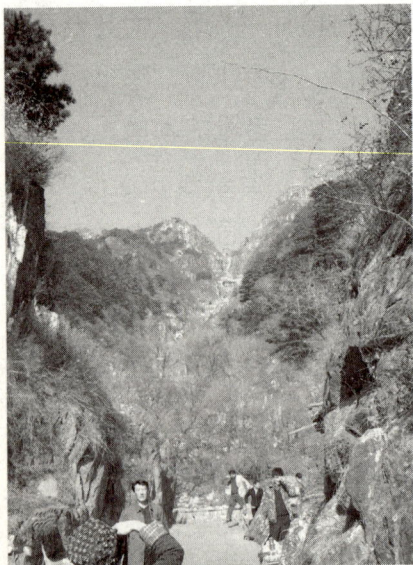

▲ 泰山十八盘远眺

　　所谓"盘"，是指两段平台之间的一段台阶。从开山到南天门不止十八盘，那十八盘的名称是怎么来的呢？这和帝王来泰山封禅分不开。以前帝王来泰山，不像我们今天这样凭自己的双脚爬山，而是先骑马，马不能走的时候就坐轿子。从开山到南天门这一段是泰山最陡峭的一段，是靠轿夫把他们抬上去的。在这一段路程中，皇帝要下轿 18 次参拜泰山神，轿夫就有 18 次休息的机会，叫十八盼。因"盘"与"盼"谐音，后来"十八盼"就演变成"十八盘"了。

月观峰为何又称"越观峰"、"望府山"？

月观峰位于南天门西，与日观峰东西对峙而名。古人言可在此望越国，故又称越观峰。据说站在此处，可以看到古越国（今江浙一带），这大概只是古人一种良好的愿望而已，泰山与古越国相隔千里之遥，绝对是人的目力所不能及的。

天气晴朗时，此处夜晚可观济南万家灯火，俗称望府山。

山顶有月观亭，山阳为泰山索道南天门站，过天桥有路与南天门相通，山阴有两石对立如门，称西天门。明万历年间林古度在石门上题"西阙"。明人钟惺在《登泰山记》中颂道："岱之为天门者三，西天门者石自门焉，真天门也。"

月观峰不仅是望月的好去处，而且也是赏晚霞、望黄河的好地方，晚霞夕照、黄河金带都是岱顶著名的景观。

你了解泰山顶上的碧霞祠吗？

碧霞祠是泰山极顶最大的古建筑群，为全国重点文物保护单位，全国重点道观。该祠始建于北宋大中祥符年间，为二进院落，以照壁、金藏库、南神门、大山门、香亭、大殿为中轴线，两侧是东西神门、钟鼓楼、东西御碑亭、东西配殿。

南神门外是金藏库，俗称火池，专供香客焚烧纸香。火池南有照壁，大书"万代瞻仰"。南神门上有乐舞楼，门内有东神门、西神门，盘道穿越其间。院中东为钟楼，西为鼓楼，北为重台，大山门筑于重台上，前后廊式。廊下东西山墙上有神台，供青龙、

▲ 岱顶碧霞祠主殿

白虎、朱雀、玄武四方护卫神铜像。

正殿上覆盖瓦、檐铃等，均为铜铸。檐下有乾隆御赐匾额"赞化东皇"。殿内中设神龛，祀碧霞元君镏金铜像，神龛上为雍正皇帝的"福绥海宇"匾额。两侧为眼光奶奶、送生娘娘二神铜像。

院内还有东西配殿。东殿供眼光神，西殿奉送生神，又称眼光奶奶、送生娘娘，均为铜像。

院中央有香亭，亭两侧有铜碑对峙。东为明万历四十三年（1615）《敕建泰山天仙金阙碑记》；西是明天启五年（1625）《敕建泰山灵佑宫碑记》。亭前有明嘉靖和万历年间铜铸千斤鼎和万岁楼。院东南、西南是御碑亭，内有乾隆登岱诗碑。

祠东是道院，明代置东公署，香税总巡官驻此，清代改为驻跸亭。碧霞祠现有道士、道姑 50 余人。

院南为宝藏岭，上有一狮子形状的巨石，俗称狮子峰。

碧霞祠为什么用铜瓦或铁瓦覆盖？

碧霞祠有正殿五间，正殿顶部覆盖的筒瓦、鸱吻、戗兽以及浮雕有双凤缠枝莲花纹饰的大脊等，都是铜铸的，仰瓦是铁铸的，东西配殿及山门上的瓦也是铁瓦。所以，郭沫若在他诗句中说"碧霞铁瓦红"。正殿的瓦垄刚好是 360 条，象征着一年 360 天，即所谓的"周天之数"。瓦垄的末端都施一条精致的飞龙，人称"飞龙檐"。飞龙檐的末端延伸到地下，起到避雷针的作用。中国有句古话，叫雷不击庙，意思是打雷不会击毁庙宇，其实，古人很早懂得使用避雷针。为什么要用铜和铁来做覆盖呢？因为泰山海拔比较高，气候变化无常，风雨侵蚀较严重，用铜和铁覆盖，可以减少风雨对建筑的侵蚀，延长使用寿命，但造价也是极为昂贵的。

碧 霞元君有何来历？

碧霞元君的来历有几种说法。传说中碧霞元君女神是天仙玉女，俗称"泰山老母"。按道家说法，男子得道称为"真人"，女子则称"元君"；泰山老母上通乾象，降灵下土，坤道成女，故名"天仙玉女"，又因女神身穿碧衣红裙，所以全称为"天仙玉女碧霞元君"。自从宋真宗封泰山后，泰山神由兴而衰，随之泰山女神渐渐取而代之。到明清时，她竟然成了"庇佑众生，灵应九州"的泰山女皇了。

关于碧霞元君的来历，民间传说较为广泛的有两种：一种说她是周武王御前大将黄飞虎的妹妹、周武王的妃子——黄妃；另一种说她是徂徕山下农家女碧霞姑娘到泰山修炼而成仙的。

而据《岱览》记载，秦始皇封泰山时，丞相李斯在岱顶发现了一个女石像，遂称"神州姥姥"，并进行了祭奠。到宋真宗东封时，因疏浚山顶泉池，

▲ 泰山圣母碧霞元君铜像

发现了一尊被损伤的石雕少女神像；宋真宗命令皇城使刘承珪更换为玉石像，封为"天仙玉女碧霞元君"，并在池旁建石龛加以保护，并烧香祭拜。由于帝王的发现和加封，石像就变成泰山的女神了。

《玉女卷》又把她说成是东汉人石守道的女儿。东汉明帝时，奉符县善士石守道之妻，于永平七年四月十八日生了一个闺女叫玉叶，才貌双全，聪慧过人。3 岁就懂得做人的伦理，7 岁就知道道家的法规，常常对西王母顶礼膜拜。14 岁就到泰山后石坞黄花洞修炼，3 年后功成道就，全身散发出元精之光。从此隐居泰山，成为泰山女神。

不管碧霞元君是何来历，她在中国道教中的地位是毋庸置疑的，她是泰山的主宰神，据说她有求必应，非常灵验。登泰山到老奶奶面前许个愿，不论是虔诚的善男信女，还是轻松旅游观光者都是乐此不疲的。

泰山唐摩崖是记述唐玄宗功德的碑铭吗？

大观峰是泰山摩崖石刻最集中的地方。因为有唐开元十四年（726）唐玄宗李隆基东封泰山时撰书的《纪泰山铭》石刻，石刻非常有名，因此叫做"唐摩崖"。

唐摩崖高 13.3 米，宽 5.3 米。铭文 24 行，每行 51 字，现存 1008 字（包括题"纪泰山铭"和"御撰御书"等字）。除"御撰御书"4 字和末行年、月、日为正书外，其他均为隶书，字大 25 厘米，额高 3.95 米。隶书"纪泰山铭"2 行 4 字，字大 45 厘米 × 56 厘米。刻石形制端正，气势雄伟，后人题"天下大观"四字于其上部，因而此峰又称大观峰。

唐摩崖书法遒劲婉润，端严浑厚。铭文记述了封禅告祭之始

末，申明封禅的目的是为
苍生祈福，铭赞高祖、太
宗、高宗等先皇之功绩，
表明自己宝行三德（慈、
俭、谦）之诺言。因长期
遭受风雨剥蚀和人为破坏，
铭文现已残 26 字，不可辨
认的 6 字。下面几行遭到破
坏，铭文已经不完整，这
是拓碑者冬天点篝火造成
的。这篇铭文篇幅巨大，
艺术精良，是研究古代封
禅史、唐代书法和雕刻艺
术的宝贵资料。唐摩崖不

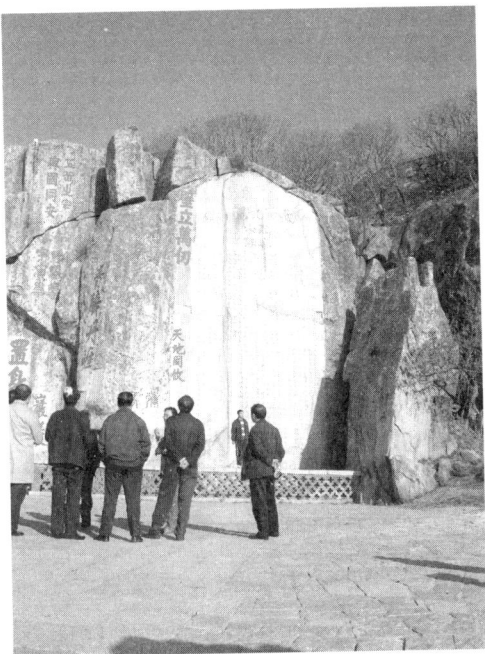

▲ 泰山唐摩崖石刻

但铭身高大超过 10 米，而且所有字贴金，每当日出反射朝阳，灿
烂炫目。由此可见古代帝王对泰山的重视程度了。

另外，唐摩崖的西边是清摩崖及明清刻石 75 处。东边原有宋
摩崖，后人认为宋真宗是昏君，就把宋真宗的摩崖石刻凿掉了。
后人书"登泰观海"四字于其上。

泰山青帝宫里供奉了哪些神仙？

青帝宫创建年代无考，现存建筑是明朝奉敕重修的。青帝即
太昊伏羲，古代神话人物之一，道教尊奉为神。传说青帝主万物
发生，位属东方，故祀于泰山。宋大中祥符元年（1008），宋真宗
登泰山时，加封青帝为广生帝君，并撰刻碑记。

山东有句话，叫"济南府人全，泰安州神全"，这话一点儿不

假。青帝宫正殿里的这些神像，正中的是青帝，两边还有文曲星、武曲星、寿星、财神、泰山石敢当等。东偏殿内祀十二生肖像，西偏殿内现在是一个出售各种神像的商店。

青帝宫院中还有一个大铜鼎叫"千年宝鼎"，是青铜制作的。人类进入21世纪的时候，我们国家举行了很隆重的庆典，当时泰山就是庆典地之一。为了庆祝人类跨入21世纪，山东省委、省政府专门铸造了这个铜鼎礼献泰山。

泰山上的无字碑是谁立的？

岱顶无字碑高6米，宽1.2米，厚0.9米，因为通体无字，所以得名。碑身由下而上逐渐收分，顶部用大于主石的方石覆盖，方石上又有一个雕刻的小型雕柱顶，姿态十分古朴浑厚。

立在这里的这块巨石究竟是何物，谁人所立，令人费解。有人说是秦始皇立的无字碑。但《史记·封禅篇》详细记载了秦始皇泰山封禅始末，特别记录了他在泰山顶立石一事，又尽收秦始皇立石的所刻全文。很显然，这块碑不是秦始皇所立。明末大学者顾炎武及现代学者郭沫若辨为汉武帝所立。汉武帝是历代帝王中封禅泰山次数最多的一个。他从公元前110年三月第一次行封禅泰山之礼后，曾在21年中先后7次来泰山封禅。为什么立石不刻字呢？对于这位自命不凡的帝王来说，绝不是一时的疏忽和遗忘，这必须从他的封禅意图上来寻找答案。汉武帝统治时期是中国封建社会史上第一个盛世时期，按照封禅的含义向上天禀报自己的文治武功则是一件自然的事，震慑安抚以泰山为中心的关东地区，避免"吴楚七国之乱"的事件重演也必然来行封禅。他不仅连续频繁登山，而且树立起如此庞然大物，并精心设计出逐渐上收的，形成三叠石的整体，给人以稳重、崇高的感觉，完全符合"因高告高" 高上加高的升封之意。立石而不刻石记号、写上自己的功劳，完全是汉武帝故意这样做的。大概是借以显示自己 "受命于天"，功高莫名，不能用任何语言来表述。陕西唐乾陵也有一个无字碑，是武则天立的，这可能是武则天来泰山后受启发而效仿汉武帝的做法。

泰 山玉皇顶可以观赏哪些景点和景观？

玉皇顶是泰山的主峰，因为峰顶有玉皇庙而得名。玉皇庙古称太清宫、玉帝观，由山门、玉皇殿、观日亭、望河亭、东西厢房组成。修建年代无考，明代重修。隆庆年间兵部侍郎万恭重修时将正殿北移，露出极顶石，就是栏杆中间的这块石头，上面 "极顶" 两个字是 1921 年增修石栏时王钧题写的，标着泰山的海拔 1545 米。正殿内祀明代铜铸玉皇大帝像，玉皇殿两旁有对联："地到无边天作界，山登绝顶我为峰"，为安丘人王讷所书，展示出玉皇顶的气势和游人至此的感慨。"柴望遗风" 的匾额说明远古帝王多在此燔柴祭天，望祀山川诸神。"古登封台" 碑是清康熙年间重立的。据《古登封台碑》记载，登封台是古代帝王设坛祭天的地方。东亭可以观看 "旭日东升"，西亭可以观看 "黄河金带"。

后 石坞景区有哪些著名的风景点？

后石坞在泰山的背面，天空山下，又名后石屋。此处危岩峭壁，怪石突立，饰以苍松翠柏、幽径小溪，景致尤其别致，因此被称为泰山的 "奥区"，意思是这里奥妙无穷，著名的景观有八仙洞、天烛峰、玉女山、九龙岗、黄花洞等。

这里处处怪石，嶙峋如笋，因此又有 "笋城" 之称。游人顺石阶登上高台，是摩空托云的"天空山"，又名"玉女山"。其巅平坦，俗叫"尧观台"，传尧帝曾登此顶。山前有数亩平地，为碧霞元君庙旧址。清代庙内为尼姑住持，又称"姑子庙"。分东、西两院。西院由正殿和配殿组成，正殿祀元君。还有西舍、东舍，各有供奉，西舍祀天官、地官、水官，东舍为"弥勒殿"。黄花洞据说是碧霞元君修炼凡胎，得道成仙的地方。

泰山丈人峰是怎么得名的？

玉皇顶西北不远，有巨石陡立，如刀削斧劈，状似老叟，这便是泰山丈人峰。

据说，唐明皇来到泰山封禅，派张说为封禅使，前来做些准备工作，以迎圣上驾到。泰山封禅，是在山顶筑土为坛以祭天，报天之功；山下辟场以祀地，报地之绩。张说奉旨前往，而他自己却另有打算，认为封禅动用黄金万两，无拘无束，吃喝玩乐，大有油水可捞，再说事后还可以因功受赏，便乘机把女婿郑镒也拉上一起赴岱。

唐明皇到泰山封禅，千军万马，车如流水马如龙，举行了轰轰烈烈的封禅仪式。事后，按惯例，除太尉、司徒、司空三公以外，凡随行官员都晋升一级，并大赦天下，以示皇恩。郑镒本是九品小吏，由于他老丈人的作用，连升四级，骤迁五品，赐给大红官服，趾高气扬，威威武武，好不显赫。其他人早就看在眼里，气在心上，宫廷上下议论纷纷。这事传到唐明皇的耳朵里，皇帝马上召张说进殿，问他是怎么回事，张说默不作语。这时，有个叫黄幡卓的宫廷艺人在旁边一语双关地为他开脱说："此乃泰山之力也。"

此事在宫廷内外传为笑话。以后，人们便把祭坛旁边的那个高耸入云的石峰取名叫"丈人峰",遂把丈人称作"泰山",因为泰山又称"东岳",所以,又把丈人称为"岳父",沿袭至今。

拱北石称探海石有何传说来历？

拱北石,因为它的形状犹如一个人起身探海,所以又名"探海石"。石长 6.5 米,与地面夹角为 30°,是泰山标志之一,也是登岱观日出的好地方。关于探海石的来历,还有一段美丽的传说呢!

原来,中天门有座二虎庙,二虎庙供奉着黑虎神。虎为百兽之王,它奉碧霞元君之命整天在山上山下巡视,哪里有猛兽作浪,妖孽兴风,它就到哪里去惩治,保卫着泰山的安宁。

有一年春天,春暖花开,游人如织。东海龙宫有个守门的海妖见自家门前冷冷清清,门可罗雀,而泰山顶上却热闹非凡,便生了嫉妒之心,偷偷地到泰山顶上施放妖气。刹那间,山顶上如诗如画的云海,缭绕而至的仙雾,即刻变得乌烟瘴气,山上顿时大乱。海妖见后,却在一旁幸灾乐祸地放声大笑。

黑虎神正在山下巡视,见乌云笼罩着山顶,便知定有妖孽作怪,便提上元君赐给它的镇山之宝擎天神棍直奔山顶。它见那妖孽还在山顶作法,便气不打一处来,狠狠地一棍打去。那海妖只听身后一阵冷风袭来,知道大事不好,急忙化作一缕青烟夺路而逃,山顶复又出现一派仙山琼阁的美景。但是,黑虎神由于用力过猛,那擎天神棍打在石上,一片火光散后,神棍断为两截,那断掉的一截顿时化作一块巨石,直指东海,怒目而视。

从此,那东海妖孽远远看见擎天神棍立在山顶,便再也不敢到泰山作孽了。

舍 身崖后来为什么改称爱身崖？

舍身崖三面陡峭，下临深渊。古时候，很多善男信女为给父母祈福而从这里跳下去舍身，明朝时，泰安知县何起鸣建了这道石栏杆，禁止舍身，并将这里改名为爱身崖。泰城当地还流传着何起鸣的一个传说故事。

相传，在明朝时候，山前白峪庄有个叫徐大用的在泰城开店，大用待人诚实可亲，人缘好，生意很兴隆。一天，有位姓何的南方客人携子来到店里。只见那人满面愁容，眉头紧锁，言语不多，像有心事在胸，大用便对此人留心。

那姓何的一连在店里住了几天，前门不出，后门不到，整天唉声叹气。有天晚上，大用给他端上酒菜，搭讪着问道："客官是进京赶考，还是到此经商？是前来投亲，还是到泰山进香？"那人只是摇头，什么也不说。大用便开门见山地说："客官，我看你像有什么难处。人生一世，在家靠父母，在外靠朋友，你住这里也并非一日，如果信得过我，有什么心事不妨直言，说不定我能帮忙。"

客官闻听此言，含泪对大用说："掌柜的，实不相瞒，去年老母重病在身，危在旦夕，后来听说泰山圣母能为人消灾除病，便到泰山来许愿。若圣母救老母一命，来年定要舍身还愿。果然，母亲的病回去不久便好了。现在到了还愿的时候，倘若我舍身还愿，母亲无人管，岂不又将老人家置于死地？只好以子代父。我儿年方五岁，已能习文练字，聪颖过人，我怎忍心将亲生儿子推下山去？所以迟迟不能动身。掌柜的若肯帮忙，代我上山舍子，我将感激不尽，终生不忘。"

大用一听，这人真是鬼迷了心窍，我从小住在这里，烧香许愿的不计其数，从没见过这般心诚的。这样好的孩子，将来定成大器，不能轻掷此命，救人一命，胜造七级浮屠。大用主意已定，便一口答应下来，第二天领着孩子在山上转了一圈儿回来，就说已将孩子舍下山崖。其实，大用已把孩子偷偷收养了。

姓何的客人带上纸、香，到崖上祭奠了儿子，还请人在石头上刻了"舍身崖"三字，便一路哭着回南方去了。

徐大用收养了孩子，给他取名徐起鸣，以后便让他上学读书。起鸣天资聪颖，才华横溢，过目成诵，出口成章，18岁中举，20岁便金榜题名中了状元。皇帝下旨那天，徐大用将起鸣的亲生父亲请来，把事情的起始终末都告诉了他，让起鸣来拜见父亲。父子相见，二人抱头痛哭。此后，起鸣听说祖母已去世，便安排生父和徐父在泰山共度晚年。两位老人相敬如宾，亲如兄弟。

事后，三人复来到舍身崖，抚今追昔，感叹不已。何老夫子自愧当年糊涂，险些送了儿子的性命。何起鸣遂将"舍身崖"改名为"爱身崖"，后人又在崖上刻"哀愚"二字，以示后人。

泰山四大奇观分别指什么？

泰山独有的气候特点，为岱顶创造了旭日东升、云海玉盘、晚霞夕照、黄河金带奇观，号称泰山四大奇观。也吸引了千千万万的游客登上泰山极顶，一览奇景。

旭日东升 登岱顶远眺，一线晨曦渐渐扩张，忽红、忽黄、忽赭，杂以青天斑斑，似蓝似白，绚烂多彩，荡漾如波。忽浮光耀金，日轮渐露，撩开霞帐，像一个飘荡的宫灯，冉冉升起，瞬间跃出地平线，金光四射，群峰尽染，壮观而神奇。

云海玉盘 泰山云海玉盘多出现在夏秋雨季。有时白云滚滚，如浪似雪；有时乌云翻腾，形同翻江倒海；有时白云一片，宛如千里棉絮；有时云朵填壑，又像连绵无垠的汪洋大海。站在岱顶，俯瞰下界，可见片片白云与滚滚乌云时而融为一体，汇成滔滔奔流的"大海"，风起云涌，起伏跌宕，或前进，或沉浮，或跳荡。时而白云朵朵，时而堆絮积雪，妙趣横生，令人心潮澎湃。

晚霞夕照 夕阳西下时，若逢阴雨初晴，此时漫步泰山极顶，仰望西天，朵朵残云如峰似峦，一道道金光穿云破雾，直泻人间，云峰上镶嵌着一圈金灿灿的亮边，与五颜六色的云朵交相辉映，巧夺天工，奇异莫测。

黄河金带 新霁无尘、夕阳西下时，举目远眺，在泰山的西北边，层层峰峦的尽头，还可看到黄河似一条金色的飘带，波光粼粼，银光闪烁，黄白相间，如同金银铺就，闪闪发光。清代有"一条黄水似衣带，穿破世间通银河"的生动写照。

冯玉祥墓的墓阶为什么建成 4 层 66 级？

冯玉祥墓位于大众桥东首，于 1952 年破土动工，1953 年 10 月 15 日举行骨灰安葬仪式。1988 年公布为全国重点文物保护单位。冯玉祥墓前临深涧，背依科学山，松柏苍郁，肃穆庄严。墓壁上正方横镌郭沫若手笔"冯玉祥先生之墓"七个金色大字。墓阶 4 层，共 66 级，4 层代表他一生走过的 4 个阶段：第一层 20 级，代表从出生到弱冠从军；第二层 14 级，代表从青年到成年；第三层 14 级，代表他由一个旧军人转变为坚定的民主战士；第四层 18 级，记述他坚持抗日，反对分裂，为祖国的民主与和平奋斗不懈的战斗生涯。66 级象征他一生度过了 66 个春秋。冯玉祥墓碣刻冯玉祥诗《我》，诗中写道："平民生，平民活。不讲美，不要阔。只求为民，只求为国。奋斗不懈，守诚守拙……"表达了他一生的抱负。碣高 1.09 米，宽 1.9 米，墓左侧还有冯玉祥先生元配夫人刘德贞之墓。

泰山普照寺里有哪些景点？

　　普照寺位于环山路北、凌汉峰前，依山而建，这里秀峰环抱，翠柏掩映，亭殿楼阁，气象峥嵘。清人有"门前几曲流水，寺后千寻碧峰，鸟语溪声断续，山光云影玲珑"的赞咏。寺创建于六朝，或传创建于唐。以双重山门、大雄宝殿、摩松楼为中轴，组成三进式院落。两侧配以殿庑、禅房和花园等。

　　山门前高台垒砌，石狮对峙，门上悬匾。门内有钟鼓楼，中有明正德年间《重开山记》碑，介绍高丽僧人满空航海到中国后重建泰山竹林寺、普照寺的概况。又有清光绪年间《重修普照寺碑记》，记清初名僧元玉等人住持事迹。二山门内有元代经幢。沿阶而上为主院，大雄宝殿内供释迦牟尼铜像，东西配殿陈列明清铜佛像及宋瓷等文物。殿前银杏双挺，油松对生，中立双檐盖罩铁香炉。

　　后院有著名的六朝松，枝繁叶茂，疏密相间，宛如巨大的华盖，碣刻"六朝遗植"。松下有郭沫若撰书的《咏普照寺六朝松诗》碑。西侧筑亭，清人傅家宝题匾额"筛月亭"，每逢皓月当空，松下银辉万点，如同筛月。亭下有方形石桌，敲击四角及中央，皆出磬之清音，故名五音石。亭北有阁楼，李铎书匾"摩松楼"。

　　中轴线以东，前为禅房，后为石堂院。后院正房与摩松楼相齐，后壁嵌清道光年间徐宗干题《石堂题壁》碣。

　　中轴线以西，前为菊竹花圃，1985 年立周恩来于 1941 年 11 月 14 日撰书的《寿冯焕章先生六十大庆》碑。后院是菊林院，正房与摩松楼相接，额题"菊林旧隐"。徐宗干书元玉偈语"松曰好青，竹曰好绿；天吾一瓦，地吾一砖"为联，舒同又书联"疾风知劲草，严寒识盘松"。原为元玉居所，冯玉祥 1932 年至 1935 年两次来泰山均居此。1984 年辟为"冯玉祥先生在泰山"展室，邓颖超题额。院中有清代寺僧理修入寺时与其师傅共植"师弟松" 1 株。清光绪年间何焕章游岱至此，见松袅袅婷婷、冠大如篷，叹为观止，遂题"一品大夫"，刻石立于松下。

冯玉祥隐居泰山时，以泰山习俗和民生疾苦为题材，写了很多即兴白话诗，自称"丘八诗"。并与青年画家赵望云合创 48 幅诗配画，刻制成碣，后尽毁。1984 年重刻，立于寺内。

寺东为荷花荡，纳凌汉峰之水，溪中杂树丛生，古藤盘旋。清康熙初年（1662），元玉及其弟子在此开地采石，包崖筑台，遂成石堂。元玉题石堂铭及十二景：翠屏石、涤砚溪、慈航石、盘云梯、白莲池、玲珑岩、眺望台、飞来石、友松石、水云洞、振铎岭、石堂。石室久毁，题刻犹存。寺西南有泉，冯玉祥开凿，并隶书"大众泉"。林荫路旁有巨石夹径，上题"云门"、"界尘"。再南路西有方石，上书"三笑处"。

普 照寺外的"三笑处"有何出处？

在普照寺的云门之外，有一巨石如牛卧地，上刻"三笑处"三字，到此游览的人，无不立足注目，评议再三。

据说，在清道光年间，泰山脚下有个酷爱画画儿的陈允，出身贫寒，却自幼天姿聪颖，智力过人。

当时的泰安知府崇恩，请来各地的名士大家为他母亲画像，尽管他们苦心细作，画得十分逼真，分毫不差，却都不能得到崇恩的欢心，最后还被臭骂一顿，赶出府第。

崇恩也不知从哪里听说陈允画得不错，就派人把他请进官府，恭维道："久闻陈兄技艺超群，名震四方，今日烦请为老母画像，画成定当重谢。"说着就把他母亲领来，让陈允作画。陈允一见便知，以前的画师所以被臭骂，原来是画得太逼真了，因为崇恩的母亲是个豁唇子。陈允是个聪明人，他让人折来一朵刚刚绽开的小花，让崇恩的老母做出闻花的样子。这样一来，真是一美掩百丑，不仅见不到满口的黄牙，而且显得年轻多了。陈允安置好后，贯注全神，眼到手到，不一会儿就画完了。崇恩一看，喜出望外，满口称赞不绝，旋即酒宴款待，最后又要厚金重赏，又要留他在官府就职，结果都被陈允婉言谢绝了。

时隔不久，崇恩官运亨通，晋升为山东巡抚，身边没有二三心腹，他感到甚是别扭，便派人来请陈允携带家眷一同前往，让他掌管全省大小官吏的任免。盛情难却，陈允只好勉强应就。

崇恩本想，如此重要的官职，这节那令，官吏任免，一年少说也得捞个万八千两银子的外快，陈允还能独吞，多少还不分给他一点儿。可是，转眼一年过去了，陈允却只字不提，一毛不拔。

一天，崇恩来到陈允的住处，试探着说："陈兄，我们交情深厚，可要有福同享哟！"

陈允不知他话中有话，便谦和地说："下官不通世故，还要请巡抚大人多多关照。"

崇恩早等得不耐烦了，"你不要装傻卖呆，说实话，这一年你捞了多少银子？当初你可是分文没花就做了官的。"

陈允一听此言，说他贪赃受贿，感到一身清白不能受此污辱，便慷慨激昂地对他说："我陈某为人正直，为官清廉，甘愿为民请命，决不昧着良心损公肥私。我怎样来的，还怎样回去，巡抚大人何出此言？"

崇恩不仅没诈到银子，反而讨了个没趣，把脸一沉，拂袖而去。不几天，陈允便被革职还乡了。

陈允回到泰山，经常到普照寺游玩作画，与和尚佛宽结成密友。这年冬天，陈允来普照寺赏梅，没想到在云门外与崇恩不期而遇，真是冤家路窄。崇恩见陈允衣着褴褛，便假惺惺地问道："陈兄为何这般潦倒？"陈允似乎答非所问，对佛宽说："大胆的孽障，怎能随便出入尘世，玷污佛门？"说完放声大笑。原来以云门为界，分为佛门净地和尘世凡界。其实佛宽早就听出此话是说给赃官崇恩听的，于是也会心地大笑起来，崇恩见两人大笑，自己有些丈二和尚摸不着头脑，也随着笑起来。

崇恩走后，陈允便和佛宽在云门外的巨石上刻"三笑处"三字，以此嘲笑崇恩的无知和官场的黑暗。

泰山方特欢乐世界是一处什么样的景区？

泰山方特欢乐世界位于泰安市泰山区，与泰山风景名胜区东侧毗邻，公园占地约 50 万平方米，是国际一流的第四代主题公园。方特欢乐世界以科幻、动漫和中国文化为特色，采用当今国际一流的理念和技术精心打造，可与当前西方最先进的主题公园相媲美，被誉为"东方梦幻乐园"。

方特欢乐世界以文化创意为核心，用历史和未来交融、现实与虚幻重叠的手法，运用现代计算机、自动控制、数字模拟与仿真、数字影视、声光电等高科技手段，实现了文化、艺术、科技的完美结合，以交互、参与和体验的方式为游客带来惊险、刺激、欢乐梦幻的全新体验。

泰山方特欢乐世界由恐龙危机、飞越极限、神秘河谷、聊斋、维苏威火山、海螺湾、未来警察、生命之光等 17 个主题项目区组成，包含主题项目、游乐项目、休闲及景观项目 300 多项，其中包括许多国际一流的超大型项目，绝大多数项目不受天气影响，老少皆宜。

你 了解泰山花样年华景区吗？

中华泰山雄峙天东，花样年华青春时尚。在人杰地灵的华夏神州，有一处美景可以让您尽享现代科技成果；在物华天宝的齐鲁大地，有一处美景可以让您感受浪漫情怀；在雄伟壮观的泰山脚下，有一处美景可以让您领略青春时尚，这就是泰山花样年华景区。

花样年华景区位于五岳独尊的泰山脚下，景区地理位置优越，交通便利，四通八达，是全国著名的影视拍摄基地，还是一处集休闲娱乐、体验刺激于一体的国家 4A 级景区。花样年华景区开园几年来，先后获评山东省文化产业重点园区（基地）、2012 山东十佳文化产业园区（基地）、山东省旅游示范点、山东省十佳旅游景区、最美中国（山东）十大品牌景区、山东旅游风云榜"十佳景区"、"到山东不可不去的 100 个地方"、景区热带风情生态餐厅被评为"山东省十佳餐饮名店"等一些列荣誉称号。步入花样年华景区，体验水的世界，欣赏花的海洋！

在花样年华景区，你可以参观亚洲最大最刺激最好玩的水上乐园——亚龙湾水上乐园、国内最高水平的现代农业高科技示范园——未来田园、温馨浪漫天作之合的神圣殿堂——天合乐园、以花为主题的现代高科技展示馆——梦幻花都、极具异域风情的生态园林酒店——热带风情，在这里感受到的是激情、科技、美丽、浪漫、时尚，花样年华代表青春，代表积极向上的力量。

何 谓泰山"三美"？

泰山的三美就是白菜、豆腐、水。泰安豆腐与众不同，洁白如玉，鲜嫩无比，风味独特，无论进高档饭店，还是到街头餐馆，您都能品尝到清香味美的泰安豆腐。"清晨街口梆子响，晚上家家豆腐香。"这是泰安饮食文化的一道风景线。到泰山旅行一定要品尝价格低廉，但品质极佳的"泰山三美"，尤其是在登山途中靠近山泉处的餐馆品尝这道菜最佳。

白菜　以黄芽和青芽为地道品种，黄芽品质尤佳。泰山白菜煮时出水少且快熟易烂，菜汤白郁如奶，鲜味特殊。该品炒食、炖食、清蒸、醋熘均可，口味鲜美，且具有通肠利胃、除烦解酒、解漆毒等药效。

豆腐　用北方黄豆加石膏制成，每斤黄豆可产豆腐 2～2.5 千克。由于泰山水高氧、低硬度，用其磨制的豆浆蛋白质极易凝固，使泰山豆腐具有浆细水多，质嫩不流，洁白如雪，味道甘美，富有弹性、久煮不老不糊等特点。

泰山水　泰山水储藏于泰山南麓岱道庵一带。水温 37℃～40℃，是含锶、偏硅酸、低钠、锌、硼、锰、铁、钴、镍等多种微量元素的优质饮料水和医疗水。泉水清澈纯净，味甘可口，温度适宜，极富开发价值。已建成深 200 余米的井，每小时出水 60 立方米。

徂徕山有哪些风景名胜？

徂徕山，位于泰山东南 20 千米，新泰市西 40 千米处，总面积 250 平方千米，主峰太平顶海拔 1028 米，大小峰峦 97 座，游览景点 100 余处。徂徕山山势雄伟，幽深绵延，俨然如岱宗之屏障。早在 2500 多年前，《诗经·鲁颂》就歌颂了"徂徕之松"。徂徕山主要风景名胜有光化寺、北齐刻经、磥（cǎ）石峪、年家峪樱桃园等。

光化寺　光化寺位于徂徕山蓝溪之阳，山坳之中，左右两山拥抱，南望诸山，如翠屏叠嶂。该寺创建于后魏，有山门、配殿及大雄宝殿，大雄宝殿主奉如来佛祖，殿内绘明、清两代的两层壁画，色彩绚丽，人物形象生动，把佛教故事渲染得惟妙惟肖。寺内有古松、古柏各一株，树龄均在千年以上。柏名"三义柏"，一本三株，气宇轩昂，叶色浓翠，整齐如结义三兄弟。古松名"凤松"，似丹凤展翅，起舞弄姿，浓荫匝地，冠盖亩余。

北齐刻经　从光化寺东去 500 米，便见《大般若经》刻石，刻石共计 90 字，字径逾 20 厘米，刻于北齐武平元年（570）。新泰市博物馆于 1998 年建石亭对刻石予以保护。另一处刻石《般若波罗蜜经》，在梁父山（又称映佛山）山巅的巨石之上，石高 8 米，宽 5 米，从山下仰望状如巨佛跌座。上部刻题款"般若波罗蜜，经主冠军将军梁父县令王子椿"等字。徂徕山刻经，经文为隶书，结体端庄，笔法古朴，笔画圆润，丰而不腴，劲而不枯，气韵高逸，为历代书法家推崇。

礤石峪　礤石峪是"徂徕第一奥区"，这里群峰插天，松柏掩映，溪水回环，云霭满谷。主要景观有隐仙观、炼丹炉、陈抟酣睡处、礤石陂、升仙台、竹溪、贵人峰、独秀峰等。唐代著名大诗人李白曾隐于此，与山东名士孔巢父、韩准、裴政、陶沔、张叔明，并称"竹溪六逸"。竹溪东畔，有六逸堂，原祀六位逸士，今有李白塑像。

年家峪樱桃园　年家峪位于新泰市天宝镇，气候土壤都十分适宜樱桃的生长。据记载，年家峪一带种植樱桃已有 500 余年的历史。现有中华、嫣红、乌克兰等 5 个系列，18 个品种。种植面积近 670 公顷，是远近闻名的樱桃生产基地。1998 年天宝镇被命名为"中国樱桃第一镇"。年家峪的大棚樱桃春分时已经上市，"五一"前后是大棚樱桃的盛果期，前后将近一个月的时间。此时，

徂徕山山清水秀，是游览观光的最佳时节。

泰 安太阳部落旅游景区和大汶口文化有关吗？

"穿越五千年，梦回大汶口"——太阳部落旅游区，位于岱岳区大汶口石膏工业园内，是中国首家展现史前文明的特大型主题公园。太阳部落以大汶口文化为主线，以情景体验的形式，将史前文化和游乐项目有机融合，使史前文明的场景在游客面前真实展现。

太阳部落旅游区分为时光穿越、梦回大汶口、洪荒探秘、洪荒历险、情定大汶口、金乌古镇六大板块。由时空隧道、大汶口文化展示体验馆、大汶口古村、盘古狂叫、女娲补天、共工的愤怒、山洪暴发、洪荒漂流、洪荒探险等30余个主题项目组成。运用先进的声光电技术，将大汶口文化的精髓融入其中，真实再现大汶口时期的生产生活场景，让游客走进古老的洪荒神话，亲身体验史前文化。

这里有采用时光穿越手法打造的独具特色的"时空隧道"；融合先进技术建成亚洲最高的悬挂式"4D影院"；国内第一个还原原始部落场景的原始"狩猎场"；中国首家轨道式鬼城"洪荒惊魂"；石头铸就的史诗世界上最大的"八卦石阵"；中国第一特色巡游，感受绝无仅有的野性呼唤，原始部落的盛世狂欢"狩猎归来"……

你 知道肥城桃的来历传说吗？

肥城是驰名中外的"佛桃之乡"，有6600多公顷的"世界最大桃园"。独有的肥城桃以果实硕大、外形美观、果肉细嫩、汁多味甘、风味独特著称于世，迄今已有1100多年的栽培历史，自明代起即为皇室贡品，被誉为"群桃之冠"。说起肥城桃，还有一个动人的传说。

很久以前，肥城县的某村有一叫王五的农民，因是个穷汉，四十五岁才娶妻，人称张氏，他们先后生了两男一女。大儿名得星，二儿唤得明，生女儿取名玉花。不久，王五突然得病去世，王家的日子过得更加艰难了。

有一年，这里遭了旱灾，张氏仅有的一点粮田也绝了产，闹起了饥荒。为了活命，这一家便到处乞讨度生。困苦的熬煎，把张氏折磨得病倒了。大儿没黑没白地讨饭供养母亲，二儿尽心地侍候亲娘。生病不用药哪能很快康复？可哪里有钱抓药？得明一想，自言自语地说道："有了，院里小桃树上的二十几个毛桃要成熟了，摘下卖了给老人取药治病。"老二把这些桃子卖了，钱还是不够，有一种贵重的营养药没配上。得明便焦急地问大夫："这样药有什么可以代替吗？"那人说："有。你身上的肉可以代替！""得要多少？"老二急切地问。"二两就够了！"听罢，得明便转身回家，从腿上割下了自己的肉，为母亲煎药服用，果真，张氏的病渐渐有了好转。

这一切，被下凡观景的七仙女看在眼里，回到天宫，向王母禀报了张氏两个儿子孝敬老人的美德，并请求王母降福人间，解除困境。王母听后受到感动，便将一仙桃投入张氏家中。果然，长出一株桃树，结的桃个大、肉肥、汁甜，非常惹人喜爱。从此，这一家逐渐富裕起来，桃树也很快繁衍开来。后来，这里有了驰名中外的肥桃。

你 了解东平湖吗？

东平湖位于东平县西门，西濒黄河，总面积 626 平方千米，常年水域面积 124.3 平方千米，平均水深 2.5 米，蓄水总量 40 亿立方米。东平湖及周边古时水域辽阔，称蓼儿洼、大野泽、巨野泽、梁山泊、安山湖。它是《水浒传》中八百里水泊唯一遗存的水域，1985 年被山东省人民政府公布为省级风景名胜区。东平湖西近京杭大运河，东连大汶河，北通黄河。它过去是漕运枢纽，现在则蓄水滞洪，无论过去和现在它都起到重要的作用。在即将实施的我国南水北调东线水利工程中，东平湖将起到更为重要的作用。

东平湖水质肥沃，无污染，湖产资源丰富，生长着鲤鱼、鳜鱼、甲鱼、鲫鱼、鲶鱼、大青虾、田螺等 50 多种名贵鱼类、贝类，菱角、鸡头米、莲藕等十几种水生植物。麻鸭蛋、松花蛋、菱米、芡实等水产品畅销国内外市场，各种鱼类都是餐桌上美味可口的佳肴，味道鲜美的全鱼宴、全湖宴是东平湖特有的地方名吃。

东平湖，三面环山，景色优美，素有"小洞庭"之称。沿湖文物古迹遍布。湖东岸是水浒英雄头领宋江攻打东平府城驻地；有后汉东平宪王刘苍及其后代墓葬地；有称为东平古八景之一的"黄石悬崖"。西岸有我国古代著名的京杭大运河故道，有水浒英雄晁盖等好汉初聚地司里山；有国家森林公园腊山；有明万历七年（1579）修建的寺院月岩寺。北岸有唐朝大将程咬金的"程公祠"；著名的农民起义领袖"楚霸王"墓地；有风景秀丽的铧山景点；有北齐名僧安道一书写的洪顶山摩崖刻经。湖东南方有宋朝时东平郡太守刘敞修建的乐郊池亭遗址。东平湖水下还淹埋着隋代建筑清水石桥，由于黄河决口，形成水泊，淹埋水下，已无法看到它的真面目。据考证，此桥建于隋仁寿元年（601），桥长450尺，比河北赵州桥还早5年建成。

东平湖中的小岛叫"土山岛"，岛呈椭圆形，据说历史上曾是九省御道，设有重兵把守。历代都是军事要塞，更是《水浒传》中的水浒英雄出没之地。传说"智取生辰纲"之后，晁盖、吴用、公孙胜、刘唐、阮氏三雄七个水浒头领为了躲避官府缉拿，便来到此岛寺院聚义，所以也称"聚义岛"。晁盖死后，就葬于此岛。岛上原有一寺庙叫"观音堂"，由于晁盖生前喜爱梅花，为纪念晁盖，后人便把观音堂改称为"藏梅寺"。岛上还留有"洄源亭"遗址。洄源亭是唐朝著名诗人、东平郡太守苏源明所建。建成之后，他曾邀请濮阳太守、鲁郡太守、济南太守、济阳太守一同来洄源亭饮酒赏景，他们看到这么美好的景色，就把东平湖誉为"小洞庭"。

《水浒传》中"阮氏三雄"的故乡，就在湖的西岸石庙村，石庙村原叫石碣村。当地百姓尤其是阮氏族人为纪念阮氏三兄弟，就在村内建起了"三贤殿"。如今这一带还流传着这样的歌谣："吴用石碣访三贤，水泊梁山闹翻天。天下英雄大聚义，百姓扬眉是青天。"

威　海　市

　　威海市位于山东半岛最东端，北、东、南三面濒临黄海，北与辽东半岛相对，东及东南与朝鲜半岛和日本列岛隔海相望，西与烟台市接壤。威海市总面积 5436 平方千米，2012 年户籍人口253.57 万。

　　威海城区的前身是一个荒僻的渔村，明洪武年间，为了抵御海上倭寇的入侵和袭扰，在这里设卫屯兵，"卫治即山东之东，三面环海，一面负山，形势险要，甲于天下，盖海防一重地也"。取名"威海卫"，含有"威慑海上倭寇之意"，威海由此而得名。

　　威海是一块古老的土地，具有悠久的历史。明洪武三十一年（1398）设威海卫、成山卫、靖海卫，3 卫隶属山东都司。清雍正十三年（1735）改成山卫为荣成县。1898 年，威海卫被英国强行租占。1930 年 10 月，中国收回威海卫。1983 年威海市也就是今天的环翠区改为省辖县级市，由烟台市代管。文登、荣成、乳山 3县归烟台市管辖。1987 年，威海市升为地级市，设立环翠区，烟台市的荣成、文登、乳山 3 县（现在为 3 个县级市）归威海市管辖。

威海地处山东半岛东北要冲，它与辽东半岛的旅顺口相峙应，共扼渤海门户，是通往北京、天津的咽喉，连接日本、韩国，战略地位十分重要。自古以来，成为英国、日本等国侵占中国的必争之地。自元代以来，经常遭到日本倭寇的侵扰。当时南粮北调，威海是必经之地，可见其海运地位相当重要。

威海物产资源丰富，全市海岸线长近 1000 千米，约占山东省的 1/3，是中国最大的渔业生产基地之一，盛产对虾、海参、鲍鱼和藻类、经济鱼类等 300 多种海产品。这里还是山东省重要的商品粮基地和花生、水果重要产区。胶东大花生、威海苹果、荣成黄桃、乳山阳梨等土特产享誉中外。地下矿藏品类丰富，已探明可供开采的有金、铁、铜、锌等 30 多种。威海的花岗石储量大、石质好，"石岛红"、"文登白"、"乳山黑"等花岗石在国内外享有盛名。

环翠区是著名的花园城区。市区三季有花，四季长青，市区人均绿地面积 22.54 平方米，城市绿化率达 46.72%，形成碧海蓝天，红瓦绿树，海天一色，交相辉映的独特城市环境。威海市先后被评为全国第一个国家级卫生城市、全国绿化造林十佳城市、国家园林城市、首批国家环保模范城市。1996 年被联合国评为全球 100 个改善居住环境最佳范例城市之一。

威海旅游资源丰富。著名风景旅游区（点）有市区的环翠楼公园；刘公岛上的甲午海战博物馆、刘公岛博览园、仙姑顶；荣成的成山头、九顶铁槎山天鹅湖和圣水观；文登的圣经山、昆嵛山；乳山的银滩、大乳山等。

环翠楼名称有何由来？

环翠楼公园是威海著名的风景游览区。环翠楼是一座宏丽的

▲ 环翠楼公园观海亭

楼阁建筑，始建于 1489 年，坐落在城西奈古山东麓的山岗上。西倚奈古山巅，东瞰蔚蓝大海，南望迤逦峰峦，北眺巍峨青山，因楼阁置于群山环抱，翠绿环绕之中，遂名"环翠楼"。

据《威海卫志》记载，明洪武三十一年（1398），威海设卫，永乐年间修建卫城。80 年以后城垣坍塌，兵备松弛。钦差巡察海道副使赵鹤龄至此，认为"城池倒塌如是，不重治之，后必有大患。"上奏朝廷，"疏动泰山香钱数百金"，重修威海卫城。威海卫指挥佥事王恺为感赵鹤龄之功德，便捐俸银建环翠楼，以示永久颂扬其名，并聘大学士刘月撰写碑记。所建之环翠楼，雕梁画栋，金碧辉煌，飞檐斗拱，八窗洞达。清代环翠楼曾多次修缮。1931 年，威海卫管理公署将坍塌的环翠楼改建，并于楼前增置观海亭和望月亭。楼上堂中供奉丁汝昌、邓世昌等爱国将领的肖像。1944 年 12 月，环翠楼被日军焚毁，望月亭、观海亭虽幸存，但已破损不堪。

1978 年威海市人民政府重建环翠楼，形成亭台、楼、廊组成的古典式建筑群。主楼三层，高 16.8 米，楼顶为琉璃瓦覆盖，歇山式层檐，雕花镂空窗。楼檐下由著名书法家舒同书写的"环翠楼" 3 个大字熠熠发光，楼背的匾"环阁凌空"出自著名书法家黄苗子之手。

登楼远眺，海空一碧；隔海相望刘公岛，街市美景尽收眼底，令人赏心悦目。夜晚的环翠楼被灯光披上一层神秘、美丽的外衣。

翠绿的古松，朱红的楼阁，仿佛在灯光中飘逸游动，如梦如幻，整个一个美丽的仙境世界。

环翠楼下广场正中央，有一青铜雕塑威然耸立。那便是民族英雄、清朝北洋水师将领、致远舰管带邓世昌。他身披战袍，手持长剑，脚踏船头，凝视着前方他曾浴血奋战过的地方，正气浩然，威武悲壮。他身边还蹲着一只狗，那是邓世昌生前的爱犬，名叫太阳犬，整日和他形影不离。

收回威海卫纪念塔是为纪念什么事件而建？

清光绪年间（1898），英国强租威海卫，1930 年中国政府收回威海卫主权，为了纪念这件事，当时的国民政府于 1931 年建了这座纪念塔。纪念塔曾经两次遭到破坏：日军侵占威海后，曾将纪念塔的部分碑文磨去。"文化大革命"中，纪念塔上的所有文字都被剥光，刻上标语口号。1980 年 8 月，纪念塔在原址重新修建，1981 年竣工。塔为三棱形，用 45 块莱州大理石拼砌而成。塔基用花岗岩垒成 3 层石级，周围有 12 根石柱，用铁链环连，塔高 32 英尺（9.75 米），标志着威海被英国强租 32 年。塔正面朝东，上部镌刻"收回威海卫纪念塔"八个魏碑体镏金字，是 1930 年国民政府外交部长王正延题写的。下部三面分别刻碑文和《中英交收威海卫专约》及"三民主义"等文字。纪念塔建成三棱形，有 3 个含义。一是愿中英友好，希望两国间其他一切不平等条约都如威海卫早日解决；二是崇奉"三民主义"，修明市政；三是追念甲午诸先烈。1992 年这座塔被公布为省级重点文物保护单位。

你 了解威海仙姑顶吗？

在威海，有一句话人人皆知，那就是：灵玉出盛世，仙姑佑众生。

仙姑顶位于威海市区环山路中段，海拔 375 米，奇峰耸立，树木参天，山路曲折蜿蜒，春夏翠林清泉，流溢海光山色；秋冬彩林冰雪，迷幻琼楼玉阁，真可谓"烟云舒卷览胜景，松石古淡怡远情"。登上山顶，东瞰大海和刘公岛，北眺威海市区全景，西望青山翠绿，南面恬然村落，让人顿生心旷神怡之感，是市民、游客郊游的最佳去处。

仙姑的传说历史悠久，被评为省级非物质文化遗产。《仙姑顶碑记》中曾记载"仙姑遗迹，秦汉而上远。"说明秦汉以前就有仙姑的故事了。

自 2007 年开始，望岛集团在原景区的基础上扩建，总投资 4 亿多人民币，从辽宁鞍山引进 2600 多吨优质岫玉，依托道家文化和民间传说，由高师名匠精工细雕，历时 3 年，制作了近千件大型玉雕艺术品，其数量之多、品相之丰，举世独一，价值无可估量。其中，玉仙宫所供 300 吨仙姑玉像为世界之最，乃世界级文化瑰宝。仙姑顶景区被评为国家 4A 级旅游景区，主要景点有：玉仙宫、如意湖、观海亭、仙姑庙、应验亭、定龙塔、龙王庙、观音殿、吕祖洞、青龙桥、神龟、土地庙、仙姑洞、财神像、应验塔、五行门、万寿广场、通灵玉道、三多桥、飞天壁、喷泉彩虹等。

刘 公岛名称有何由来？

刘公岛名称的由来，有两种说法：一种说法是东汉末年，刘氏皇族的一支（刘民）为避难迁居岛上，所以这个岛有刘岛、刘家岛、刘公岛、"刘氏别业"等说法。二是与民间流传的刘公、刘母的故事有关。相传数百年前，有一艘南方商船沿着大海向北行驶。有一天，忽然天气骤变，狂风大作，船上的人一边与狂风恶浪搏斗，一边向苍天祷告。后来，船上的粮食和淡水都用完了，他们只好随波逐流，听天由命了。一天夜里，一名水手忽然发现前面有火光，在海上航行；只要有火就有岛，有岛就有人家，有人家就有救了。于是他兴奋地大喊："有救了！有救了！我们有救了！"全船的人欣喜若狂，挣扎着爬起来，向有火光的地方拼命划船。走近了，他们终于看清前面是一个海岛，一位老人站在岸边悬崖上，手举火把为他们引路。船靠岸了，老人把他们一个个背到自己的屋里，自我介绍说："我姓刘，你们叫我刘公好了。"刘公的老伴是位十分和善的老妇人。只见她抓了一把米放进锅里，转眼之间米饭就做好了。十几个人狼吞虎咽地吃了一碗又一碗，可是奇怪的是，锅里的米饭一点儿也没见少。他们恍然大悟，这是遇到救命神仙了。他们慌忙跪下磕头表示感谢，等他们抬起头来，刘公夫妇早已不见了踪影。为了感谢刘公夫妇的救命之恩，他们就联合岛上的渔民修建了刘公、刘母祠，并把这个岛取名叫"刘公岛"，刘公岛因此而得名。

为什么说刘公岛是一个历史悠久的岛屿？

根据出土文物考证，早在战国时期岛上就有人居住，遗址至今还保存在岛的东南面。汉代有刘氏到岛上垦荒居留。明朝初期为避倭寇侵扰，曾将岛上居民迁出。嘉靖年间，王宪武率农民起义军占据刘公岛，后遭镇压。万历末年，登州府又招人进岛垦殖，并派兵把守。在此期间，南北方海运兴盛，刘公岛兴旺起来，居

民增多。清康熙二年（1663），刘公岛疫病流行，居民全部迁出。1690年有丛、邹、姜三姓进岛居住。1703年，又有一支农民起义军进驻刘公岛，后遭镇压撤走。光绪年间，清政府创建北洋海军，刘公岛被作为海军基地，北洋水师在岛上修建了大批设施和设备，如：工程局、机器厂、屯煤所，后来又在岛上设电报局，建提督署，修铁码头，筑炮台，办水师学堂等，岛上居民增多。

1895年春，甲午战争结束，北洋水师全军覆没，刘公岛被日本军队强占3年。1898年在帝国主义瓜分中国的狂潮中，刘公岛成为英帝国主义的势力范围，到1930年被强租32年。英国强租刘公岛，除了强占岛上原有的建筑设施外，还将居民的土地全部收买，在岛上建了英国远东海军司令部及住宅、医院、教堂、监狱等，还设立了饭店、酒吧、俱乐部、球场、邮政局和海军基地。刘公岛成为英国海军的避暑疗养胜地。1930年，作为国民党收回威海卫的条件，刘公岛又被英国续租10年，直到1948年底解放。1985年4月，正式对外开放。

刘公岛上有哪些旅游景点？

刘公岛位于威海湾口，距市区旅游码头3890米（2.1海里），乘旅游船20分钟便可到达。它面临水云连天的黄海，背接湛蓝的威海湾，素有"东隅屏藩"和"不沉的战舰"之称，是威海市的海上天然屏障，在国防上有极其重要的地位。刘公岛北陡南缓，东西长4.08千米，南北最宽1.5千米，最窄0.06千米，海岸线长14.95千米，面积3.15平方千米，最高处旗顶山海拔153.5米。岛东碧海万顷，烟波浩渺，岛西与市区隔海相望。全岛植被茂密，郁郁葱葱，以黑松为主，多达1.8平方千米（180公顷），1985年被命名为国家森林公园，并于同年对外开放。1999年刘公岛被建设部命名为"国家文明风景区"。2001年国家旅游局公布刘公岛为4A级旅游区。2011年升为5A级旅游景区。

1888年，北洋海军成立时，在岛上设电报局、水师学堂，建北洋海军提督署、铁码头，成为中国近代第一支海军"北洋水师"的诞生地。1894年，中日甲午海战就发生在该岛东部海域。如今，它成为著名的旅游观光地和爱国主义教育基地。岛上有江泽民同志题写的"中国甲午战争博物馆"牌坊，有北洋水师提督署和丁汝昌寓所旧址，有甲午海战期间功不可没的北洋水师铁码头和古炮台，有纪念甲午英烈的北洋水师忠魂碑，有展示中国兵器发展史的中华兵器馆，有保持原始风貌的国家森林公园，有综合性的集刘公文化、甲午文化和英租文化于一体的刘公岛博览园。其中中国甲午战争博物馆收藏大量珍贵文物，从海底打捞的水师巨型舰炮，重达20多吨，世界仅存，令人叹为观止。博物馆内通过文物、图片、蜡像、沙盘、模型等多种形式，生动地再现了当年北洋水师及甲午战争的历史面貌，使人如临其境。

纳入中国甲午战争博物馆保护范围的纪念遗址和实物有哪些？

中国甲午战争博物馆开馆于1985年3月21日，属纪念遗址性博物馆，以北洋海军和甲午战争为主题，以丰富的历史遗迹和特色鲜明的陈列挺秀于中国博物馆之林。其辖属保护管理的"刘公岛甲午战争纪念地"，包括

▲ 中国甲午战争博物馆

北洋海军提督署、龙王庙、丁汝昌寓所、水师学堂、铁码头、黄岛炮台、旗顶山炮台、东泓炮台、日岛炮台等共 28 处纪念遗址，均属全国重点文物保护单位。现开放参观的有北洋海军提督署、龙王庙、丁汝昌纪念馆、黄岛炮台与兵器馆、旗顶山炮台、东泓炮台等。馆内藏历史照片 1000 多幅，北洋海军与甲午战争文物资料 200 多件，打捞舰船文物标本 300 多件。其中济远舰双主炮，为当今海内外所仅有，堪称"镇馆之宝"。

北 洋海军提督署原来是一个什么场所？

北洋海军提督署建于 1887 年，占地面积 1.7 万平方米，又称"水师衙门"，是北洋海军的指挥中心，当年北洋海军提督丁汝昌就在这里谋划指挥军事事宜。

北洋海军提督署系清代砖木举架结构建筑，古朴典雅，稳重大方。整体建筑按中轴线建前、中、后三进院落，每进有中厅、东西侧厅和东西厢房。前、中、后院中厅分别为礼仪厅、议事厅、祭祀厅。各厅厢院落廊庑相接，雕梁画栋，结构严整。院内东南角有演武厅一座，其建筑融中西风格于一体，屋宇高阔，厅内宽广，内有挑檐式舞台一座。1891 年，直隶总督兼北洋大臣李鸿章到威海巡阅北洋海军，曾在此处观礼，并在厅前检阅舰队操演。

北洋海军提督署正面大门上方，悬挂李鸿章题"海军公所"匾额。两侧边门，分别绘有秦琼、尉迟敬德神像，描金点漆，肃穆威

▲ 北洋海军提督署大门

严。大门外东西两侧各置乐亭一座，为庆典、迎宾的鸣金奏乐之所。乐亭前面，建有东西辕门，样式恰似古典牌楼。门前广场对称竖立旗杆两根，青龙军旗迎风猎猎，颇壮军威。西辕门以西20米处，建有两层瞭望楼一座，登楼远眺，港内舰船活动尽收眼底。

北洋海军提督署现在辟为甲午战争博物馆的陈列场所。

从 兵备布防沙盘上可看出北洋海军当时的防御工事有哪些优劣势？

在提督署的前厅西侧，有1894年甲午海战前北洋海军的兵备布防沙盘。从这里，我们可以了解到刘公岛地理位置的重要性。威海湾的南北两岸像两条巨龙伸向大海。而刘公岛恰似一颗明珠镶嵌在威海湾口。这样就形成了"二龙戏珠"之势，它的地理位置十分险要，用一句军事术语来说，就是"一夫当关，万夫莫开"。岛上的防御工程也是固若金汤。当时刘公岛上有6处炮台和威海湾北岸的炮台相互呼应，形成交叉火力，扼守着港湾。刘公岛最高点上的旗顶山炮台有4门24厘米口径的平射炮，可以俯视刘公岛周围海面，火力可以支持周围各炮台。刘公岛上的炮台设计很先进，但是南北两岸的炮台却有一定局限性。炮台上的火力只能顾及海上，而面对陆上的进攻却无能为力。当时在刘公岛与南北两岸之间，还布设了水雷、木排、铁链，形成了坚固的防御阵地。这样强大的防御工程，日军从海上是攻不进来的。当时日本侵略者是从荣成的龙须岛登陆，从陆地上围攻刘公岛，再加上清政府腐败无能，采取"避战保船"措施，才最终导致刘公岛的失陷。

北洋海军将领蜡像馆展现的是一个怎样的场景？

北洋海军将领蜡像馆展示的是 1894 年北洋海军将领在与日本决战前夕召开的军事会议的情形。将领们有的主张出海远巡，日本军已逼近威海，我们必须出击迎战；有的则主张近门防御，不要出去了，在威海湾里看管好船只防御就可以了。

蜡像馆右侧紧握拳头慷慨陈词的人正是深受中国人民尊敬的致远舰管带、爱国英雄邓世昌。他认为面对日本侵略者，我们必须出战，誓与他们战到底，绝不能坐以待毙。在 1894 年 9 月黄海大战中，邓世昌率领致远舰与日军展开英勇奋战。当弹药用完之后，他命令他的舰撞毁日军旗舰，不幸的是他的战舰被鱼雷击中。他和战舰一同沉入大海，那天恰巧是他 45 岁生日。

中间坐的就是北洋海军提督丁汝昌。丁汝昌爱国主战，在刘公岛保卫战中指挥士兵英勇抗敌。但最后由于叛徒的出卖，刘公岛失陷。丁汝昌于 1895 年 2 月 12 日凌晨在刘公岛吞食大量鸦片自杀，以身殉国。

蜡像馆中有一位红发碧眼的外国人叫汉纳根，德国人，陆军大尉，防御工程师。中日甲午黄海海战时，任清政府北洋舰队总教习兼副提督。

陆地南北岸、刘公岛、日岛修筑的炮台，多为汉纳根设计。1894 年 9 月 17 日，中日黄海大战爆发，汉纳根与丁汝昌一起指挥舰队，同日本舰队激战 5 个多小时，受了轻伤。海战结束后清廷颁发谕旨嘉奖，恩赏给二等第一宝星，后又授给双眼花翎提督衔。汉纳根于 1935 年死在天津。

丁汝昌旁边坐着两位分别是北洋水军右翼总兵、定远舰管带刘步蟾和济远舰管带方伯谦。在 1895 年 2 月威海战役中，刘步蟾谒尽所能跟日军作战，直到弹药耗尽。为了不让军舰落入敌手，他炸毁定远舰，然后自杀殉国。

刘 公岛上的龙王庙为什么又叫丁公祠？

龙王庙本是祭祀龙王的庙宇，丁汝昌殉国后，其灵柩曾经停放在龙王庙的偏房内。后来岛上居民在庙内设其牌位，四时祭祀，所以龙王庙又名丁公祠。

龙王庙建于清代，占地面积近 3000 平方米。整个建筑古朴典雅，美观大方，有前后殿，东西厢房，均为举架木砖结构，正殿中间塑有龙王像，神气活现，左右站立龟丞相和巡海夜叉。两边墙壁分别绘有《三国演义》和《封神演义》的传说故事，形象逼真。东厢房陈列两块石碑，分别题刻"柔远安迩"和"治军爱民"碑文，均为光绪十六年（1890）刘公岛绅商为丁汝昌和张文宣所立。

旧时，每年的农历正月初一或六月十三龙王生日这天，岛里岛外的渔民纷纷进香跪拜，祈求龙王保佑海上平安。甲午海战前，凡过往船只要在岛上停靠，皆来此拈香祈福。北洋海军也信奉龙王，一时香火旺盛。

龙王庙外面的建筑是戏楼。楼的中间匾额写有"寰海镜清"四个大字，反映了当时广大人民希望海疆宁静的愿望。两边石柱上雕刻着一副对联："龙袍乌纱帽如花石斑斓辉光照耀玉皇阁，奏响管弦声似波涛汹涌音韵传闻望海楼"。可以想象一下，当时岛上军民同欢是怎样的欢乐场面。龙王庙戏楼是当时举行重大典礼和演戏的地方。

中国甲午战争博物院陈列馆中有哪些陈列？

中国甲午战争博物院陈列馆是全面展示中日甲午战争历史的综合性展馆。通过珍贵历史图片、场景还原、3D 影视、声光电与多媒体复合等多种手段，生动展示了黄海大战、威海卫保卫战等战争场面。主体建筑由中科院院士彭一刚教授设计，入选 20 世纪中华百年建筑经典。

陈列馆上方高 15 米的人物雕像是北洋海军将领的化身，他手持望远镜昂首屹立于 18 米高的基座上，随风扬起的斗篷预示着一场风暴的来临。

广场中央的大型铸铁雕塑名为《海魂》，是由鲁迅美术学院教授田奎玉设计的。雕塑以甲午海战中受伤沉没的北洋海军军舰为造型铸造。甲午战争中，北洋海军官兵以民族大义为重，不畏强敌，浴血奋战，战至船没人尽的中华海魂精神，将永远载入史册！

该馆以《甲午战争：1894－1895》为基本陈列，共展出珍贵甲午战争历史图片 650 多幅，复制了大量甲午战争时期的武器装备，还原再现了多个超写实人物塑像场景，如：金州曲氏一家投井场景、李鸿章在马关谈判场景等，开辟国内首个黄海海战 3D 影视厅，声光电与多媒体复合再现威海卫保卫战震撼人心的战争场面，还有大量反映甲午战争的巨幅油画和巨型雕塑。整个展馆分为序厅、甲午战前的中国和日本、甲午战争、深渊与抗争、尾厅 5 个部分。

该馆陈列展览由国内著名的鲁迅美术学院艺术装饰工程总公司高水准设计、制作，综合运用先进的陈列展示手段，代表了当今陈列馆展览的最高水平，融真实性、可观性、参与性、趣味性于一体，极具视觉冲击力、精神震撼力和感染力。

刘公岛博览园是一座什么样的主题文化公园?

刘公岛博览园是一处融悠久历史与丰厚文化于一身，集高新技术与精湛艺术于一体的综合性游览园区，以灵活多样的展示手法，从不同视角全方位、立体化再现刘公岛的 3 大主题文化：刘公文化、甲午文化、英租文化。

▲ 刘公岛博览园

海圣殿位于刘公岛博览园第一展区，集中讲述了汉末皇子刘民（后人尊称刘公，刘公岛由此得名）历尽艰辛漂泊至刘公岛，并在岛上扶危济困、广施善行的传奇佳话，精彩演绎刘公岛的根源文化——刘公文化。

刘公岛上的丁汝昌寓所现在做什么用?

丁汝昌寓所是海军提督丁汝昌的官宅。按照《北洋海军章程》，除提督外，其他军官终年住船，岸上不建衙，不设公馆。寓所建于 1888 年，占地面积 1.4 万平方米，包括前花园、寓所和后花园 3 部分。

丁汝昌寓所现在辟为丁汝昌纪念馆，馆名由张爱萍将军题写。在馆前花园处，矗立着一尊高 3.85 米的丁汝昌铜像。只见丁汝昌面朝大海，手捧兵书，若有所思。陆军出身的丁汝昌，虽有身经百战的经历，但要想驾驭这支现代化的海军舰队，必须具备丰富

的理论知识和深厚的军事素养。所以，即使是闲暇时间，他也常常手不释卷。丁汝昌虚心好学、坚毅顽强的精神，深得部下的尊重和信任。他凭借着自己的治军才能和实战经验，很快成为北洋海军不可替代的人物。

院内有一株百年紫藤，是丁汝昌亲手栽植。每年 5 月，花团锦簇，清香四溢。增添了人们对提督的怀念之情。寓所主体建筑为清代举架木砖结构，布局同安徽巢湖汪郎中村丁汝昌故居有些相似，分左、中、右三跨院落。中跨院是四合院格式，有正厅、东西厢房和倒厅，分别为丁汝昌居室、客厅和书房。整个建筑古朴典雅，环境幽美。北洋海军驻泊刘公岛后，丁汝昌携家眷在此居住达 6 年之久。后因甲午战争爆发，丁汝昌将其家眷送回安徽老家。甲午战败，日军占领刘公岛后，寓所陈设被洗劫一空。英租威海卫及刘公岛时，寓所被辟为英军将校俱乐部。解放后成为海军营房。1989 年 5 月，寓所经过修复对外开放。1997 年 6 月，丁汝昌寓所辟建为丁汝昌纪念馆。

中跨院的倒厅原为丁汝昌书房，现为"丁汝昌生平事迹"图片展览，介绍丁汝昌的戎马一生。

你 了解丁汝昌吗？

丁汝昌（1836～1895），字先达，号禹廷，安徽庐江县人。家境贫寒，18 岁参加太平军，后被编入湘军。他凭着机敏果敢、骁勇善战，不久以军功升至总兵，加提督衔。1879 年，43 岁的丁汝昌因"才略勇武"，被李鸿章奏请留在北洋海防差遣，开始了他的海军生涯。他好学嗜读，尽职尽责，为创建北洋海军做出了贡献。

1881 年，丁汝昌奉命到英国接舰归国，龙旗飘扬的中国军舰，第一次航行海外，为世人所瞩目。他们克服重重困难，历时两个多月，军舰安全抵达天津。欧洲带船胜利归来，既展示了丁汝昌统领北洋海防的能力与水平，又锻炼了中国年轻的海军将士，大长了中国人的志气。

1886年，丁汝昌率军舰赴朝鲜釜山和俄国海参崴等处操巡，后赴日本长崎修理。长崎人对欧美军舰早已司空见惯，但来自中国的铁甲巨舰却是首次目睹。望着龙旗高扬、威风凛凛的巨舰，市民中交杂着惊叹、羡慕、愤懑等复杂的情绪。这些情绪最终酿成一场"长崎事件"。导致中国水兵伤亡50多人。事件发生后，丁汝昌持重老练，处事周全，反对轻率开战，主张依据国际法律妥善处置。"长崎事件"的圆满解决，牢固确立了丁汝昌在北洋海军中的地位。

1888年，北洋海军宣告成军。经历9年海上磨炼的丁汝昌，被任命为海军提督，统率亚洲第一、世界第四的北洋海军。北洋海军成立后，丁汝昌多次率舰队出访朝鲜、日本、俄罗斯以及东南亚各地。中国海军的强大使数万华侨振奋不已。但同时也深深地刺激了日本人的民族心理。

1894年，日本为占领朝鲜，进而征服中国，挑起甲午战争，丁汝昌极力主战。但由于清政府的腐败无能和消极避战，致使北洋海军一败于丰岛，再败于黄海，丧失制海权。丁汝昌深知制海权的得失关系到战争的成败。当旅顺告急时，他主动请求出战，却遭到李鸿章反对。结果，旅顺失陷，朝廷以救援不力，将丁汝昌革职留任，以观后效。当日军进攻威海时，他忍辱负重再次请求出战，李鸿章却命令他：不准出战，如违令出战，虽胜亦罪。在这种情况下，丁汝昌制定了"依辅炮台、港口抵御"的对敌方针。后由于敌我力量悬殊，炮台失守。丁汝昌坐镇指挥的刘公岛成为孤岛。此时，北洋舰队冲破日军重围已不大可能，只有固守刘公岛，精心组织防御，以待援兵。丁汝昌拒绝了日军司令伊东祐亨

的劝降，他率领官兵，以顽强的毅力击退日军8次海陆猛攻。由于援军无望，北洋海军中的部分将领主张投降，丁汝昌见兵心已变，势不可为，于1895年2月12日，自杀殉国。就在他自杀后第五天，曾经盛极一时的北洋海军全军覆没。

由于北洋海军全军覆没，清政府下令丁汝昌不享受抚恤待遇，棺柩锁上三道铜箍，以示罪惩，直到丁汝昌殉难15年后，才得以平反。纵观丁汝昌的一生，他是一位赤胆忠心，誓死报国的中国近代高级爱国将领。

北洋海军将领邓世昌官职并不是最高的，为何得到后人如此尊敬？

邓世昌（1849～1894），原名邓永昌，字正卿，广东人，清北洋海军记名简放总兵，借补中军中营副将，致远舰管带。1894年9月17日大东沟海战中，壮烈牺牲。是一位深受人们尊敬的民族英雄。

邓世昌少年时候，因其父官至奉政大夫，使他有机会从欧洲人那里学习算术、英语。清同治六年（1867）被选入福州船政学堂学习航海。毕业后被派到建威练船，练习航海，巡历南洋各岛，回航后派管建威轮。此后历任过琛航运船大副，海东云炮舰、振威炮舰管带。清光绪五年（1879）李鸿章闻邓世昌熟悉管驾事宜，为水师中不易得之才，将其调至北洋差遣，先后任飞霆、镇南两炮舰及扬威快舰管带。1887年，邓世昌和其他将领同赴德国、英国，接回致远等四艘巡洋舰。一路上，他亲自指挥操练，舰上将士无不踊跃奋发，至次年四月安全抵达大沽。这次接船，由中国将领管驾，邓世昌因接船有功，以副将补用，任致远舰管带，直至最终与舰同亡。

同邓世昌共过事的人，都称赞他"治事精勤，若其素癖"，"精于训练"，"执事惟谨"。特别是他富有爱国精神，经常在军队激扬风义，甄拔士卒。对忠烈事，极口表扬，凄怆激楚，使人涕零。他曾对人说："人谁不死，但愿死得其所耳！"丰岛海战后，他对部下说："设有不测，誓与日舰同沉。"

大东沟海战中，邓世昌指挥致远舰勇往直前，同日本舰队展开英勇博战。当他看到日舰吉野号等舰向中国旗舰定远号进逼时，便下令开足轮机，越出编队，驶至定远之前，迎战来敌，保卫旗舰。在己舰受重伤，弹药将尽的情况下，致远又同吉野相遇。邓世昌早就义愤填膺，便对帮带大副陈金烫说："倭舰专恃吉野，苟沉是船，则我军可以集事。"于是鼓轮怒驶，向吉野舰冲去，不幸舰身倾覆，很快沉入海底。邓世昌坠水后，其随从刘忠亦同时落海，以救生圈相让，邓世昌拒受，其他人亦来救，他仍不应。他的爱犬游来，先衔其臂，再衔其发，他认定"阖船俱没，义不独生"，手按犬首，自己随之没入波涛之中。以身殉国之日，正是他的生日。

为什么要为北洋海军将士建纪念馆？

凡是到过刘公岛的人，都会被北洋海军将士浴血杀敌、视死如归的爱国主义精神所感动，为国捐躯的英烈们深深印在人们的心中。出于后人对北洋海军将士的景仰和爱戴，同时也为纪念北洋海军成立110周年，1998年5月，将提督寓所的西院，辟为北洋海军将士纪念馆，为人们凭吊甲午故地，敬缅爱国将士，提供了一处非常好的爱国主义教育场所。

北洋海军将士纪念馆，馆名由叶飞同志题写，占地面积近3000平方米。这里翠柏长青，鲜花盛开，有和平鸽展翅飞翔。院

▲ 北洋海军将士纪念馆

内矗立着一座造型独特的北洋海军将士名录墙。碑墙高 2.5 米，长 18.88 米。用青花岗石构筑，地基用淡红色花岗岩砌成，整座碑墙色调和谐，庄严肃穆，为观众营造了浓厚的历史氛围，具有较强的感染力和震撼力。墙面上镌刻着北洋海军有籍可查的 400 多位将士和外籍雇员的姓名、职务。在碑墙前面的石台中间，设一献花台，每逢纪念日，人们都会到此敬献鲜花，祭奠甲午英烈。

在碑墙两边各置长明灯一盏，象征着北洋海军将士忠魂不灭，精神永存。北洋海军将士勇挫强敌、宁死不降的民族气节和爱国精神，永远昭示后人。

名录墙背面刻着 12 个遒劲有力的大字：甲午志士不朽，捍疆卫国光荣。这是原中共中央政治局常委、中央军委副主席刘华清上将题写的。

纪念馆内主要陈列着北洋海军将士的图片资料。

刘公岛国家森林公园内有哪些主要景观？

刘公岛国家森林公园占地面积 260 多公顷，有 60 多种植物竞相生长，树木以黑松为主，遮天蔽日，流翠滴绿，另外还有梅花鹿等数十种野生动物栖息其中。主要景观有：

北洋海军忠魂碑　北洋海军忠魂碑是 1988 年 10 月为纪念北洋

海军成立 100 周年而建，呈六棱形，高 28.5 米，上部正面是"北洋海军忠魂碑" 7 个金黄大字，下部碑文两侧是北洋海军将士浴血奋战、英勇杀敌的群体浮雕。远远望去，此碑好似万绿丛中刺向蓝天的一把宝剑，象征着中华民族反抗异邦侵略的不屈灵魂。

刘公泉 刘公泉因古时候刘公在此处掘泉汲水而得名。传说当年泉水晶莹清澈，潺缓流出，水质柔滑，味甘淳美，饮后即可祛病消灾。用此泉水煮茶，郁香扑鼻，提神解渴，余味无穷。南来北往的各种船只路过刘公岛，皆上岸汲取泉水。

五花石 刘公岛北部海水深邃，蓝中透黑，经常有巨浪翻滚，古人认为这里是龙王的潜居之处。传说，当年十余名牟平能工巧匠乘船外出做工，路过刘公岛，碰巧龙王正为修建龙宫人手不足犯愁，龙王得知后，派虾兵蟹将把他们掳到龙宫，命他们使出浑身解数将龙宫建好后，方可回家。这些石匠、木匠害怕将来回不了家，在用五花石建龙宫的檐角时，故意建得很高，一直延伸到刘公岛北坡的岸礁上。五花石是水中宝石，经水浸浪溅，便显出红、黄、灰、白、黑等不同色彩，与蓝天、碧水交相辉映，色彩斑斓，蔚为壮观。

板礓（jiāng）石 在刘公岛的北坡岸边，有数块巨大的天然板石顺坡而下，直抵海中，形似生姜连接在一起，因而得名"板姜石"，后演变为"板礓石"。因板礓石延伸入水，高低如阶梯，便于攀引，因此成为天然码头。据说，当年刘公捕鱼而归，常在此靠岸上岛。

听涛崖 在刘公岛的北坡有一处山崖，背依青山，面临大海，山上苍松翠柏，郁郁葱葱，山下悬崖绝壁，陡峭险峻。每当大风来临，惊涛拍岸，似雷霆万钧，松涛呼啸，如万马奔腾，松涛声与海涛声融为一体，摄人魂魄，故名"听涛崖"。明清时，人们为了能够更好地领略这一大自然的胜景，在此崖上建有望海楼，后毁于战火。近期，景区管理部门拟重修此楼。

贝草嘴　在刘公岛的最北端，有一突出的山嘴，视野开阔，明清时曾在此设瞭望哨。由于这儿生长着一种繁茂旺盛、与人高矮相近的贝草，因而被人们称为"贝草嘴"。传说当年倭寇来犯，曾于白天藏匿其中，欲趁夜晚攻占刘公岛，被守岛官兵发现后，官兵借助风势，火烧贝草，倭寇顿时狼奔豕突，跳入海中，淹死大部，其余被俘虏，以后长时间倭寇不敢登陆来犯。贝草还是一种耐涝植物，古时候岛上居民用贝草建屋顶，冬暖夏凉，不易腐烂，经久耐用。

刘公岛国家森林公园内建了那些动物馆？

如今在刘公岛国家森林公园内建起了熊猫馆、岛宝梅花鹿和长鬃山羊馆以及麋鹿馆。

大熊猫生活馆内的两只大熊猫是来自四川雅安中国保护大熊猫研究中心。美丽的"竹灵"天使出生于 2007 年 8 月 18 日，雄壮的"宁宁"武士出生于 2008 年 7 月 27 日，它们于 2010 年 9 月 12 日落户这里。

熊猫馆具有浓郁的四川羌族风格，并引进了 40 株有"植物活化石""绿色熊猫"之称的珍稀植物——珙桐。珙桐花盛开时，犹如千万只白鸽栖息在树梢枝头振翅欲飞，所以又被称为"中国鸽子树"，象征着和平。这里拥有舒适宽敞的室内外活动空间，室外专门设计了适宜的木屋、饮水池和游泳池等，让它们尽情玩耍嬉戏。室内的环境温度始终维持在 $-10℃ \sim 25℃$ 之间，指定专人严格按照科学的饲料配方采购原料，按操作程序制作，按要求的方式喂食。室内还专门设置了隔离护栏，给两只大熊猫分别提供了自由舒适的生活空间。

台湾梅花鹿和长鬃山羊馆的圈舍各 320 平方米，分别包括封闭圈舍、半封闭圈舍和隔离圈舍。2009 年，大陆海协会和台湾海基会确定台湾回赠大陆的梅花鹿和长鬃山羊落户威海刘公岛国家森林公园。2011 年 4 月 16 日，台湾梅花鹿"繁星、点点"和长鬃山羊"喜羊羊、乐羊羊"入驻刘公岛国家森林公园，与国宝大熊猫馆及岛上已有的 100 多头野生梅花鹿相邻为伴，和谐共处。

麋鹿馆展出的 3 只麋鹿来自江苏大丰国家级麋鹿自然保护区。麋鹿属于鹿科，又名大卫神父鹿，因为它头脸像马、角像鹿、颈像骆驼、尾像驴，因此又称"四不像"，原产于中国长江中下游沼泽地带，以青草和水草为食物，有时到海中衔食海藻。体长达 2 米，重 300 千克。曾经广布于东亚地区。后来由于自然气候变化和人为因素，在汉朝末年就近乎绝种。麋鹿是中国特有的动物也是世界珍稀动物。

成 山头风景名胜区可看到哪些名胜古迹？

成山头风景名胜区位于荣成市成山山脉最东端，故名"成山头"。成山头海拔 200 米，南北长 2000 米，东西宽 1500 米，面积 2.5 平方千米。这里与韩国隔海相望，仅有 94 海里，是陆海交接处的最东端，是最早看见海上日出的地方，所以被誉为"太阳升起的地方"，又有"中国好望角"之称。成山头三面环海一面陆地，群峰苍翠连绵，大海浩瀚碧蓝，峭壁巍然，巨浪飞雪，气势壮观，是

▲ 东天门

理想的旅游避暑胜地。1988 年，被国务院批准为国家级风景名胜区。

古时候，成山头被认为是日神居住的地方。据《史记》记载：姜太公助周武王平定天下之后，曾在此拜日神，应日出，修日主祠。公元前 219 年和前 210 年，秦始皇曾 2 次驾临此地，拜祭日主，寻求长生不老药，留下了"秦桥遗迹"、"秦代立石"、"始皇庙"及李斯手书"天尽头秦东门"等古迹。前 94 年，汉武帝刘彻东巡海上，拜成山日主祠、观日出，建成山观，且作《赤雁歌》。

新中国成立后，到荣成的党和国家领导人几乎都把成山头作为必来之地。他们当中有原党和国家领导人华国锋、胡耀邦、万里、乔石、彭真等；现任党和国家领导人胡锦涛、李瑞环、钱其琛、田纪云、宋健等。国内外的著名作家、艺术家也经常来此旅游度假、感受大自然的美好、捕捉灵感。

成山头风景区有哪些秦始皇东巡留下的遗迹？

始皇庙　坐落在峰下阳坡上，原是秦始皇第二次东巡成山头修建的行宫。后被当地的百姓改建为始皇庙，以此纪念秦始皇曾幸临此地，也是全国唯一一座纪念秦始皇的庙宇。庙内有前殿日主祠，正殿始皇庙，东殿天后宫、邓公祠和钟楼戏台。前、正、东三殿青砖红柱，飞檐凌空，殿内日主、始皇巨大塑像金面王冠，神态威严。邓公祠内有光绪皇帝下诏追谥北洋水师爱国将领邓世昌的御赐碑文及第一代修庙人、第一位老道长徐福昌羽化棺。

秦代立石　秦始皇东巡到成山头，命丞相李斯写下"天尽头秦东门"并立碑于成山头峰顶上，因年代久远，石碑断成两截，上半截有字部分落入大海。现存山顶的底座高 120 厘米，宽 145 厘米，厚 75 厘米。据专家考证此碑石质为水成岩，与成山石质不同，确实是秦代立石。

望海亭　公元前 210 年秦始皇在成山头山顶上修建望海台。因年代久远，望海台倒塌，后人便筑望海亭。站在望海亭中，成山头风光尽收眼底，别有情趣。特别是雾天登高，脚下云雾缥缈，有一种腾云驾雾的感觉，仿佛置身于仙境。

秦桥遗迹　相传秦始皇东巡到成山头，要在此修建一座大桥观日出和寻找仙药。他派人日夜运石来填海造桥，感动了东海龙王，东海龙王便派海神帮助造桥，海神一夜之间造桥 40 千米。秦始皇感激不尽，要面谢海神。海神说："我长得太丑，只要不画我的像我就与帝王见面。"谁知道秦始皇不守信用，让画师藏于工匠之中，把海神画了下来。海神察觉后十分生气，斥责秦始皇违约，立即毁桥而去，只留下四个桥墩。

射蛟台　传说秦始皇手下方士徐福为讨皇上的欢心，骗他说东海里有三仙山，那里有长生不老之药。秦始皇信以为真，拨给徐福大量的金银珠宝，让他去寻找仙药。但是徐福找不到长生草就欺骗秦始皇，说东海有一条大蛟龙保护仙草，阻挡着不让靠近。秦始皇于是召集优秀的射手赶到了成山头，站在海边的一块大石头上射杀蛟龙，这块礁石便由此得名。

荣 成天鹅湖为什么被国内外专家学者誉为"东方天鹅王国"？

天鹅湖旅游度假区坐落于胶东半岛最东端，富饶美丽的成山卫镇境内，东南两面濒临渤海，四季分明，年平均气温 11.8℃，属中纬度温带季风性海洋气候。1995 年被山东省人民政府批准为省级旅游度假区，1997 年被列为国家级名胜风景区、国家级自然保护区。区内拥有世界上最大的天鹅栖息地——成山卫天鹅湖。湖内水质清洁明澈，沙滩纯净金黄，蓝天碧水金沙滩，景色秀丽，气候宜人。每年11月份至翌年4月份，几万只大天鹅、野鸭、大雁不远万里，从西伯利亚、内蒙古等地呼朋唤友，成群结队悄然降落，栖息越冬，形成世界上最大的天鹅湖，被国内外专家学者誉为"东方天鹅王国"。湖与海由一条宽100米的大沙坝相隔，形成天然的万米海水浴场和沙浴场地。

区内的天鹅湖传说是秦始皇妻子的泪水汇集而成的，天鹅是秦妻灵魂的化身。在很久以前，秦始皇为寻长生不老药到东海三仙岛取药，于是调兵遣将填海造桥，并命令其妻听到锣声送饭。一日天未晌，由于屎壳郎乱飞撞响了锣，秦妻急忙把饭送到。秦始皇见妻子违令，大怒，将其处死。秦妻感到冤屈，泪流成河，汇集成"泪水湖"。人们怀恋、呼唤秦妻纯洁的灵魂回到人间，于是天上便飘下无数天鹅。

圣水观风景区原来是什么教派的圣地？

圣水观风景区地处荣成最长的山脉——伟德山脉的西半部阳坡。于1992年秋开发，经过不懈的艰苦努力，这里树茂林丰、鸟语花香。景区有令人称奇的千年银杏树、连心树，雄伟壮观的庙宇、亭阁；有甘甜祛病的圣水；还有刺天欲倾的飞仙石、高高的万寿塔。景区还流传着八仙护圣泉、龟驮天书等许多美丽的神话与传说。这里是道教"全真派"的发祥圣地之一，有明、清的碑石为证。尚存着王玉阳大师的打坐石屋及玉清宫等遗迹。七真之一王玉阳于1164年在此定观建庙传教，距今已有800多年的历史。1901年因战乱被毁，1993年开发重修，1994年5月28日开观，再现圣水观辉煌。

景区内古树参天，大殿高耸，亭、台、坛、阁古朴典雅，30

余处景点无不引人入胜。有祛病养身的神奇圣水、中国唯一的龙凤胎千年银杏古树、气势磅礴的荣成伟德将军碑廊、起伏连绵的金鼎九龙亭、高入云端的万寿塔、跨越山涧清溪的空中缆车。登上七真坛，万顷林海尽收眼底，举目远眺，山海一色，巍峨壮观。

昆嵛山为何号称"海上诸山之祖"?

昆嵛山位于文登城区西北30千米，文登、乳山、牟平交界处。主峰泰礴顶，位于文登市界石镇境内，海拔922.8米，为胶东半岛东部最高峰。昆嵛山方圆百里，峰峦绵延，林深谷幽，多有清泉飞瀑，遍布文物古迹。神话传说中的海上仙山蓬莱、瀛州、方丈三座仙山都是从这里衍生出来的。北魏史学家崔鸿在《十六国春秋》里称昆嵛山为"海上诸山之祖"，现已成为中国道教名山、历史文化名山和国家级自然保护区、国家级森林公园、国际水资源保护区。昆嵛山景区主要景点有无染寺、泰礴顶、老蜂窝、三瓣石、王母娘娘洗脚盆等。

如今，作为齐鲁大地魅力四射的"生态新区"，正着力实现"一心、三带、五镇、七区、十七社区"的"战略布局"。"一心"指以"核心区、缓冲区"为中心，实行最严格的原汁原味原生态保护；"三带"，即对"实验区"和外围行政区域，重点建设北部养生休闲度假旅游产业带、西部葡萄酒庄休闲产业谷、南部体验式生态农业产业带"3大生态产业板块"；"五镇"，即统筹建设1个中央休闲度假小镇和田园花卉风情旅游小镇、葡萄酒风情旅游小镇、马术风情旅游小镇、花田风情旅游小镇4个各具特色的魅力风情小镇；"七区"，即建设主入口生态旅游区、中央小镇生态旅游区、花卉山谷生态旅游区、葡萄酒生态旅游区北区、葡萄酒生态旅游区南区、湖滨花田生态旅游区、森林佛禅生态旅游区；"十七社区"，即规划建设 17 个村落社区，建设一批传承历史文化的民俗村、主题养生健康村、独具特色的酒店度假村和休闲养生森林度假村，用宁静优美的生态环境、天然赋存的自然景观以及清新纯朴的乡村生活，迎合久居大都市的人们对淡泊心境、清新环境和回归大自然的渴求。

槎山称九顶铁槎山有何由来？

槎山横卧于山东半岛最东段的荣成市南部黄海之滨，其主峰清凉顶海拔 539 米。"槎"字古代作"筏"字解释，就是"船"的意思。春夏和初秋季节，海上多雾，漫上岸来，集聚在山坳沟壑间，如轻烟缕缕，袅袅浮动。此时的槎山宛如仙山琼阁，时隐时现。槎山 9 座峰顶漂浮在雾海之上，宛如叶叶扁舟，浮游于海上，"山如海上槎"，故称"九顶铁槎山"。

铁槎山在春秋战国为齐国朝舞之地，西汉时属不夜县管，明洪武三十一年（1398）在当地置靖海卫，为明朝海防要地，清雍正十三年（1735）设荣成县，铁槎山归荣成管辖至今。

槎山雄伟壮观，道教遗迹较多，自古称为"大东胜境"。据史书记载：金代大定年间，全真教道士王玉阳来槎山，创立了全真教"嵛山派"，著《云光集》。其后，王玉阳迁往清凉顶，开凿了全真洞，修炼道法。槎山现有云光洞和全真洞庙宇、延寿宫庙群、开元观庙等。

石岛风景区有哪些可观赏的景点和活动？

石岛位于胶东半岛东南端，濒临黄海，属暖温带湿润气候，冬无严寒、夏无酷暑，有"东方夏威夷"的美誉。秀美的自然风光、众多的人文景观、浓郁的民俗风情，使这一海滨小城独具魅力。这里有山、有海、有滩；这里可钓、可游、可攀；大自然的万千风情和海派民俗文化集于一方，堪称旅游天堂。

石岛渔港 石岛渔港为我国北方最大的渔港，是国家一类港口，紧连着以渔货交易为主体的综合室内商贸城——中国北方渔市。石岛渔港港湾为一椭圆形天然港湾，坐北朝南，渔港水域面积1360万平方米，湾口宽约5千米，湾内水深6~7米，可避西及偏北风，可供5000艘各类船舶锚泊避风。渔港码头总长1274米，可同时供50对渔船停泊、装卸。与之相连的是300多米长的挡浪大坝，港湾外大浪滔天，湾内微风习习，波平如镜。

石岛湾海水浴场 石岛湾万米海水浴场，水清浪柔、沙细滩缓，是一处老幼皆宜的优良天然海水浴场。海水中荡漾着由中日合资兴建的船形双园宾馆和别具一格的石器园，蟹、贝、水母、海螺等海生动物造型的建筑小品。它们是由美国迪士尼乐园主要设计者乔治先生参与设计的，为人们创造出一个具有独特个性的滨海游憩空间。

大鱼岛渔村 大鱼岛村是我国最大的自然渔村，早期的海草房及渔村部分旧貌保存完整。早在20世纪60年代，大鱼岛人耕海牧鱼、艰苦奋斗，在全国响当当地树起"海上大寨"、"海上明珠"的牌子。如今的大鱼岛集团有限公司为国家级乡镇企业集团，拥有自营进出口权，现有远洋捕捞船队、渔港码头、水产品加工、造船、绳网、鱼粉、宾馆等30多个经济实体。海水养殖品种有鲍鱼、扇贝、牡蛎、海参、对虾、藻类等，产品销往日本、韩国及东南亚等20多个国家和地区。

奇石 千百年沧海桑田活跃的地质变换，使石岛成为奇石的故乡。石岛人和石有缘，爱石，也懂得赏石。特别是世廉雅石馆馆主张世廉的奇石，已成为小城石岛的一大景致。他的藏石大多是象形石和纹石，都绝对自然天成，毫不加以人工雕琢，小、巧，天趣自然成。

石岛渔家大型锣鼓 石岛渔家大型锣鼓始创于明末清初，是从民间发展起来的。原各村有一两面大鼓，多在出海之前、海市之前，尤其是在天后宫庙会时演奏。过去的锣鼓十分深沉、舒缓，甚至有些苍凉，演奏中休止符的使用，使人感到对未来充满着悬念。1993年，石岛镇文化站壮大锣鼓队伍，并对大鼓的曲调进行了改进和完善：一是变单打为群打；二是去掉了每套的手锣、小钹等小件，增加了锣、钹各一的组件；三是根据时代精神，加强了水斗中欢乐气氛；四是改二钹指挥为一人总指挥，从而使锣鼓的音乐性进一步发展和完美，阵容更加宏大，气势更加壮观。

圣经山名称的由来及主要名胜有哪些？

圣经山风景名胜区，位于文登市西北20千米处，昆嵛山前，方圆近8平方千米。区内有天然老子头像和《太上老子道德经》摩崖石刻，圣人与圣经同时出现在这里，神秘莫测，似有天意，玄之又玄，故名"圣经山"。

圣经山历来被道家视为大化仙境。金元时期，王重阳收邱处机等"北七真人"为徒在此传经布道，创立了道教全真派，王重阳也因此得成正果，成了全真派开山鼻祖。道教全真派在此发祥后，迅速传播，成为元、明两朝的正统教派，备受推崇，盛极一时。因此，圣经山又是一座天然的道教博物馆，山上道教遗址遍布。如"天然老子头像"、"圣经摩崖石刻"、"混元殿"、"卧仙石"、"众仙坟"、"聚仙台"、"会仙桥"、"老君庙"、"玉皇阁"、"东华宫"、"三清殿"等，景点达46处之多，可谓满山皆神话，无处不天机，自古便被誉为人间仙境，游人不绝，留下了数不清的诗文墨迹。

过去游览圣经山，虽有石阶小径，但由于山势陡峭，非常不便。1997 年，文登市旅游局投资 1700 多万元，在此修建了高空车组厢式索道，以方便游客。如今的圣经山景区，除原有自然景观以外，还建有圣经山庄、八卦阵、传奇宫、停车场等旅游度假配套服务设施，成为集自然风光、道教文化、人文景观为一体的著名旅游休闲度假胜地，颇受海内外游客青睐。

威 海大花生有什么特点和功用？

威海大花生约有 180 多年的种植历史，是重要的地方特产。具有果大粒饱、色泽鲜艳、清脆香甜等特点。大花生营养丰富，含有多种氨基酸，蛋白质、维生素含量也较高。

威海市地处沿海，空气湿润，气候温和，土壤疏松，通风性能良好，雨量充沛，为花生生长提供了得天独厚的条件。

花生除食用外，还具有很高的药用价值。花生米有补脾润肺、补中益气、开胃醒脾之功用，还能治脚气、乳汁缺乏等症。盐水煮食治肺痨，治各种腹内冷积肚痛。用花生衣制成糖浆等成药，可治疗血友病和其他出血症。花生可治疗蛔虫性肠梗阻、肠炎。花生壳对久咳气喘、咳痰带血等症有一定疗效。花生叶还可治疗神经衰弱、失眠症等。因此花生可谓全身是宝。

威海市 1987 年开始生产花生制品。主要有烤大花生果、油炸花生仁、乳白花生仁、统级花生仁、分级花生仁（果）等。其中烤大花生果分别获省优、部优，首届中国食品博览会金奖。油炸花生仁被评为原商业部优质产品，获中国旅游商品天马奖。产品主要销往日本、欧洲、非洲、东南亚等十几个国家和地区。

威 海有哪些著名海产品？

刺参 也称沙噀（xùn），因背有 4～6 行大肉刺而得名。成参体长 20～30 厘米，最长的有 40 多厘米。刺参富含蛋白质、硫酸软骨素、参皂甙（dài）A、C 和磺、磷等多种微量元素，几乎不含胆固醇。具有很强的补肾益精、壮阳祛瘘和延缓细胞衰老功能。能医治阳痿、早泄和高血压、冠心病等多种老年病。不仅是高级宴席必备的佳品，也是高级滋补品和名贵的中药材。

西施舌 一种个体较大的食用双壳经济软体贝类，俗称"门蛤"。因其外壳形态俊秀，足肌形扁似舌，清白如玉，壳顶泛紫红色艳光，像西施红润的面颊，分外俏丽，故以我国古代美人西施命名。

西施舌个大，壳薄而光滑，呈三角形。壳顶部为紫色，其余部分为白色或淡褐色，腹缘圆形。壳内软体丰满，肉质细嫩，味道鲜美，营养丰富，可作多种佳肴。如氽西施舌、油爆西施舌、韭黄西施舌等。且有润肺、益精补阴之功效，是名贵的海产品之一。

对虾 学名为中国对虾或东方对虾。因其个体较大，历史上渔民常以"对"计算捕捞成果，我国北方也常以"对"出售，故习称"对虾"。

威海盛产的对虾个体肥大，壳薄色青，具有晶莹如玉、脑肥肉嫩、味道鲜美和营养丰富等特点，为虾类之冠，是名贵海鲜之一。

威海滩面平缓，底质肥沃，浪稳水肥，是优良的对虾养殖基地。早在 20 世纪 50 年代就试养对虾成功，为全国人工养殖对虾的第一市。

日 照 市

据记载，"日照"这个名字最早出现在宋哲宗元祐二年（1087）。当时日照这个地方拟建镇，因发现每当凌晨太阳从海中冉冉升起的时候，那一缕缕阳光先照到的就是这片土地，所以，取其"濒海日出处初光先照"之意命名。有人认为，在登泰山观日出时，那太阳刚刚露出的地方就是日照海滨的日出景观。

日照是太阳文化的发祥地。这点有四条论据可以证实：第一，日照境内出土的文物上的"日月山"象形文字，比其他地方的太阳象形文字要早1000多年。第二，日照古属东夷部落，部落首领叫炎帝，当时部落的族徽就是"太阳"，炎帝被称为太阳神。第三，日照这里有一个民俗节日叫太阳节，就是每年的农历六月十九日，农民把新收获的麦子做成太阳形状的饼，供奉太阳，感谢太阳给了大地阳光，获得了丰收。据说这饼越做越大，厚的就叫锅饼，薄的叫煎饼，这也是山东大煎饼的来历。第四，日照的别称叫"太阳城"。1992年，日照人自己作词谱曲，由著名歌唱家范琳琳演唱的《这是太阳升起的地方》，获得了全国新歌比赛

大奖。

日照地处我国沿海中段，山东半岛南端，西接临沂市，北距青岛市 160 千米，南距江苏省连云港市 120 千米，东与日本、韩国隔海相望。南北长约 108 千米，东西长约 97.4 千米，总面积 5310 平方千米。日照是一座新兴的港口城市，1985 年 3 月撤县建县级市，1989 年 6 月升格为地级市，1992 年 12 月设区带县。现辖东港区、岚山区、莒县、五莲县，共有 54 个乡镇，2012 年末户籍总人口 288.1 万。海岸线长 100 千米。

日照特产丰富，种类繁多，盛产小麦、水稻、玉米、蚕茧等，是花生、板栗生产基地，水果达十几种，尤其以日照茶著称。日照是太阳最早升起的地方，这里光照时间长，没有大气污染和水污染，茶园大都施用农家肥，所以茶叶质饱肉厚，味道绵软清香，含丰富的对人体有益元素，是降低血脂、健脑清火、防治癌症的上佳饮品。

日照近海滩涂广阔，水质肥沃，是多种经济水生物洄游和繁衍生息的优良水域。近海盛产鱼类有 3 纲 43 科 86 种，主要有鱿鱼、鲳鱼、海鳗、鳗鲡、真鲷、河豚、牙鲆、黄花鱼等。头足类常见的有长蛸（shāo）、短蛸、金龟贼、无针乌贼等。甲壳类有对虾、梭子蟹、鹰爪虾等。滩涂有扇贝、贻贝、文蛤、西施舌、海参等。

日照工艺品精美，屏风、挂扇、日照地毯、草编、柳编、日照石刻、日照黑陶等享誉国内外，尤以日照黑陶最著名、最典型，被史学家称之为"原始文化中的瑰宝"，有"黑如漆，明如镜"之美誉。

日照人杰地灵，境内东吕里（今冯家沟村）是中国兵家鼻祖、商周之间伟大的军事家和谋略家、齐国的创始人姜太公的故里。日照还是古代文坛泰斗、《文心雕龙》的作者刘勰的故里，还是中国农民起义第一个女领袖吕母出生地。高能物理学家、获得诺贝尔奖殊荣的美籍华人丁肇中也出生在这里。

灯塔旅游风景区是如何得名的？

灯塔旅游风景区位于风景秀丽的日照海滨，日照市黄海一路东首，南与日照港相邻，东面是碧波万顷、一望无际的黄海。景区因岸边高高耸立的航海灯塔而得名。

在这个景区内，涨潮时可看巨浪翻滚，浪花飞溅，落潮时看海水似涌泉从条石缝隙间溢出……游客漫步在缓坡状起伏的日照灯塔风景区木栈道上，流连在曲直变幻的护岸、美丽的礁石海滩、多彩的铺装、成片的绿荫广场以及各种水、石景观间，一幅人与自然和谐相处的美景图画将展现在人们面前。

日照灯塔景区充分利用自然的地势高差营造出多样化的景观空间，保持并体现了日照特有的礁石滩涂的壮美地貌。同时以大尺度小细节的设计营造整体而精致的景观，以层次鲜明的带状景观整合狭长的沿海地块，呼应大海的磅礴气势。以灯塔为核心，利用原有的缓坡地形，建设面向大海的绿草坡地，灯塔犹如从自然环境中破土而生的"定海神针"，呈现出历史与自然的和谐统一。海洋、礁石、沙地、草坪、小品、雕塑相互映衬，娱乐、休闲、餐饮、购物综合配套，形成开阔的城市文化公园。

灯塔旅游风景区有海岸线 2000 米，这里有中国北方海滨罕见的天然礁石群。炎热的夏天，游客可以在礁石边玩水、嬉戏，或下海拾海螺、捡海

▲ 灯塔风景区

蟹。秋冬时节，游客可以静坐岸边观海、听涛。这里海天一色，风光旖旎，一年四季游人如织，是观海、听涛、看日出的绝妙佳地。从这里，可以清晰地瞻望东方桥头堡的象征性建筑——日照港煤炭码头的雄姿。

万平口海滨风景区名称有何由来？

日照市万平口海滨风景区是市区内最大的景区，海岸线长5000米，占地面积760万平方米。它以优美宜人的自然环境、湿润清新的空气、宽阔洁净的沙滩、清澈透明的海水和明媚灿烂的阳光著称于世。游客们在此可以进行沙滩浴、海水浴、日光浴、沙滩排球等运动，是最能体现日照"蓝天、碧海、金沙滩"特色的景区。风景区内的生态公园是景区的中心区域，景区突出生态和海洋的主题，融入了人与自然和谐共处的理念，集广场、绿地、餐饮、购物、停车、娱乐、洗浴为一体，是日照"海滨生态城市、东方太阳城"的重要标志，也是日照市对外开放的重要窗口和市民休闲、娱乐的"城市客厅"。

景区内的潟（xì）湖，是天然的避风港，历代都是商船停泊之地，因此取名万平口，有"万艘船只平安抵达口岸"之意，同时也寓意万事平安，一生平安。2005年和2006年分别在这里举行了欧洲级470级世界帆船锦标赛，2007年全国首届水上运动也在这里举行。

▲ 万平口风景区标志石

丁 肇中先生为什么称日照海滨国家森林公园的沙滩为"夏威夷所不及"？

日照海滨国家森林公园，前身为鲁南海滨国家森林公园，是1992年经原国家林业部批准，在日照市东港区大沙洼林场的基础上设立的国家级森林公园。公园总面积788公顷，其中有林地面积526.7公顷。公园以种植日本黑松为主，是日照市沿海防护林的重要组成部分。公园依山傍海，林海相映，拥有7千米的黄金海岸线，浪缓滩阔，沙质细润，海水洁净，被有关专家誉为"中国沿海仅存未被污染的黄金海岸"。美籍华裔物理学家丁肇中先生称这里的沙滩"夏威夷所不及"。

河 山风景区有哪些观赏景点？

河山位于日照市区北10千米处，以"众河之源"得名，海拔628米，高度为日照东部群峰之首，大有拔地凌霄之势，巍巍耸立，诚谓"峭壁端严，屹然一邑屏障"。

代表日照现代形象的巨书"日照"二字刻于河山悬壁之上。"日"字长20米，宽17.5米；"照"字长25米，宽25.5米。它是汉字摩崖石刻的世界之最，载入世界吉尼斯纪录，给河山增添了一大景观。

河山怪石嶙峋，峰侧断崖似

▲ 河山风景区"日照"刻石

刀削斧劈。沿南麓崎岖小径可攀登向上，一路风光，目不暇接。首先看到的是于1918立的"开山碑"。碑文："以此碑为界，碑界以下不准开石，如有犯者，重加处罚。"以此可见，维持原貌，保护生态环境，在河山早就引起重视并立有戒约。前人立碑为规，至今丝毫未犯，这样有效的乡规民约的确令人钦佩。

循路而上，见一座山石结构的庙宇，这是镇山神灵所在。旧时游人登山时，在这里祈求山神保佑平安无事。左下方有一处鬼斧神工般的祭奉山神的"戏台"。庙前，山泉潜流淙淙如琴瑟之音，仿佛在永无休止地演奏着那曲摄人魂魄的古琴曲《高山流水》，令人油然而生思古之幽情。由庙东行约150米，可见高山瀑布飞流直下。主峰下，南北各有一块巨石，因其形似名为球石，望去如在滚动，步其下，令人胆战心惊。匆匆走过，又步步回首，远观则不忍离去。

由球石经蜿蜒小径东行百余米处即见孤立在花岗石上建起的石亭，名为"望海亭"。该亭造型奇特，四根八棱石柱矗立，柱上有四块挑角飞檐石板盖，四块云角形石板石块为亭顶，亭尖盖石呈莲花形，下有四块石栏嵌入亭柱，结构简单，又极优雅。亭角四面各有题词，东"望海"，西"瞻岱"，南"观风"，北"仰辰"。亭上原悬山钟一口，重约千斤，撞之方圆几十里都可听到其圆浑洪亮的声音，故此楼也有钟楼之称。

"望海亭"右上方崖上，曾有一灵官殿，殿是清光绪十三年（1887）重修，殿后有道士的居室。目前，唯余断垣残壁，碑至今完好无损，对昔日殿堂盛况可见一斑。

五 莲山名称有何由来？

五莲山，坐落在五莲县东南部，与九仙山隔壑并峙。方圆13

平方千米，主峰高 515.7 米。五莲山原为九仙山之五朵峰，自明万历三十年（1601）御赐"五莲"之名，乃自成一山，故名"五莲山"。"奇秀不减雁荡"是苏轼对它的赞扬之词。

唐宋时代，五莲山就有佛事活动，至明代万历年间，有蜀僧明开和尚云游天下名山大川后，见五莲山雄伟秀美，遂结庐定居。后北上京城，请敕建寺，巧逢皇太后患眼疾，久医不愈，明开和尚为之医治，即愈。皇上龙颜大悦，遂敕赐山名、寺名："山曰五莲，寺曰光明。"并拨款建起大悲殿、藏经楼、分贝阁、御仗阁等，五莲山从此"层檐璀璨，参差错出"，"金碧交辉，钟鼓竞奏"，"塔殿之胜，众以为彰"，诵经之声，琅琅无晨昏。别处的僧人闻风皈赴，四方百姓进香者、游山者络绎不绝。光明寺遂成为山东省四大名寺之一。

野生杜鹃，俗称映山红，在五莲山生长区域非常广泛，总面积约有660多公顷，其品种之多，面积之广，花色之丽，誉冠华北，素有"江北第一"杜鹃园之称。五莲山杜鹃花色各异，因品系不同，开花的时间也各不相同。自农历三月，粉紫色的"蓝锦"品系就竞相开放。"五一"期间，可见漫山遍野簇簇鲜花，流光溢彩，馨香袭人，与山光石景相映衬，宛如天然画卷。五莲山杜鹃的历史悠久，花形多样，花色绚丽，已成为五莲山自然景观的独有特色，游山赏花已成为人们的一大盛事。

九 仙山有哪些观赏景点？

九仙山位于日照市五莲县境内，素以"奇如黄山，秀如泰山，险如华山"而著称。这里异峰怪石，千姿百态；山泉飞瀑，清幽佳绝；春花秋叶，气象万千；居仙卧龙，传神离奇。主要观赏景点有野生杜鹃花、齐长城、孙膑书院、龙潭峡谷、手指峰、地泉、

靴石等。

历史上许多隐士骚客，常会于此，吟诗论文，赞美九仙山胜境。宋代文学家苏轼曾有"九仙今已压京东"的诗句。战国孙膑马陵大捷之后，辞去齐国军师，浪迹山林，终选此地，修建茅舍，聚徒讲学，并写下了千古不朽的军事巨著《孙膑兵法》。

九仙山以其突兀的山峰，苍翠的植被，古老的文化，形成以游览观光为主体的产品类型。九仙山奇峰异石与洞窟泉瀑众多。从曲径通幽的山间秀色到晴空响雪的悬泉飞瀑，从韵味神秘的自然景观到古老丰富的历史文化，无不受到众多游客的喜爱，成为游览的佳处。

九仙山的野生杜鹃花自然保护区，其花色之丽、品种之多、面积之广，不仅在省域内少有，就是在华北地区也是罕见的。漫山的杜鹃，一簇簇、一片片，峭崖上、松林间，竞相开放，流光溢彩，随风闪动，畅游花海，顿生万物悠悠之感。

走过长长的盘山道，穿过龙潭峡谷的入口，来到一片幽深宁静的山谷间，会见到一座书院——孙膑书院。古代军事家孙膑曾在此著书立说、传道授业。

你知道浮来山吗？

浮来山又名浮丘，位于莒县城西9千米处，海拔298.9米。在莒城登高西眺浮来，呈平地崛起之势，有水上浮来之感。此山三峰鼎立，拱围相连，构成藏风聚气幽境。浮来山风景区内，有八观、十二景、三泉与四园。修竹奇木，居谷繁茂，怪石嶙峋，溪流潺潺。

千年古刹定林寺，始建于晋代，全寺分前、中、后三进院落，有五殿二堂，两庑一宫三院。主体建筑，飞檐螭首，雕梁画栋，既轩敞典雅，又古朴大方，是典型的北国古建筑风韵。寺中的校经楼乃当年刘勰校经之处，现辟为刘勰生平陈列馆。馆内塑刘勰像，陈列各种版本的《文心雕龙》及历代研究文献。"校经楼"三字系郭沫若先生于 1962 年亲笔所题。

定林寺前院中央，巍然屹立着一棵枝叶参天古木，这便是"天下银杏第一树"，树高 24.7 米，径围 15.7 米。早在春秋时期，鲁隐公与莒子曾在树下会盟，算来，树龄当在 3000 余年。这株古银杏树，虽历经沧桑，但至今枝繁叶茂，生机盎然，实为举世无双的一大奇观。

浮来晚照，是历史上莒州外八景之一。这里不仅有迷人的风光，更有丰厚的历史文化积淀。寺庙内外，亭阁之间，有读不完的证史碑文；清泉峡峪、云龙崖畔，留下了看不完的摩崖石刻；华人寻根馆内，陈列着堪称世界之最的古檀根艺精品；峰火台上，晨曦暮霭中依稀可见缕缕青烟；定林寺古刹，历来是闻名遐迩的佛教圣地，法汰讲《禅定》、慧地讲《华严》、昙观送舍利、三丰炼金丹、佛成受衣钵、法镜苦承传……每一位名僧、每一处景点，无不流传着一段动人故事和优美传说，耐人寻味，百读不厌。

日照的著名海产品有哪些？

日照东临黄海，拥有近百千米的海岸线，现有 20 米等深线以内的浅海面积 6 万 ~ 7 万公顷，沿海滩涂 5060 公顷，海水养殖业开发潜力巨大。

日照近海有全国四大渔场之一的海州湾渔场。水产品种类丰富，有鱼类、贝类、藻类等，其中金乌贼、西施舌、石花菜不仅品质优良，而且是我国沿海产量最集中的地区。

各条河流入海处，鱼类富饶而珍贵。常见的有 86 种，主要有

黄鲫、黄姑、鲅、鲐、带、鲳、比目、白姑、青鳞鱼等。其中黄鲫、鲅鱼和乌贼鱼产量为最高。浅海与潮滩主要海特产品有西施舌、文蛤、魁蚶、杂色蛤、大竹蛏、海参、石花藻，还有驰名海内外的人工养殖对虾、海马等。

（1）对虾

对虾是日照市著名海珍产品，它体长侧扁，晶莹光亮，肉质肥厚细嫩，味道鲜美，营养丰富，为高级宴席上不可缺少的佳品。对虾除鲜食外，还可加工成无头对虾、虾仁和钳子米等，均为海味上品。

（2）乌鱼蛋

乌鱼蛋为日照市独有的海珍品，历史悠久，驰名中外，相传为封建帝王御膳佳品。乌鱼蛋系由日照特产金乌贼的产卵腺加工而成，其色乳白，状如卵，可加工成状若花瓣、薄如纸片的高级食品。据清康熙五十四年（1715）《日照县志》载，"乌贼鱼口中有蛋，居海中八珍之一"。至清末，乌鱼蛋一直被列为贡品。

（3）扇贝

扇贝是海产贝类珍贵品种之一。扇贝肉鲜嫩味美，是国际公认的高级水产品。扇贝干品称干贝，平均含有肝糖 5.43%，还含有己氨酸、琥珀酸等，为"天下绝品"。

（4）西施舌

西施舌壳大薄脆，外形似扇，形态俊秀，足肌形扁似舌，清白如玉，被誉为西施舌。此蛤壳内软体丰满，肉质脆嫩，味道鲜美，蛤肉含多种氨基酸，营养甚为丰富，有润肺、补阴之功效。

你 了解日照茶叶吗？

　　日照市自 1966 年 "南茶北移" 成功。现有茶园面积 8000 公顷，年产茶叶 1500 吨，占山东省的 50% 以上，是山东省最大的绿茶生产基地，产量连年位列全省第一，素称 "北方第一茶"。

　　日照市地处山东省东南部，东临黄海，属暖温带湿润季风气候，光照充足，雨量充沛。境内山地丘陵土壤呈微酸性，属黄棕壤土，含有丰富的有机质和微量元素。由于地处高纬度，这里生产的绿茶经中国农业科学院茶叶研究所测定，其中儿茶酚和氨基酸的含量分别比南方茶同类产品高 13.7% 和 5.3%，具有 "叶片厚、滋味浓、香气高、耐冲泡" 的特色。

　　到目前，全市先后有几十种茶叶获得市、省及国家级优质茶称号，有十几种茶获省优、部优和国际金奖。其中，"雪青" 被定为山东省著名商标，其他的还有 "河山青" 牌、"浮来青" 牌、"逢春" 牌等。其中，日照绿茶公司生产的 "河山青" 牌碧绿茶在第 29 届布鲁塞尔国际博览会上获金奖，在第二届中国农业博览会上获银奖，被第三届中国农业博览会认定为国家级名牌产品，与历史名茶碧螺春齐名！

　　日照市近几年来采用先进的科学技术，在冬季采用茶叶反季节栽培方法，建起冬暖式塑料大棚生产茶叶。所产大棚绿茶每年在春节前上市，大大提升了日照茶的知名度。日照市在茶树栽培、管理、科研、试验、示范等方面积累了许多成功的经验，尤其在茶树无公害栽培方面，采用农业防治、物理防治和生物防治病虫害等措施，杜绝使用农药，重施有机肥。东港区 3300 多公顷茶园已发展成为生态茶园，所产绿茶获绿色食品认证。

莱 芜 市

你了解莱芜市吗？

　　莱芜市位于山东省中部，泰山东麓。北邻济南市所辖的章丘市，东邻淄博市博山区和沂源县，南邻泰安市所辖的新泰市，西邻泰安市岱岳区。总面积2246平方千米，2012年末全市常住人口130万。

　　汉代置莱芜县，属泰山郡，因治所设在淄水流域的莱芜谷，故名莱芜，故址在今淄川东南21.5千米处。春秋齐灵公十五年（前567），齐灵公灭莱国，部分莱民流落于今淄川西南一带，因此地荒芜而得名。1992年11月，经国务院批准，升格为地级市，辖莱城、钢城两区。

　　莱芜历史悠久，是齐鲁文化的重要发祥地。境内有比万里长城早400多年且保存完好的齐长城遗址。春秋战国时期，这里曾发生著名的长勺之战，留下了"一鼓作气"的千古佳话。解放战争时期，又以陈毅元帅、粟裕大将指挥的"莱芜战役"而名载史册。

　　莱芜自然资源丰富，是山东省重要的钢铁、能源基地，素有"钢城煤都"之称，拥有煤、铁、铜、金、磷及花岗石、大理石、石灰石、长石、燕子石等几十种矿藏，其中煤炭储量10亿吨，是山东省重要的煤炭产区；铁矿石储量5.5亿吨，占山东省总储量的1/3，在全国占重要地位。莱芜也是国家科技部命名的高新技术新材料基地，境内有莱芜钢铁集团有限公司、鲁中冶金矿山公司、新汶矿业集团有限责任公司等部属、省属企业。装机总容量120万千瓦的莱城大电厂两台机组已相继竣工，并投入发电。

莱芜是山东省重要的农产区。盛产小麦、玉米、花生、地瓜和名优蔬菜、果品，尤以生姜、大蒜、鸡腿葱、花椒、蜜桃享誉全国，是"中国生姜之乡"、"中国花椒之乡"和"中国蜜桃之乡"。莱芜市农业高新技术示范园区被列入全国六大农业科技成果综合应用示范基地。莱芜黑猪骨架粗壮，体质结实，头长嘴直，四肢健壮，尾粗、长而直，皮厚紧密，皱褶少，耐粗饲料，肉质香醇。

近年来，莱芜旅游发展很快，打出了"龙舞大峡谷，山映雪野湖，生态旅游到莱芜"的宣传口号。

莱芜山清水秀，风光优美，旅游资源丰富。自然旅游资源有山、水、林、洞、峡、潭、瀑、泉等，种类齐全，品位较高，极具开发潜力。到目前，已建成齐鲁大峡谷旅游区、雪野省级风景名胜区、棋山、华山省级森林公园和莱芜战役纪念馆等20处景区景点。其中，房干生态旅游区、莱芜战役纪念馆、山东雪野现代化农业科技示范园为国家4A级旅游景区。

新 规划的雪野旅游区包括哪些景点？

雪野旅游区位于莱芜市北部，距济南市区46千米，总面积239平方千米，核心区面积87平方千米，2010年10月被省政府批复为省级旅游度假区。

辖区内包括马鞍山、九龙大峡谷等，森林覆盖率超过70%，空气质量优良率100%，素有"天然氧吧"的美誉；雪野湖位于旅游区核心地带，水面15平方千米，蓄水2.2亿立方米，是济南50千米圈内最大的水面，岸线曲折，山水相依，风光秀美。雪野旅游区历史文化厚重，是齐鲁文化交汇地，境内有比秦长城还早400年的齐长城，有夹谷会盟遗址，还有娘娘庙、吕祖泉等明清古村落。雪野旅游区物产丰富，盛产生姜和花椒，"雪野鱼头"是山东省地方名吃，青山、秀水、鲜鱼头被誉为雪野"三宝"。

目前已开发雪野湖、小三峡、金泥湾、文昌文化园、航空科技体育公园、蓝湾沙滩浴场、山东环视游艇俱乐部、山东高速雪野山地运动综合中心、马鞍山景区、恒大雪野湖北岸旅游小镇、海逸山庄度假村、航空器材装备展览馆、莱钢金鼎雪野左岸中心项目、大鑫珠宝游艇俱乐部、齐鲁文化科技园、环湖路等景区近20处，建设了雪野航空俱乐部、雪野山庄、雪湖文昌度假酒店、鹿鸣山庄、游艇俱乐部、雪野大酒店、海逸山庄度假村、邢家峪雪野鱼头餐饮一条街、雪野渔家乐等一批接待服务设施，日住宿接待能力达2000人，年接待游客180万人次。

齐鲁大峡谷有哪些主要旅游景区？

▲ 齐鲁大峡谷远眺

莱芜市齐鲁大峡谷旅游区面积19平方千米，位于山东省中部泰山余脉的群山环抱之中，北依省会泉城济南，东临齐国故都临淄，西接五岳之首泰山，南望孔子故里曲阜。

该旅游区包括房干生

态旅游区、王石门"天上人家"旅游区、黑龙潭旅游区和独路林海草原旅游区等 4 个旅游区,是山东省假日办重点预报的景区之一。区内山地切割强烈,山势陡险,沟壑纵横,规模宏大,区内 10 千米以上的峡谷多条,是山东省乃至华东地区最大的峡谷群。尤其是由九龙、九天两条大峡谷组成的"二龙戏珠"景观,气势恢弘。谷内怪石嶙峋,溪水潺潺,连绵曲折,九曲十八弯,让人叹为观止。该区四面群山,层峦叠翠,郁郁葱葱,野花遍地,鸟语花香,森林覆盖率在 90% 以上,山巅林海草原面积上万亩。夏季气候凉爽,空气清新,负氧离子丰富,是理想的"天然氧吧"。区内有"天上人家"之称的王石门民俗村,是山东省海拔最高的村庄,村落原始,民风淳朴。整个旅游区既有北方山水的粗犷特色,又具南国园林的柔美风情,是进行旅游观光、峡谷探险、避暑度假和民俗体验的理想之地。

房干生态旅游区是怎么成为"中华生态第一村"的?

房干生态景区位于齐鲁大峡谷旅游区东北部,海拔在 400～800 米之间,属泰山山脉的余脉,旅游资源极其丰富。2002 年度被评为"山东十大新景点"之一,被人们誉为大山里的"绿色天堂",被全国人大环境与资源保护委员会的领导、专家称赞为"中华生态第一村"。

这个村过去曾经是吃无粮、穿无衣、住无房、沟无水、山无树、走无路的"六无村"。周围 12 平方千米都是石山,30 多万平方米(34 公顷)耕地丰歉由天,曾经是有名的"讨饭村"、"光棍村"。穷怕了的房干村民终于认识到,要发展必须走"生态路"。从 1975 年开始,房干村委一班人在带头人韩增旗的领导下,带领全村老少,众志成城大搞"绿色革命",在恶岩缝隙中累计植树

800 多万株，不留一片裸土。与此同时，他们还大兴水利，修建了
12 座山涧水库、10 座拦河坝。八沟十三岭沟沟有水库、山山通水
渠，水浇地面积达 100%。使房干由"讨饭村"变成了文明村、富
裕村，成为莱芜市第一个家电村、电话村和太阳能村。

有了青山绿水，旅游产业应运而生。房干村组织全村 200 多名
青壮劳力苦战 100 多个日夜，靠钢钎铁锤，硬是凿出了宽 8 米、长
200 米的山涧石道，修筑旅游道路 30 千米。经过多年开发，如今，
房干村拥有在山东省颇负盛名的九龙大峡谷、金泰山等八大景区、
近百个景点。目前，农民收入的 80% 来自旅游业。

九龙大峡谷景区有哪些雄奇险秀之处？

九龙大峡谷横跨大王庄、雪野两个乡镇，穿越 15 座山，下自
龙尾，上至房干，全长约 10 千米。在九曲十八弯的大峡谷里，有
莱芜八景之一的黑龙潭景观。峡谷深处，完整地保存着原始状态，
是迄今为止山东境内发现的第一大峡谷。

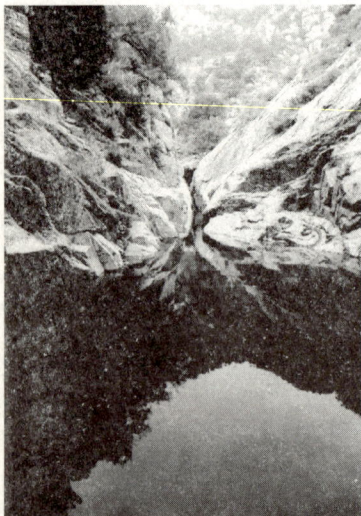
▲ 九龙大峡谷黑龙潭

游九龙大峡谷，从卧龙山的龙
弯开始，此段峡谷称"卧龙峡"，有
8 千米长。卧龙山就是伏在山涧中一
条特大的"龙"，黄城崮东面高耸的
山峰是龙头，隆起的"三瞪眼"是
龙的弓背，尾巴顺势甩向龙弯，被
北来的小河截断，呈秃尾状。峡谷
中有一小村庄——杏花村，村中杏
花奇特异常，农历的正月二十日左
右开花。有民谣曰："穿着花袄踏着
雪，杏花村里看杏花"。深谷两边高

山耸立，古树婆娑，瀑布垂帘，景观迷人。

山北面陡险的崖壁人称"龙王鼻子"，上面的小庙叫黑龙王庙，里面供奉的是黑龙王。从这里再往下走就是黑龙潭。有首诗是这样赞美黑龙潭的："龙隐深潭鹰峦峰，赤日照壁见银星。龙潭风景皆诗意，莱芜河山此景雄。"南面山峰奇绝，峭壁如削，直插云天，这是著名的擎天柱，俗称照壁峰。莱芜古八景之一的"龙潭星现"就在这个悬崖下。擎天崖高约 200 米，是一方仍保留着原始面貌的圣洁之地。在龙潭边，照壁下，杂草丛生，光线昏暗。天气晴和时于照壁下仰望苍穹，繁星清晰可见。

有个像大理石建筑的地方是三层巨大岩石，高约 50 米，上面有三潭，叫"九女潭"。传说玉皇大帝的九个女儿在此沐浴而得名，细品确有一种仙风道骨之感。这里山高且秀，水阔而柔。

还有两座相对的山，石门洞开，水流冲门而泻，跌入深潭，潭水墨绿，深不见底，这个石门巧夺天工，所以叫"龙门"，潭因此得名"龙门潭"。"龙门潭"东北方有座山，山顶巨石相叠，形似雄鸡昂首高啼，惟妙惟肖让人称奇。据说，每年腊月三十（或二十九）子夜，雄鸡长鸣一声便是来年春节，有德之人静心可听到鸡鸣，这一年就会百福临门，万事如意。因此，附近乡村都有"夜半听鸡鸣"的习俗，这座山也被叫做"鸡鸣山"。

金 泰山的名称是怎么来的？

金泰山海拔 840 米，山峰突兀拔地而起，三面绝崖，仅西可登。传说泰山碧霞元君东巡，观此山不俗，即按泰山的模式施以金火变化而成，与泰山很相似，故名"金泰山"。金泰山极顶 9 米长的探海石，是金泰山的标志性景观，像一把利剑直插苍穹，极具观赏价值。探海石之西，有四块巨石相叠，上有一圆石，呈现出宽额头、高鼻梁、阔嘴巴、双目微闭的大佛头像，中有长圆大石为佛肚，下有二石相抵是双脚，上下足有 40 米高，远望特像一尊罗汉，故名"三叠罗汉"。巨蟒岩在山顶西部。传说古时山顶石洞，有一修行千年的蟒蛇，在汉武帝泰山封禅后，去莱芜的肃然山拜祭途中，蟒蛇当道讨封，汉武帝大怒，挥剑斩之。大蟒说"你若斩我的头，我就动你的龙冠，你若斩我的尾，我就动你的宝座"。后来王莽篡位，据说是报一剑之仇。至今蟒蛇岩上还留有大蟒修行的痕迹。

王 石门"天上人家"旅游区有哪些自然美景？

王石门"天上人家"旅游区位于莱芜市的北部、齐鲁大峡谷旅游区的中部，地处群山环抱的高山之上，海拔 851 米，是山东省海拔最高的村庄，具有典型的鲁中山区风格。因为村庄周围群山连绵、时有云雾缭绕，所以素有"天上人家"之称。它以原始生态风光和田园民俗风情为特色，为山东省旅游局 2001 年特别推荐的景区之一，是进行观光、探险、休闲、民俗体验等的胜地。

整个旅游区包括九天大峡谷、石门大峡谷、槐花谷、九龙湖、瑶池等诸多自然景观。其中九天大峡谷为标志性旅游景观，入口有巍峨的九天门，由此可沿蜿蜒的万米栈道进入峡谷。峡谷内奇石峭壁众多、飞瀑流泉相连、森林覆盖浓密，被誉为齐鲁大地上最后一块"处女地"。槐花谷位于村西 2 千米处，占地 3.3 平方千米（330 公顷），谷内林木覆盖率达 95%，林间浓荫匝地，遮天蔽日，广阔幽深。地面绿草丛生，形成了天然绿毛毯。槐花谷内空气清新，生态环境好，是天然的"高山氧吧"。每年的 5 月份槐花才竞相开放，正可谓"人间四月芳菲尽，天上槐花始盛开"。每年 5 月 20 日左右举办"槐花节"，游客可观槐花景、闻槐花香、沐槐花浴、吃槐花宴，体会大自然的无穷乐趣。

九龙湖离村庄 1.5 千米，是九龙大峡谷的源头，它蓄水能力达 50 万立方米，湖面宽广，水色碧绿澄澈，恬静秀美，令人心旷神怡。周围绿树、小溪、山峰、蓝天、白云映衬，数个湖边草庐风景别致，韵味独特。

莱芜战役纪念馆为纪念什么事件而建？

莱芜战役纪念馆是为纪念莱芜战役而建。莱芜战役是 1947 年初华东野战军在陈毅、粟裕、谭震林的指挥下，在山东进行的一次大规模运动歼灭战。此役在莱芜地区激战三昼夜，共歼敌 7.6 万人，生俘击毙将官 23 名，收复县城 13 座，重镇数十处，为扭转华东乃至全国战局发挥了重要作用，被称为运动战的光辉战例。

莱芜战役纪念馆，原名莱芜革命烈士陵园。1948 年始建于矿山南麓，1972 年迁于现址。1996 年更名为莱芜战役纪念馆。纪念馆新馆于 1997 年 7 月建成，坐落于莱芜市区中心的黄山之上，占地 44.9 万平方米。由革命烈士纪念塔、莱芜战役展览馆和莱芜战役全景画馆 3 大主体建筑构成，呈 "品" 字布局，并辟有露天武器展场，总建筑面积 8100 平方米。革命烈士纪念塔高 19 米，花岗石砌成，为全国 100 个重点纪念碑之一。展览馆设有 5 个展厅，展板面积 700 多平方米，馆名为粟裕题写。全景画高 17 米，周长 120 米，地面塑形 1100 平方米，模拟音响、模拟自然光，设有电动旋转看台，融 "声、光、电、形" 于一体，采取真空幻象，严格的视觉透视和局部夸张等手法，造成视觉上的逼真，能在有限的空间里引人无限遐想。站在旋转看台上能使你仿佛置身于炮火连天、硝烟滚滚的战火之中，给人以身临其境和惊心动魄之感，具有极强的艺术感染力。近年来连续被评为 "全国爱国主义教育示范基地"、"全国青少年教育基地"、"全国重点革命烈士纪念建筑物保护单位"和国家4A级旅游景点。

莱芜的特产有哪些？

莱芜香肠 产于莱芜市城北15千米的著名古镇——吐丝口，是山东名吃之一。具有营养丰富，美味清口，增进食欲，健胃理气等功能和虫不蛀，蝇不叮，久放不变质等特点，是宴宾和馈友之佳品。

莱芜香肠已有百余年生产历史。清朝末年，历城人苏志廷由济南辗转到莱芜口镇开张经营。其主要原料是莱芜猪之瘦肉和小肠，其作料原为10余种，后经厨师王玉玲和博山的一名中医反复研究，定为砂仁、八角、边桂、花椒、石落子等8种，外加优质酱油。经过刮肠、剁肉、拌馅、灌肠、晾晒、蒸煮等工序，精制而成，风味独特。

花椒 莱芜种植花椒的历史悠久，据考证，早在北魏时期就有栽植花椒的记载，明代嘉靖年间已开始大量栽植，之后常种不衰。主要栽植品种有：香椒子、大红袍、小红袍、青皮椒、大花椒等。

莱芜花椒具有高产、优质，适应性强，树势健旺，果穗紧密粒大，出干皮率高，椒皮厚实，色泽鲜艳，香味浓郁等特点。花椒皮中各类挥发性芳香物质含量高达9%，不仅是提炼制作高级食用香精的好原料，而且是上等的食用调味品。花椒种子含油量高达30%，花椒皮和种子均可入药，具有开胃、健脾、增强体质之功能。

莱芜大红袍花椒，与生姜、大蒜、鸡腿葱并称为莱芜"三辣一麻"，莱芜大红袍花椒在第三届中国农业博览会上被评为名牌产品。1971年，莱芜被列为山东省花椒商品基地，1998年莱城区被命名为"中国花椒之乡"。

生姜 莱芜生姜种植历史悠久,在春秋时期已盛行栽培,距今已有 2000 多年的历史。在《论语》《齐民要术》《说文》等古籍中均有记载。

莱芜生姜具有色泽金黄、油光鲜亮、块大、皮薄、肉细、丝少、辛辣、味浓、营养成分高、耐贮藏、耐远运等优良特点,在国内外享有盛誉。1997 年,莱芜市莱城区被中国特色之乡推荐暨宣传活动组委会命名为"中国生姜之乡"。

白皮蒜 莱芜栽培大蒜历史悠久,目前,大蒜种植面积每年都在 660 公顷以上,产量达 15 万吨。

莱芜大蒜以白皮质量最佳。白皮蒜又分为两个品种,即"大白皮"和"四六瓣"。莱芜白皮蒜的特点是:蒜瓣大,蒜头蒜薹产量高,质细辣味香,抗寒力强,休眠期长,耐贮藏。

鸡腿葱 鸡腿葱,因其葱白粗大,状如鸡腿而得名。莱芜鸡腿葱葱白卷合紧密而坚实,肉质嫩脆辛辣味强,多嗅则使人流泪,用刀横切鳞片自动爆开,耐贮存则品味不减,为烹饪调味之上等佐料。

大葱为百合科二年生草本植物。鸡腿葱第一年完成营养生长,第二年完成生殖生长,它的食用部分为鳞茎和嫩叶。特点是:栽培容易,病虫较少。适应性强,植株高大,可高达 60 多厘米,葱白长可达 33 厘米,葱径粗 3 厘米左右。

莱芜羊汤 莱芜民间名吃,选用莱芜山区放养的山羊,采用独特配方,全羊煮制而成。汤清肉嫩,不肥不腻,不腥不膻,味道鲜美,营养丰富,是闻名省内外的特色名吃。羊肉性温,滋阴壮阳,是秋冬季进补的最佳食品之一。现已推出真空包装的羊汤、羊蹄、酱牛肉、牛肉干和药膳牛肉香肠等旅游商品。

临 沂 市

你 了解临沂市吗？

临沂市位于山东省的东南部，东部连接日照，地邻黄海，西接枣庄、济宁、泰安，北靠淄博、潍坊。南北最大长距 228 千米，东西最大宽度 161 千米。现辖兰山、罗庄、河东 3 个区和郯城、苍山、莒南、沂水、蒙阴、平邑、费县、沂南、临沭等 9 个县。总面积 17184 平方千米，2012 年常住人口 1003.94 万人。是山东省面积最大的市，也是山东省人口最多的市。

临沂是中华文明的重要发祥地之一。早在四五十万年以前，人类的祖先就在这块土地上创造了远古文明。秦朝统一后，地方实行郡县制，全国分为三十六郡，临沂地域属琅玡郡和郯郡。中华人民共和国成立后，继续对行政区划进行调整。1994 年 12 月，国务院批准撤销临沂地区和县级临沂市，设立地级临沂市。

临沂市有着光辉灿烂的历史文化。闻名中外的汉代帛画和《孙子兵法》《孙膑兵法》竹简等，就出土在临沂市银雀山下。我国许多历史文化名人，如春秋时期的曾子、子路，战国时期的荀况，东汉珠算发明家刘洪，西汉经学家匡衡，三国时期著名军事家诸葛亮，东晋"书圣"王羲之，南北朝文艺批评家刘勰，唐代书法家颜真卿、名臣颜杲卿等，有的出生于此，有的在这里生活过，都留下了难以湮（yān）灭的印迹。

　　勤劳、智慧、善良、勇敢的沂蒙山人民有着辉煌的历史和光荣的传统，为中华文明的发展做出了杰出的贡献，涌现出一大批享誉国内外的杰出人物。清末，著名的鲁南幅军配合太平军、捻军作战，反抗清王朝的腐朽统治，坚持斗争长达 15 年之久，涌现出刘淑愈、孙化祥等著名的农民起义军首领。中国共产党诞生后，沂蒙山区是山东最早建立中国共产党组织的地区之一。早在建党初期，党的创始人之一王尽美就在沂蒙山区播下了革命的种子。抗日战争和解放战争时期，这里是著名的沂蒙山区革命根据地，是山东华东党政军领导指挥中心。刘少奇、罗荣桓、徐向前、陈毅等老一辈无产阶级革命家都曾在这里战斗工作。从沂蒙山区出发，罗荣桓率雄师挺进东北；从沂蒙山区出发，陈毅率大军直下江南。

　　区内有着起伏的崇山峻岭，秀丽的田园风光，并有着淳朴的民俗风情，构成了独具特色的旅游资源。主要旅游景点有银雀山汉墓竹简博物馆、王羲之故居、临沂市博物馆、蒙山森林公园、诸葛亮故里、沂南汉画像石墓、孟良崮战斗遗址等。

你 了解蒙山吗？

　　蒙山亦称"东蒙"、"东山"，为泰沂山脉的一个分支，跨临沂市平邑、蒙阴、费县和沂南 4 县，西北东南走向，绵亘 75 千米，总面积 1125 平方千米。主峰龟蒙顶海拔 1156 米，为山东省第二高峰，因状如巨龟而得名。距泰山 120 千米，与之遥相呼应，堪称伯仲，素有"岱宗之亚"的美誉。另有较大山峰 300 余座，深谷陡涧 300 余条，素有"七十二主峰，三十六洞天"之说。1994
年被批准为国家森林公园，1995 年被定为省级风景名胜区。

蒙山自然风光秀丽，兼有泰山之雄壮、黄山之秀美、华山之险
峻、雁荡山之奇绝。春天层峦叠翠，林海花潮；夏季飞瀑流水，
云雾缥缈；秋时漫山碧透，红叶映照；冬日银装素裹，分外妖娆。

蒙山亦是历史文化名山。2000 余年来，一直为文人骚客、帝
王将相所瞩目。孔子曾多次登临蒙山，有"孔子登东山而小鲁"
之说。楚国老莱子、战国纵横家鬼谷子、汉朝史学家蔡邕等曾隐
居此山。唐代大诗人李白、杜甫曾结伴游蒙山，杜甫写下"余亦
东蒙客，怜君如弟兄。醉眠秋共被，携手同日行"的佳句。唐玄
宗曾率群臣登临蒙山。北宋文学家苏轼登蒙山写有"不惊渤海桑
田变，来看龟蒙漏泽春"的名句。清帝康熙的《蒙阴晓雪》和乾
隆的《望蒙山雪色》等诗篇，都对蒙山颂扬备至。

蒙山亦是养生长寿胜地，空气极佳，负氧离子含量为每立方厘
米 220 万个单位，居全国之最，被专家誉为"天然氧吧"、"世界
养生长寿圣地"。蒙山旅游区分为龟蒙、云蒙、天蒙和彩蒙 4 个景
区，龟蒙是养生旅游区（平邑），云蒙是生态旅游区（蒙阴），天
蒙是天险观光区（费县），彩蒙是山林休闲区（沂南）。主要旅游
景点有万寿宫、承天宫、朝天宫、慈宁宫、观音殿、玉皇庙、南
天门、桃花峪、龟蒙顶、大洼、孔子小鲁处、明广寺、海螺寺、
鬼谷子讲堂、蒙山叠翠、林海花潮、雨王庙、水帘洞、望海楼、
云霞洞、百花峪、观峰台、云蒙峰、云蒙湖等。

蒙山龟蒙景区有哪些精华游览区？

龟蒙顶 位于平邑县境内，海拔 1156 米，为山东省第二高
峰，与泰山遥遥相望，被称为"岱宗之亚"，因酷似一神龟伏卧于

云端天际而得名。登上极顶，眼前豁然开朗，但觉云生袖间，霞笼眉际，峰巅于足下，昂首于天外。奇峰罗列，皆匍匐而北拱，众壑逶迤，俱幽冥而含翠，鲁国故土尽收眼底。它雄踞东天，气势磅礴，风光壮美，主要景点有东鲁在望、瞻鲁台、玉皇殿、小鲁亭、孔子小鲁碑、观云亭、蒙山度假村、蒙山电视转播台、观日峰、玉柱峰、群龟探海、海誓山盟石等。

蒙山寿星巨雕 位于平邑县境内蒙山主峰龟蒙顶西北侧的裸岩石。该雕刻利用山体造型，依山就势，雕刻中国传统文化代表长寿的象征——老寿星。老寿星采用明朝末年定型的形象，突出头部造型，大脑门儿，白须飘逸长过腰际，一手拄杖，一手托仙桃。

万寿宫 位于蒙山南麓，原名古蒙祠，宋代改为道观，名玉虚观、颛顼王庙，后易名万寿宫。北宋宣和五年（1123），宋徽宗赵佶曾封古颛顼王为英烈昭济惠民王，故古蒙祠曾改名英烈昭济惠民王庙。宋代盛行道教，万寿宫道众达310人，道观建筑最具规模。每年农历三月三日均在此举行盛大的庙会，游客云集，香火旺盛。

步游中路 位于平邑境内，沿途松涛泉韵，怪崖嶙峋，景色秀丽，风光迷人。森林覆盖率达80%，树木茂盛，郁郁葱葱，空气清新，溪流汩汩，美不胜收。沿途著名景点有胜境门、试刀石、寿桃石、枕流泉、忘忧谷、龙虎门、白云岩、鹰窝峰、东天门、老虎石、快活林等。

步游西路 又称"东蒙古道"，为古代登山必经之路，山重水复，景观壮美。沿途主要景点名胜有迎仙桥、朝天宫、桃花峪、泰山行宫、回马岭、黑风口、小风门、大风门、快活岭、南天门、九龙宫观音殿、圣憩石等，沿途道路险峻，鸟兽出没，情趣无穷。

大洼 位于蒙山主峰东侧，大部分为平邑县大洼林场所属。地势深凹于龟蒙、云蒙、天蒙3大主峰之间，身处该地如壶中窥天，深奥莫测。这里秀峰如削，树木葱茏，洞溪纵横，洞府相连，环境优美。纵横家之祖鬼谷子曾在此传道授徒，留有众多遗迹和传说。主要景点有玉皇阁、老寿山、鬼谷子讲堂、智慧府、长眉洞。

明广寺　位于平邑县明广寺林场内，原系明代所建上元庵，又称鹿野苑。这里山石奇兀，树木阴森，水声潺潺，风景极佳，是蒙山旅游区的重要组成部分，有公路直达景区，食宿等旅游服务设施比较完善。

蒙山云蒙景区有哪些精华游览区？

"蒙阴"因位于蒙山之阴而得名。蒙山之阴（即北坡）属云蒙景区，风景秀丽，自然景观和人文景观十分丰富，名胜古迹颇多。蒙山北坡森林面积达 20000 多公顷，素有百里林海之称。1993 年 1 月被辟为省级森林公园，1994 年被辟为国家森林公园。

自然景观有林海花潮、水帘洞、后花园、观峰台、百丈崖、蒙山石林、神蚁台和云蒙湖等；人文景观有二郎帽子山、铁拐李葫芦谷、雨王庙、戏仙台等。

蒙山叠翠　为蒙阴县古八景之一。因蒙山东西绵延百里，奇峰耸立险峻，山势逶迤起伏，错落有致，植物资源丰富，林木葱郁，灌丛繁茂，花香遍地，层林尽染，苍翠欲滴。气候奇特，常有蓝色薄雾笼罩整个蒙山，蓝雾清新明丽，透映着群山峭岩，幽谷深邃，故谓"蒙山叠翠"。

水帘洞　位于蒙山之阴。传说为隐于悬崖中的神仙洞府，因洞口为飞流水帘所掩盖，故名。

悬崖东北西南而立，面向西南。万仞瀑布飞流直下，上有令人目眩之峭壁，下有激流回旋之深渊。洞水不时为悬崖切断，形成数级瀑布，飞流涌泻，咆哮似万马奔腾，轰然若千钧雷霆，山岳轰鸣，大地震颤。晴日里霰雨纷飞，彩虹映照，蔚为大观。

瀑布两侧，巍然耸立着两座绝崖，人称升仙台。传说人由此跳下，可脱离凡体，羽化成仙。悬崖上拱形洞门清晰可见，传说此洞为战国时纵横家鬼谷子教授孙膑、庞涓等习武之地，五百年开门一次。在瀑布正前方的山顶上，建有"观瀑亭"，立于此亭，瀑布胜景尽收眼底。

雨王庙 始建于金章宗明昌年间。传说钟离子、羡门子在此祭神祈雨，故名。

清光绪二年（1876），道人尹仁遂来蒙山结茅屋而居，光绪十四年（1888），募化乡民集资，在旧址上建"翠云观"祠一处，并立昭应王神坛一所，光绪二十五年（1899），建成嘉惠昭应王庙（即雨王庙），祈雨辄灵，香火颇盛。如此流传下来，转化为每年三月三日为雨神祭奠日。传说每年有七十二场浇花雨降于蒙山。

后雨王庙荒废，现已由中国香港恒基兆业有限公司捐资重建。庙内塑有雨王、鬼谷子、观音三尊神像。庙四周碑碣遍地，记载了历代建寺经过。

百花峪 原名布袋峪，1996 年被蒙阴县列为旅游度假区，是蒙山森林公园内自然风景最秀丽的四大旅游景点之一。

百花峪内有 5 座海拔 1000 米以上的山峰，如天蒙峰、大云峰、小云峰、东大楼峰和西大楼峰。山高林密，风景宜人。

云霞洞 位于睡虎山前，是一天然溶洞，因洞内供奉云霞娘娘，故名。相传，云霞娘娘是泰山老母碧霞元君之妹。碧霞元君巡行天下，看中此洞，便留其妹云霞在此居留，建立泰山行宫。云霞洞在隋唐时代就被辟为道观，并在正对洞口的位置供奉道教的三清教主原始天尊、灵宝天尊和道德天尊。

洞外有许多景点，著名的有火神庙、玉皇庙、青龙洞、白虎洞、玉液泉、十八拐等。另有一处十八罗汉摩崖造像。

蒙 山天蒙景区有哪些精华游览区？

　　望海楼　位于费县、蒙阴交界处，海拔1001.2米，因峰顶状如城楼，清晨立于此峰可观黄海日出，故名。

　　每逢晴日，游人立于峰顶，东观日出，只见茫茫海气中，一轮红日喷薄欲出，渐渐地由暗变红，恰似一盏宫灯。刹那间，瑞气千条，金光万道。游人观之，心旷神怡。峰顶有一巨石，石上有一泉眼，状如茶碗，碗中泉水晶莹剔透，似琼浆玉液，不溢不流。游人饮之，沁人心脾。碗中泉水若一气喝干，则泉水迅疾注满，犹如再斟一碗，实为奇事。

　　塔山森林公园　位于费县城北21千米处，面积3338公顷，北靠玉皇顶，是蒙山东段高峰之一。塔山海拔929米，因山峰陡峭如塔，故名。山体由太古界泰山群麻岩构成。草木茂盛，峰奇石怪，山泉流泻，风景宜人，是费县最佳自然景观之一，是不可多得的避暑胜地。

　　公园内树种繁多，现有树种58科，170余种。至今还保留着百年前营造的落叶松和黑松林，其中落叶松是我国最早从日本引进的。公园内有飞禽走兽10余种，生态环境保护良好。塔山森林公园内旅游景点有德国传教士华得胜1894年建造的三层别墅及塔山水库、葫芦崖、玉皇顶、望海楼、棋盘山、烂镢（jué）庵、掌枢院、朝阳洞、情人谷、仙人脚、青蛇石、白蛇石、挂心橛子等。

　　万松山乾隆行宫　位于蒙山脚下费县境内，为清乾隆年间沂州知府李希贤督建。行宫仿北京故宫样式构筑，依山而建，三面环水，占地面积6000平方米，坐北朝南。东西两院，各为四进院落，自南至北依次有朝房、大宫门、二宫门、前殿、寝殿、观山楼、望河亭、值事房、御书房、军机房及花亭等。乾隆皇帝南巡

时，曾两次下榻此宫，作诗 14 首。

指动石　指动石位于蒙山天蒙景区塔山脚下，系自然天成，长 7 米，宽 5 米，重达百吨，人站石下，以一指之力，可使之上下颤动，故名"指动石"。游客在此可体验"四两拨千斤"之玄妙。

蒙 山"四宝"是指什么？

蒙山有"四宝"：灵芝、首乌、全蝎和虫草。

灵芝　灵芝是真菌的一种，据传有七色灵芝，蒙山即出产其中五种，即赤、黄、白、黑、紫 5 种。据《本草纲目》记载，其主要功能是：滋补强壮、健脑安神、延年益寿。

首乌　首乌又名何首乌，叶子像心形，中医学上以根入药。主要功能：补肝肾、益精血、乌须发、养心安神。

全蝎　据《本草纲目》记载，全蝎入药已有 1100 年历史，盛产于蒙山一带，药用价值很高，在国内外享有盛誉。龟蒙顶所产全蝎 10 条腿，较他处多 2 条腿。主治抽搐、中风、半身不遂、口眼歪斜、破伤风、肿毒等。主要利用其以毒攻毒的特性。

虫草　虫草全称冬虫夏草，虫体似蚕，子座细长，质柔韧，自然腥味。据资料记载，虫草只有在高寒区的青藏高原才有，然而 1996 年 9 月 28 日，类延奎在蒙山 900 米处采灵芝时，发现极具药用价值的"虫草"。经山东大学张铠教授实验鉴定证明，蒙山虫草的发现，改写了虫草只有在高寒区才有的历史。

你 知道孟良崮是沂蒙红色旅游区吗？

孟良崮旅游区位于临沂市蒙阴县和沂南县交界处，属蒙山山系，主峰海拔 575.2 米，占地面积 1.5 平方千米。相传宋朝杨家

▲ **孟良崮战役纪念碑**

军将领孟良曾屯兵于此，故名。

1947 年 5 月，华东野战军在陈毅、粟裕的指挥下，在孟良崮一举歼灭了国民党的精锐部队——整编七十四师，击毙该师师长张灵甫，孟良崮由此而名扬海内外。

孟良崮旅游区主要景点有孟良崮国家级森林公园、孟良崮战役纪念碑和孟良崮战役纪念馆。

孟良崮战役纪念碑位于孟良崮旅游区内孟良崮山顶，占地面积 5000 平方米，建筑面积 100 平方米，于 1984 年为纪念著名的"孟良崮战役"而建。

纪念碑碑高 30 米，由 3 块状如刺刀的灰色花岗石筑成，象征着野战军、地方军和民兵的武装力量体制。底座为边长 20 米、高 1.6 米的正三棱体，组成一个枪托，象征着"枪杆子里面出政权"。枪托的周围是红色围墙，象征着高山下的花环。纪念碑的上下部构成一个有机的整体，象征着军民团结必胜，人民战争必胜。

碑中部正面镌刻着胡耀邦同志亲笔题写的"孟良崮战役纪念碑"八个镏金大字，碑东面镌刻着陈毅元帅《蒋军必败》诗词和粟裕将军的题词，碑西面镌刻着刘少奇、朱德、叶剑英等老一辈无产阶级革命家的题词。孟良崮战役纪念碑为山东省青少年爱国主义教育基地。

孟良崮战役纪念馆位于孟良崮烈士陵园内，坐北朝南，占地面积 81000 平方米，建筑面积 3240 平方米。馆内共分 5 个展厅，分别为门厅、战役厅、支前厅、英烈厅和双拥厅。

纪念馆前面是陈毅元帅、粟裕将军侍马而立的大型花岗石塑雕，雕像高 7.75 米，其中底座高 2.75 米。红色花岗石上镌刻着陈毅元帅的《孟良崮战役》长诗，两位将帅雕像栩栩如生，再现了当年作为孟良崮战役主要指挥者的光辉形象。

纪念馆后面是烈士墓地。墓地正中是粟裕将军骨灰撒放处，其后是烈士英名塔，塔身镌刻着在孟良崮战役中牺牲的 2800 多名烈士的姓名，墓区内掩埋着 2800 多名烈士的遗骨。孟良崮战役纪念馆现为山东省青少年爱国主义教育基地。

银雀山汉墓竹简博物馆有哪些馆藏文物、遗址？

银雀山汉墓竹简博物馆位于临沂市东南部银雀山上，系遗址性专题博物馆，地下有规模较大的汉代墓群。该馆为古典宫廷式建筑，占地面积约 10000 平方米，建筑面积 2400 平方米。该馆于 1981 年破土动工，1989 年竣工正式对外开放。现为山东省重点文物保护单位，是我国第一座汉墓竹简博物馆。

博物馆共有 3 个展厅：银雀山汉墓厅、竹简陈列厅、文物陈列厅。

银雀山汉墓厅居博物馆院内南侧。厅中央是复原的一、二号西汉墓穴，所有随葬品复制后，按原状摆放在棺椁内。椭圆状展厅周围墙壁上有放大的汉墓发掘现场和出土竹简时的照片。两座汉墓中出土竹简 7500 余枚，其中有《孙子兵法》《孙膑兵法》《六韬》《尉缭子》《管子》《守法守令第十三篇》等先秦古籍。失传 1700 多年的《孙膑兵法》和《孙子兵法》于 1972 年同时出土，解开了历史上存在的孙子和孙膑是否一人、其兵书是一部还是两部的千古之谜，系新中国成立以来十大考古发现之一。二号墓共出土竹简 32 枚，系《汉武帝元光元年历谱》，是迄今为止我国发现最早、最完整的古代历谱。

竹简陈列厅在银雀山汉墓厅的北面，两层仿古建筑的一楼。厅内正面屏风上悬孙武浮雕像；其两侧是用金文、汉隶、英文、日文书写的《孙子兵法》文摘；左右板壁上是放大的兵法竹简照片。正厅的东西两侧，分别为《孙子兵法》和《孙膑兵法》展厅。厅内分别塑有"孙子著书"和"孙膑出征"的大型塑像。其周围放置一排特制的玻璃展柜，柜内依次摆放着经过技术处理的兵书竹简。其中《孙子兵法》竹简233枚，分上篇13篇和下篇佚文5篇；《孙膑兵法》竹简222枚，为16篇。

文物陈列厅设在竹简陈列厅的二楼。展出百余座墓葬中出土的部分文物精品，包括陶器、漆器、帛画等。其中金雀山九号墓出土的西汉帛画，长2米，宽0.42米，内容分天上、人间、地下3部分。人间部分描绘的是墓主人生前的生活情景。这是继湖南马王堆出土帛画之后又一重大发现，是我国长江以北地区出土的唯一西汉帛画。

王羲之故居修复和新建了哪些景点？

临沂是一座古老的历史文化名城，前人曾以"灵秀钟毓，代有伟人"赞誉之。临沂历代所出的名人中，以王羲之最为世人所崇，故人们又习惯地把临沂城称之为"羲之故里"。

书圣王羲之，字逸少，因曾为右军将军，又称"右军"。公元303年出生于琅玡郡（今临沂市），自幼酷爱书法，真、草、隶、篆俱佳。王羲之与其

▲ 临沂王羲之故居大门

子王献之，在我国书法史上并称"二王"。王羲之不仅在《晋书》有传，还有劳唐太宗亲笔撰写了一段专论，主要原因由于他的书法受到唐太宗的"御赏"。唐太宗称赞他"所以详察古今，研精篆隶，尽善尽美，其唯王逸少乎。"唐太宗是一个爱好书法的皇帝，他一生对王羲之的墨迹，真是"心慕手追"，直到临死还留下遗言，将古今行书第一的《兰亭集序》陪葬昭陵，留下了至今还争论不休的一桩公案。

西晋永嘉元年（307）王羲之随家族南迁会稽山阴（今浙江省绍兴市），舍故宅为佛寺，佛寺历经兴废。北宋末年刘豫任"齐帝"时，易名普照寺，沿袭至今。为纪念我国历史上这位书法大师，1990 年以来，由临沂地区行署、临沂市政府投资 400 余万元修复了王羲之故居。

王羲之故居位于临沂市洗砚池街 20 号，为古典园林式建筑。一期占地面积约 17000 平方米。洗砚池正对大门，占地面积约 3400 平方米。传说，王羲之幼年时刻苦练字后即到池中洗刷砚台，长时间后以至于池水呈墨色，于是人们名曰"洗砚池"。在洗砚池的北面约 10 米，即是高出地面 2 米的晒书台，有 150 平方米，为当时王家晒书之所。在晒书台北面约 10 米处，有 5 间仿古建筑，占地面积 200 平方米，是现代修建的琅玡书院，里面珍藏着王羲之的碑帖、碑刻，以及书法名家的真迹。在故居西侧是百米长的书法碑廊，均为当代书法名家的手迹。东侧则是亭榭、小桥及一片片竹林，景色宜人。

2002 年，临沂市政府在 1989 年修复的故居基础上又加以扩建，使占地面积达到 65000 平方米。故居内有碑廊、孝行桥、琅玡书院、晒书台、王羲之铜像、砚池怀古、曲水流觞、夕阳普照、右军祠、左公祠、四宝台、鹅池水暖、千秋五贤、乾隆御碑等景点。

你知道诸葛亮故里吗？

　　诸葛亮故里位于沂南县砖埠乡的阳都故城。诸葛亮，字孔明，被称为卧龙先生，是三国时期著名的政治家、军事家。公元181年出生于阳都故城，约公元193年，诸葛亮13岁时随叔父诸葛玄去豫章，15岁时随叔父依附刘表，开始了在荆州"躬耕陇亩"的生活，历时12年。后被刘备"三顾茅庐"请出山，辅佐刘备建立蜀汉政权，成为一代名相，为后人所缅怀。

　　阳都故城是古代文化遗址，城内耕土下1米左右即是汉代文化层，亦发现战国文物，陶豆和陶鬲的残片随处可见。故城东面紧靠沂河，河西崖有一段出土的古代城墙，石砌而成，十分坚固。北面是东沂河，河岸上约1500米长的东段故城城基至今依稀可辨。

　　1992年，沂南县人民政府投资在沂南县砖埠乡孙家黄疃修建了"诸葛亮故里纪念馆"，占地面积2700平方米，为仿古式建筑。纪念馆左侧竖立的穿孔汉画像石碑，是汉代遗物。院内有千年银杏树一株，高23米，树围3.6米，树冠覆盖达360多平方米。纪念馆3块汉画像石均是诸葛亮故里出土的。大殿高7米，宽9米，长12.4米，建筑面积111.6平方米。大殿正中安放着诸葛亮塑像，四周是14幅壁画，全面反映了诸葛亮一生壮丽辉煌的业绩。

　　在沂南县城西山坡修建了"卧龙公园"。目前，已建成姊妹亭一处，有全国体量最大的诸葛亮铜像一尊，用铜3500千克，身高7米，总重7000千克；并建有浮雕，总长50米，共计14幅，每幅5.25平方米。石雕均根据《三国演义》故事雕刻而成，记载着诸葛亮的辉煌战绩。另外，有仿古建筑5间，花岗岩石雕战马4匹，龟驮碑2尊，碑文刻有诸葛亮的前后《出师表》。九龙壁面向人民街，总长 15.2 米，由汉白玉雕刻而成，建有公园大门两处，均为仿古式建筑。

费县园林石有什么特点？

费县园林石主要产于费县城北钟罗山后 10 余平方千米的土地上，所产园林石玲珑剔透，佝偻皱曲，集"瘦、漏、透、皱、丑"于一体，天酿地造，鬼斧神工，可称天下一绝。有的像猛虎下山，有的像蟠龙卧海，有的像雄鹰展翅，有的像猴子爬山，还有的像仙女下凡……千姿百态，形神兼备，可谓一块奇石一个故事，一块奇石一篇文章。

费县园林石有着悠久的历史。早在明朝就有王姓大户人家在费县朱田镇苑上建花园，作为别墅。花园内就立有 3 块园林石，底座上均刻有文字，留存至今。清乾隆三十年（1765），高宗皇帝第二次南巡驻跸费县时，就赋诗赞美费县园林石："突兀玲珑各斗奇，高低位置雅相宜，尽此用心勤民务，吾不忧无贤有司。"

用费县园林石装点园林庭院，古朴典雅，可与江南的太湖园林石媲美。1986 年，时任美国总统里根的少数民族问题顾问刘传虎先生曾专程到费县，选中 4 块园林石，运回美国，立在夏威夷等地。临沂市和韩国镇海市作为友好交流城市，2001 年 4 月，市人大和市政府主要领导带团访问韩国镇海市时曾精选 2 块费县园林石作为友谊的象征赠送给镇海市。

你了解"沂蒙六姐妹"吗？

沂蒙六姐妹，是革命战争年代在沂蒙老区涌现出的一个女英雄群体，她们居住在蒙阴县野店镇烟庄村，分别是张玉梅、伊廷

珍、杨桂英、伊淑英、姬贞兰、公方莲。其中公方莲、杨桂英、姬贞兰已病故。

在 1947 年的莱芜战役、淮海战役，特别是孟良崮战役期间，沂蒙六姐妹不分昼夜，在村干部和民兵都上了前线的情况下，主动挑起村里拥军支前重担，发动全村男女老幼，为部队当向导、送弹药、送粮草、烙煎饼、洗军衣、做军鞋、护理伤病员等。战役期间，六姐妹和乡亲们每天只吃一顿饭，整天忙碌着，操劳着，每天来回 10 多千米山路。据不完全统计，在孟良崮战役期间，她们带领全村为部队烙煎饼 7.5 万千克，筹集军马草料 1.5 万千克，洗军衣 8000 多件，做军鞋 500 多双，捐赠鸡蛋 450 多个，运柴火 850 多千克。停下来还要为战士唱歌，搞宣传，鼓舞士气。沂蒙六姐妹为战役的胜利做出了突出贡献。

1947 年 6 月 10 日，当时的《鲁中大众》发表了题为《妇女支前拥军样样好》的文章，报道了她们的模范事迹，称赞她们崇高的革命献身精神，称她们为"沂蒙六姐妹"。

新中国成立后，六姐妹把对子弟兵的深情厚谊，化做新时期爱党爱军的实际行动，积极投入到新时期双拥共建活动中去。每逢"八一"等节日，在县人武部、驻蒙武警中队，总能看到六姐妹和官兵共度节日的动人情景。姐妹们把精心缝制的鞋垫送到战士们手中，眼中充满了关注的目光。六姐妹先后上北京天安门国旗护卫队、下上海"南京路上好八连"，走出去矢志不渝地拥军，又谱写了新篇章，在社会主义新时期继续为党、为国家做出了新贡献。中共中央政治局委员、中央军委副主席、国务委员、国防部长迟浩田上将高度评价"沂蒙六姐妹"在革命战争年代和社会主义建设中做出的突出贡献，为她们挥笔题词"沂蒙山六姐妹，拥军情永不忘"。

临沂历史名人有哪些?

诸葛亮（181～234） 字孔明，琅玡阳都（今沂南县）人。三国蜀汉政治家、军事家。以"隆中对"辅佐刘备，建立蜀汉政权后，出任丞相。六出祁山攻魏未果，病逝于军中。被后代推为智慧化身和鞠躬尽瘁、死而后已的忠君典型。传曾革新连弩，制造木牛流马。著有《诸葛亮集》。

王羲之（303～361） 字逸少，琅玡临沂人，东晋书法家、文学家，官至右军将军、会稽内史，习称王右军。精通书法，备精诸体，尤善楷行，博采众长，自成一家。书风劲健遒美，为历代所崇尚，世称"书圣"。所作《兰亭集序》被誉为"天下第一书"。

颜真卿（708～784） 字清臣，祖籍琅玡临沂（今费县）人。唐代大臣，书法家。为官耿正，不畏权势。安史之乱中，起兵抗敌，被推为盟主，后为叛军李希烈所害。楷书端庄雄浑，世称"颜体"；行草书纵横跌宕中具凝练厚重之势。《祭侄季明文稿》被誉为"天下第二行书"。

王祥（185～269） 字休徵，西晋琅玡临沂人。历汉、魏、晋三代，先后任县令、大司农、司空、太尉、太保等职。事后母孝，民间流传"二十四孝"有王祥"卧冰求鲤"的故事。今故里孝友村有"王祥卧冰处"。

刘洪（140～206） 字元卓，蒙阴人，东汉天文学家，曾任郎中、上计掾（yuàn）、太守。编制了我国第一部月球运动不均匀性的《乾象历》。与文学家蔡邕续补《汉书·律历志》。首创珠算，著有《七曜术》。

荀子（约前313～前238） 名况，时人尊其号为"卿"。战国时期思想家、教育家。赵国人，游学于齐，三为稷下学宫祭酒（学长）。继赴楚国，为兰陵〔今苍山县兰陵镇〕令，著书终老其地。著有《荀子》。

左宝贵（1837～1894）　字冠廷，平邑人。回族，清末将领，官至总兵、提督。甲午战争中，率部东援朝鲜，守平壤玄武门，登城督战，虽受枪伤，犹裹创指挥，中炮阵亡。与丁汝昌、邓世昌并称"甲午三英"。

曾子（前505～前436）　名参，字子舆。春秋末鲁国南武城（今平邑，亦有嘉祥说）人，孔子学生。以孝著称，奉行忠恕，提出"吾日三省吾身"。相传《大学》为其所著，后被尊为"宗圣"。

蒙恬（？～前210）　蒙阴人，秦朝名将。世代为秦重臣，初任狱官，后为将。秦统一六国后，率兵北击匈奴，并筑长城，修直道。传曾以兔毛改良过毛笔。

临沂有哪些美味佳肴？

物产的丰富、食俗的久远，使沂蒙人民流传下来许多独具特色的食品，如糁、八宝豆豉、民间伏酱、六姐妹煎饼、莒南锅饼、沂水丰糕、郯城挎包火烧等都是沂蒙独有的地方小吃。能登大雅之堂的沂蒙菜有光棍鸡、蒜泥鱼、烩肉丝鱿鱼、蒙山全蝎、莒南驴肉等都是地道的民间特色菜。档次较高的饭店流行的新潮菜有果味银杏、灯笼虾片、龙珠鲍翅、清汤乌穗、桃源焖鱼头、甲鱼丸子等已成沂蒙美食的新族。沂蒙名厨在全省及全国各类烹饪大赛中制作的汆芙蓉黄管、汆西施舌、龙舟鲍翅、雪蛤银杏等分别获得金、银、铜奖。这些获奖菜无疑都成为沂蒙珍馐风味中的"阳春白雪"。

当前，沂蒙烹饪老字号的饭店多保持特色传统，如临沂老酒店、沂州老菜馆、琅玡大酒店等。近年来，沂蒙厨师对过去史书记载的古老菜系、烹饪方法，进行了挖掘整理，恢复了一些历史名吃。同时，注意外学内创、刻意求新，结合地方风味，创造了一些新式菜，为古老而又具有浓郁乡土气息的沂蒙菜增添了新的内容。

随着社会经济的发展，除兰陵老字号的兰陵酒外，还有沂蒙老曲、银麦啤酒、金银花茶等颇具特色的美食，为沂蒙山区悠久的饮食注入了新的活力，使之具有了丰厚的文化内涵。

德 州 市

你 了解德州市吗？

　　德州市位于黄河下游北岸，山东省西北部。北依北京、天津，南邻省会济南，西接山西煤炭基地，东连胜利油田及胶东半岛，处于华北、华东两大经济区连接带和环渤海经济圈、黄河三角洲以及"大京九"经济开发带交会区内，兼沿海与内陆双重优势。

　　德州自古就有"九达天衢"、"神京门户"之称，是华东、华北重要的交通枢纽。京沪、德石、济邯3条铁路在这里交会，5条国道、14条省道在境内纵横交错。京福高速公路贯穿南北，济聊、青银高速公路穿境而过。

　　德州市辖德城区、乐陵市、禹城市和齐河、平原、夏津、武城、陵县、临邑、宁津、庆云1区2（县级）市8县，总面积10356平方千米，2012年末户籍人口577.52万。

　　德州历史悠久。早在旧石器时代，我们的祖先就在这块土地上生息、繁衍。最能展现德州特点并使今天的人们赞叹不已的是那些精美的黑陶器物，距今已有4000多年的历史。禹王治水疏浚九河，禹王亭遗址就在禹城县的十里望村南。传说中的夏代东夷族领袖后羿就出生在这里。三国时期，平原郡人（今临邑县德平镇小祢家村）、才华横溢的文学家祢衡曾不畏强暴，"击鼓骂曹"，被后人编为戏剧流传世间。唐代大书法家颜真卿任平原郡太守时书写的《东方先生画赞碑》，至今保存在陵县文化馆内。宋代古建筑文庙，屹立在夏津县城里。这些古老的文化正是德州悠久历史的象征。

德州具有光荣的革命斗争历史。西汉末年，群雄四起。公元21年，平原女英雄迟昭平聚众数千人起义，抗官税，荡官衙，杀土豪。隋末，夏津县人张金称、武城县人孙安祖、窦建德聚众起义于高鸡泊（今武城大洼），转战于山东、河北一带，后建都乐寿，国号"夏"。平原的阿舅军以刘霸道为首领，转战山东各地。平原人郝孝德聚众起义，活动于黄河以北，后投瓦岗军。继窦建德之后，武城县人刘黑闼等农民起义屡兴不衰。清末，齐河人朱红灯领导的义和拳（后改称义和团），在平原、齐河一带兴起，遍布冀、津、京，影响全国。

在中国共产党领导的革命战争中，德州人民为民族独立和人民解放事业做出了卓越的贡献。齐河县的贾乃甫、马馥塘，参加了1921年王尽美、邓恩铭在济南发起成立的马克思学说研究会。贾、马是本区最早的共产党员，他们于1924年在齐河县后里仁庄建立了全区第一个党支部。

德州的旅游景点主要有董子园、中国太阳谷、苏禄国东王墓、夏津黄河故道森林公园、乐陵文庙、碧霞祠、邢侗纪念馆、禹王亭博物馆、乐陵百万亩枣园、德州游乐园、庆云海岛金山寺和泉城海洋极地世界等。

德州的主要特产有德州扒鸡、德州西瓜、德州羊肠锅、乐陵小枣、宁津三名吃（长官包子、大柳面、保店驴肉）、夏津珍珠琪、宋楼火烧、布袋鸡、古贝春酒。

董子园风景区是怎么建起来的？

德州是地灵人杰之地，其中历史最久、名气最大的人当数董仲舒。"董生读书处，寂寞临高台。门墙窥孔室，编简拾秦灰。业守三余积，宫存一亩开。墨池春草遍，园木晚禽来。独有贤良策，人称王佐才。"这是明代嘉靖年间宰相严嵩沿运河南巡途经德州时，在德州名胜"董子读书台"留下的千古名句。这里的"董生"、"董子"指的就是西汉大儒董仲舒。董仲舒虽故乡在今河北省景县，但景县在汉朝与今德州同为广川县，而且董仲舒的原籍是德州的平原郡，所以在明代《德州志》中就把董仲舒作为乡贤名人立传。更重要的是，董仲舒常年在德州读书、授徒、研究天人学问，留下永久的"董子读书台"，"书台夕照"便是德州古十景之一。还有后来的董子祠、董子书院，这些都成为德州对董仲舒的永远纪念。曲阜有"三孔"，德州有"三董"，董仲舒是千百年来德州的文化地标。

然而近代以来，由于种种原因，"三董"逐渐销声匿迹，湮没在历史的长河里，空让钟情于中国传统文化的人们扼腕叹息！"民族中兴，天下大治"，2007 年开始，德州地方政府以振兴人文德州为主题，在德州经济开发区动工重建董子读书台，并以此为中心，规划建设了董子园风景区。景区以"董子读书台"建筑群为主景，以"儒家文化思想"为主题，建成人文建筑空间与自然生态空间（人与环境）相和谐，集思想、艺术、观赏、娱乐、教育特征于一体的主题文化公园。董子文化园将成为儒家文化传承和发展的经典之作，同时也为提升德州现代城市形象增添了丰厚的历史文化内涵，一座异地重建的全新读书台正在成为这个城市新的文化坐标与象征。

你 了解中国太阳谷景区吗？

　　"拥有60万城市人口的德州，四周是500万农民，过去以养鸡为主，今天的德州称自己为中国的'太阳城'。这是一个传奇的转变。"2010年4月19日美国《华盛顿邮报》记者贺安雷来中国太阳谷，对皇明在发展新能源、太阳能热利用等方面进行了深入采访报道，把一个叫做德州的中国城市拉入了全球的视野。实际上，德州从来就是一个与太阳有缘的地方。在这片齐鲁文化与燕赵文化、黄河文明与运河文明交融交汇的地方，上古时期就流传着后羿射日、夸父逐日的神话，今天德州人继承着先祖为造福人类而执著追求的美德，对开发利用太阳能孜孜以求，为保护生态环境、开发清洁能源作出了突出贡献，赢得了"中国太阳城"的美誉。中国太阳谷景区就是皇明集团倾情打造的目前全球首家以低碳为主题的国家4A级旅游景区。

　　中国太阳谷是对太阳能生产制造、技术研发、人才培养以及相关配套产业支持的统称，是对太阳能产业集群的形象概括，规划建成集产、学、研于一体的太阳能"硅谷"。太阳谷位于德州经济技术开发区，占地面积约700公顷，具体包括世界级可再生能源旅游观光中心、研发检测中心、国际会议交流中心、制造物流中心、低碳国际商务中心、低碳科普展示中心、低碳科技国际会展中心、教育培训中心、低碳人居示范中心等9大中心和以日月坛微排大厦、国际会议会展中心、太阳谷"七星"主题酒店等为代表的生态低碳绿色建筑群。这里以先进的新能源技术为依托，建成了未来30年全球人居样板，未来50年全球城镇样板，未来百年新兴产业运营样板，被誉为"世界未来之谷"。它打开了一道通向未来的大门，为未来人们的生活方式提供了示范。

为什么说苏禄国东王墓是中菲两国友好的历史见证？

苏禄国东王墓，坐落在德州市城北约 1000 米处的北营村。1987 年被列为全省重点文物保护单位，1988 年 1 月 13 日被国务院列为全国重点文物保护单位。这是中国历史上在中国境内唯一的外国国王墓地，也见证了中菲两国近 600 年的友好历史。

明永乐十五年（1417）七月，苏禄群岛上的 3 位国王——东王巴都葛·巴哈喇、西王麻哈喇葛麻丁和峒王巴都葛巴喇卜率领家眷一行 340 人组成友好使团，前来中国进行友好访问。永乐皇帝（明成祖朱棣）在奉天殿举行了盛大隆重的欢迎仪式，热情接待了来访使团，称赞"今王慕义而来，诚贯金石"。

三王在北京愉快地逗留了 27 天。九月，三王辞归，永乐帝依照惯例加封三王，并派专使护送。谁料，路途中，秋风瑟瑟，寒凉骤起，突变的天气使东王极不适应，加上水土不服，当船行至德州时，东王因感风寒医治无效，不幸病逝于德州驿馆。噩耗很快传到北京，永乐皇帝闻讣，深表哀悼，派遣礼部郎中陈士启带祭文赶赴德州致祭，慰问其亲属。按照厚土而葬的习俗，永乐帝命令沿运河取土，哪里的土重就葬在哪里。于是，德州的厚土就将这位异国的国王永久地留下了。东王死后祀曰"恭定"。

安葬好东王，东王长子图玛哈率众回国继承王位，王妃葛木宁及次子温哈刺、三子安都鲁和侍从 10 余人留居德州守墓。永乐十六年（1418），明王朝又在墓前修建祠庙，摆列翁仲石兽，立起了高大的《御制苏禄国东王碑》，永乐帝又亲自撰文，赞誉苏禄国东王"光荣被其国家，庆泽留于后世，名声昭于史册，永世而不磨灭"。

为安排好东王德州后裔的生活，永乐帝特命礼部官员查例赐恤。除陵庙地基以外，又赐祭田 238 亩，永不纳税，王裔留德州守墓人员都享受俸禄。为尊重苏禄王后裔信奉伊斯兰教的习俗，明朝廷专门从济南府历城县拨来夏、马、陈三姓回民，与他们相兼守墓，免除各种繁差杂役。

东王妃及两个王子守墓至 1423 年回国，由于他们很眷恋中国，第二年又重返德州。从此，东王妃及两个王子长期留居中国，他们去世后，也都附葬在东王墓的东南隅，也就是他们国家的方向。

清雍正九年（1731），苏禄国王苏老丹访问中国，到达德州后瞻拜祖墓。根据东王德州第八代后裔温崇凯、安汝奇提出的"本国远隔重洋，东王德州后裔愿加入中国籍"的请求，苏老丹到达北京即刻上奏礼部，礼部很快批复："苏禄王留德州后裔以'温'、'安'二姓入籍中国德州。"入籍时，温、安二姓共计 193 人。从此，苏禄王留德州后裔成为中华民族大家庭中的一员，并依墓成村，称为北营村。

苏禄国东王墓包括御碑楼、牌坊、神道、东王墓、王妃墓、王子墓、清真寺、祾恩殿、东西配殿。1986 年 7 月至 1987 年 9 月，德州行署和德州市人民政府拨款重建以东王墓为主体的东王祠庙。墓基坐北朝南，是一个占地面积约 3300 多平方米的高台。高台上的基体为圆形土丘，土丘下部围以石砌的护墙。在墓体正南的中心线上新建东王享殿 5 间，东西两侧各建配殿 3 间，以及围墙和庙门。在庙的正南墓道上，复建古式牌楼，还增建回廊 1 座，庄严典雅。庙门正南是长约 500 米，宽约 15 米的墓道，依次排列着翁仲、石兽和华表，在墓道东西两侧，还有明成祖朱棣立的墓碑《御制苏禄国东王碑》和明代中后期建的清真寺。整个陵墓被苍松翠柏环绕，古朴肃穆。

多年来，菲律宾同中国一直保持着密切的来往。1980 年、1995 年菲律宾驻华大使雷耶斯博士、罗穆阿多分别专程来德州，

拜祭苏禄国东王墓，并看望东王后裔。1986 年，中国与菲律宾两国还联合拍摄了大型历史传奇故事片《苏禄国王与中国皇帝》，将这一段历史佳话搬上了银幕。

现在院中所立的"苏禄国东王纪念碑"也是由菲律宾苏禄国东王后裔苏丹王、菲律宾实现黎刹信念协会、菲律宾国家历史协会联合为苏禄国东王所立的。1999 年，东王第 16 代传人菲律宾苏丹王再次到德州拜祭祖先。

新 湖风景区有哪些景点？

新湖风景区位于德州城区中心，主要包括新湖、城市中心广场、新世纪广场、希森欢乐岛 4 部分，占地面积 130 多公顷。

新湖属于开放型湖滨公园，总占地面积 28 公顷，分为东湖、中湖、西湖和南湖区，内设"明月桥"、"叠翠山"、"船站"、"踏浪台"、"知春亭"、"梅园"等，独具德州特色，经过街天桥与城市中心广场有机相连，交相辉映。

城市中心广场由 3 部分组成，由北向南依次为体育广场、文化广场、休闲广场。体育广场是一个高标准草坪足球场和 400 米环形看台围合成的半封闭空间，设置有瀑布、旱喷泉及演出舞台，可供举办文娱活动。休闲广场以绿化为主，配以跌落式绿地及小型喷泉，突出一个"静"字。中间的文化广场部分，通过过街天桥与新湖相连，在天桥探入新湖水面处建有小码头，使城市中心广场与新湖有机地联系在一起。广场东侧为 7 米高的阶梯式露天看台，看台中间部分是高达十几米的背景墙，墙上是反映德州历史文脉的大型浮雕。既有后羿射日、嫦娥奔月的神话传说；又有一代儒学宗师董仲舒德州苦读 13 载的董子读书台；还有象征中菲友谊的苏禄王朝觐图。广场东侧上方的柱体长廊、中心部分的环形看台及过街天桥等所有制高点都装饰有各类射灯、彩灯，总计3000多盏，夜幕降临，霓虹闪烁，五光十色，斑斓多姿。整个广场集文化、休闲、娱乐、体育于一体，是广大市民良好的活动场所。

新世纪广场有《世纪风》雕塑、风水球、水晶屋、信息池等众多景点。《世纪风》雕塑高度为21米，通过抽象的动态处理及大胆的火红色彩的运用，展示了德州人民意气风发、昂首奋进的时代精神。

希森欢乐岛内设阿波罗飞船、过山车、太空飞船等娱乐项目，是成年人及儿童喜爱的娱乐场所。

陵县的《东方先生画赞碑》是谁书写的？

《东方先生画赞碑》，当地人俗称颜子碑。碑正文为晋朝常侍夏侯湛撰，唐颜真卿书并撰书《碑阴记》。碑四面刻字，碑阳碑阴各15行，左右侧各3行，行30字。碑阳碑阴均为大字正书，阳额篆书，阴额隶书。碑文字大6厘米，碑额字大10厘米，全碑共1073字。碑身造型高大，样式古朴浑厚。

颜真卿出身于书香门第，家学渊源，精于翰墨，尤以行、楷称誉。他在继承王羲之父子书法艺术的基础上，以自己的博学卓识、忠烈刚正的风格，一改魏晋清秀遒丽的书风，形成了雄伟沉着的风格，开创了我国书法艺术史上一个崭新的书体，世人称"颜体"，对后世书法产生了极其深远的影响。到颜真卿为平原太守刻

▲《东方先生画赞碑》

石立碑时，是年 45 岁，生逢盛年，书法艺术也已达到了炉火纯青的地步。故颜真卿所书的画赞碑文字体平整峻峭，点画雄健，结构丰伟，是颜体极为难得的代表体。可能是兴之所至，颜真卿在楷书正文之后，笔酣墨畅，意犹未尽，于是又篆书碑阳额"汉太中大夫东方朔先生画赞碑"，隶书碑阴额"东方先生画赞碑阴记"，篆书格调古雅，隶书气势雄浑。一碑集楷、篆、隶三体于一身，加上刀工细腻，体现出颜体字之神韵，确属难得的上乘书法珍品。

1978 年此碑被列为省级重点保护文物，1982 年又列为国家一级文物藏品。为使《东方先生画赞碑》完整地传于后世，文化部门于 1983 年底重新复制《东方先生画赞碑》，保留了原碑风格。为妥善保存这一历史文物，陵县专门修建"文博苑"。新落成的三座碑亭飞檐抱角，琉璃金瓦盖顶，雕梁画栋，玉槛回廊，结构丰伟。正中双楼重檐碑亭厝放《东方先生画赞碑》复制碑，南碑亭厝放颜真卿书《东方先生墓碑》复制碑，北碑亭厝放清历城王钟霖书《颜鲁公画像赞碑》，三碑浑然一体，气势壮观。1988 年，在碑亭北建成颜公祠，《东方先生画赞碑》亭正东建成一高大雄伟、气势恢弘的碑楼，《东方先生画赞碑》原碑珍藏其中。整个建筑格调高雅，庄严肃穆。

禹城禹王亭是纪念大禹的吗？

禹城市区西北 4000 米处有一古迹，称"禹王亭"，该处有一高 5 米，四边长各 50 米的"具丘山"。此山为土质，考古专家在此考察时曾发现石斧、骨针等文物，乃龙山文化遗址。1977 年 2 月被列为山东省重点文物保护单位。具丘山是大禹治水时率五百壮士担土筑成，大禹登高察看水势，疏导了徒骇河，根治了禹城大地的水患。后人为了纪念大禹功绩，在具丘山上修建了"禹王亭"。后几经扩建，修建了气势宏伟的禹王庙，每年秋季在此举办庙会，远近闻名，引众多文人墨客、志士仁人前来瞻仰凭吊。1994 年，禹城市修复禹王亭。现禹王亭占地面积近 7 公顷，有 64 个台阶，禹王亭大殿内有大禹神像供人瞻仰，并建有配殿、山门等建筑物，红墙碧瓦，青松翠柏相映生辉。

德 州古代历史名人有哪些？

后羿 出生于前 21 世纪，生活在夏朝，以善射闻名。因其后来曾夺得夏朝国政，故后羿名帝羿。还称夷羿，因为他是东夷族有穷氏部落首领。

廉颇 出生于前 3 世纪，生活在战国时期，是今德州陵县人。赵惠文王时曾率军大败齐师，被拜为上卿，以勇力过人闻名于诸侯各国。他被蔺相如顾全大局、忍辱负重的言行打动，负荆请罪，与之成为刎颈之交，同保赵国，传为佳话。

东方朔（前 154 ~ 前 93） 字曼倩，平原厌次（今陵县神头镇）人。深得汉武帝器重，召为公车令（管理百官上书及皇帝征诏事宜）。东方朔一生著述甚丰，写有《答客难》《非有先生论》《封泰山》《责和氏璧》《试子诗》等，后人汇为《东方太中集》。

窦建德（573 ~ 621） 出身农家，世代务农，性格豪爽，武力过人，行侠仗义，有勇有谋，在当地享有很高威信。唐武德四年（621），李世民率大军围攻洛阳的王世充，王世充向窦建德求救。第二年，窦建德率 10 万大军援救王世充，不幸在荥阳虎牢为唐军所败，被俘牺牲。窦建德死后，魏州（今河南安阳）人民为他建立了夏王庙，以作纪念。

颜真卿（709 ~ 785） 字清臣，号应方，祖籍琅玡临沂（今临沂），后徙居京兆万年（今陕西西安）。少年就以博学多才、工于辞章而知名。颜真卿出任平原郡（治所在今德州市陵县）太守之前，在京城长安任殿中侍御史。刻写了《东方先生画赞碑》。虽有高功硕德，却不能久位于朝，屡遭贬谪。同安禄山、李希烈等叛乱势力展开殊死斗争，最终献出了宝贵的生命，在中华民族历史上树立了一座丰碑，成为忠臣烈士的典范。

孟郊（751～814）　中唐诗人，字东野，祖籍平昌（今临邑县德平镇）。孟郊是中唐较有影响的诗人之一，以五言诗为主，不论在思想内容还是在艺术风格上都有独特造诣。其中，《游子吟》就是其代表作。

邢侗（1551～1612）　明朝书画家。字子愿，号知吾，临邑县邢柳村人。邢侗自幼聪慧，18岁被选拔为贡生，20岁中举人，24岁中进士。明神宗万历三年（1575）授南宫（今河北南宫）知县。这期间，他兴利除弊，擒盗除党，拒贿不贪，为国家累金巨万。万历十四年（1586），邢侗升任陕西太仆寺少卿。但当年五月，36岁的邢侗却突然辞官还乡，过起了隐居生活。还乡以后，邢侗倾其"巨万"家资修筑"涕园"，造景26处。26景中有一景名为"来禽馆"，是邢侗读书和写作的地方。今临邑一中图书馆东侧山墙上嵌刻有"来禽馆故址"石，据考证，此处就是"来禽馆"故址所在。

德州扒鸡为什么有名气？

德州五香脱骨扒鸡，简称德州扒鸡，它以熟烂脱骨、肉嫩松软、清香不腻等特点而闻名，有神州一奇之美称。

德州扒鸡已有300年的历史。早在明代，德州城内及水旱码头上，即有叫卖烧鸡者。1692年扒鸡面世，并出现了扒鸡、烧鸡同产同销的并存局面。1702年康熙皇帝南巡时，尝到了五香脱骨扒鸡，龙颜大悦。从此，德州扒鸡作为贡品进入宫廷。乾隆年间，扒鸡制作艺人又被召进皇宫御膳房，从而德州扒鸡名扬天下。

20 世纪初，以扒鸡传人德州宝兰斋饭庄的掌柜侯宝庆、德顺斋烧鸡铺掌柜韩世功为代表的几家作坊，认真总结祖辈的制作经验，多方摸索试制，完善了工艺，改进了配方，逐渐形成了新一代扒鸡雏形。至新中国成立前夕，德州市已有"福顺斋"、"德盛斋"等扒鸡店铺 20 余家，年销售约 40 万只。新中国成立以后，德州市建立了国营食品公司，集诸名师于一家，采百家之长，保持并发展了这一传统名吃的独特风味。

制作德州五香脱骨扒鸡采取传统的烧、熏、酥、炸、卤等多种工艺，其生产过程是：将健康的活鸡宰杀、沥血、褪毛、掏净内脏，加工成白条鸡。然后盘为坐姿，口衔双翅，凉透，周身涂匀糖色，用沸油烹炸，再按照鸡的老嫩排入锅内，加入食盐、酱油、原锅老汤及砂仁、丁香、肉蔻等作料，分别以急火和文火炖 6 ~ 8 小时，起锅凉透即成。

乐陵小枣为什么称金丝小枣?

乐陵小枣，亦称金丝小枣，品质优良，掰开半干的小枣，可清晰地看到由果胶质和糖组成的缕缕金丝粘连于果肉之间，拉长 1 ~ 2 寸不断，在阳光下闪闪发光，金丝小枣因此而得名。

小枣栽培历史，始于商周，兴于魏晋，盛于明清，距今已有 3000 多年历史。北魏贾思勰所著《齐民要术》中记载："青州有乐氏枣，丰肌细核，膏多肥美，为天下第一。父老相传，乐毅破齐时，从燕赍（jī）来所种也。"（当时乐陵属青州郡）距今也已有 2200 余年。现在，乐陵市城东北有一株"老寿星"枣树，传说隋末农民起义军罗成曾在这棵树上拴过马。清乾隆《乐陵县志》记

载：明万历十九年（1591），乐陵知县王登庸"教民树艺，劝民种枣。有过者课种枣，以赎行，故邑多枣。"诗人吴泰庞诗中写道："六月鲜荷连水碧，千家小枣射红云"。反映了乐陵枣树之多。到20世纪30年代，乐陵小枣已具有相当的规模。据1935年《中国实业志》记载："枣，乐陵一县为最多，全县有枣树136万株，产干枣27.2万担，外销20万担。"1937年日军侵华，砍伐枣树70多万株，致使小枣产量大幅度下降。

乐陵小枣一般为椭圆形或鹅卵形，平均个重5～7克，它核小皮薄，果肉丰满，肉质细腻。鲜枣呈鲜红色，肉质清脆，甘甜而略具酸味。干枣果皮呈深红色，皮薄而坚韧，皱纹浅细，利于储存和运输。乐陵金丝小枣具有丰富的营养价值和药用价值，每百克鲜枣果肉含维生素C 500毫克左右，其含量是蜜橘的十几倍，比苹果高几十倍，被称为"活维生素C丸"。总含糖量64.4%～69.2%，还含有较多的蛋白质、脂肪、铁、钙、磷，维生素A、P和芦丁及人体所需要的氨基酸等18种营养元素。具有滋补身体和辅助治疗脾胃虚弱、消化不良、肺虚咳嗽、贫血等病症的功能。

庆 云海岛金山寺有何来历？

海岛金山寺景区位于德州庆云县城北3千米，是依托海岛金山寺而建成的国家4A级旅游景区。古海岛金山寺至迟隋朝已有，距今有1300多年历史，但后来寺院被毁。2004年浙江天目山齐素萍居士投资近亿元重建海岛金山寺，是长江以北规模最大的净土宗寺院。海岛金山寺景区包括佛事活动区、商业区、景观区3部分。寺院主体为佛事活动区。商业区环绕寺院而建，占地6万多平米，总长1000余米，为明清徽式风格建筑，是集游览、餐饮、住宿、旅游、购物于一体的综合配套区。景观区即吉祥园项目，位于寺院北侧。这里有春秋时期季札葬子处——千年古延陵台，有国内最大的孝文化主题蜡像馆——二十四孝馆，还有仿照北京天坛祈年殿建造的万佛殿。

泉 城海洋极地世界是在"泉城"济南吗？

泉城海洋极地世界不在"泉城"济南，而是在德州市齐河县。景区于 2009 年 10 月份开工建设，2011 年 7 月 28 日开始营业，建筑面积 8.8 万平方米，以海洋文化科普教育为特色，分为热带雨林、海底隧道、海洋生物、极地动物展示、4D 影院、科普教育、水下剧场、海洋剧场等 10 多个展馆，汇集了从赤道热带雨林到南北极地世界各地珍稀海洋生物千余种。其展区面积之大、展示物种之多、功能设施之全，堪称国际一流。展示的海洋生物有来自极地的北极熊、北极狐、海狮、海豚、海牛、企鹅、海豹以及大白鲸、数十种鲨鱼、千年大海龟，万种鱼类等，是一个集观赏性、娱乐性、趣味性和反映海洋文化、海洋科技为一体的综合性展馆。

聊 城 市

你 了解聊城市吗？

聊城地处鲁西平原，古运河畔，是座历史悠久的重镇，因位于古聊河西岸而得名。全市总面积 8715 平方千米，2012 年年末户籍总人口 594.45 万人。市境地处黄河冲积平原，地势西南高、东北低。属于暖温带季风气候区，半干燥大陆性气候。气候适宜，光照充足。聊城市辖冠县、莘县、阳谷、东阿、茌平、高唐、东昌府区、经济技术开发区，代管省辖市临清市，下辖 126 个乡、镇、办事处，6516 个村委会。

聊城古城池位置和布局状若凤凰，所以又有"凤凰城"的美称。它在明清时期为东昌府，现为聊城市委、市府所在地，是鲁西政治、经济、文化中心。聊城始建于春秋，距今已有 2500 多年的历史，《史记》中"鲁仲连射书喻燕将"的故事就发生在这里。聊城地处冀、鲁、豫 3 省交界处，经济繁荣，文化昌盛，曾为沿古运河九大商埠之一，被誉为"漕挽之咽喉，天都之肘腋，江北一都会"。明清之交，由于漕运兴盛带来了聊城文化事业的发展。鸟瞰古城，环城湖水宛如一面明镜，把古城镶嵌在中央，中外专家称赞聊城为"中国的威尼斯",东方的"诺亚方舟"。

聊城有着深厚的历史文化,中国古典名著《水浒传》《金瓶梅》《老残游记》中许多故事也都取材于这个地区。

悠久的历史为聊城留下了众多的景观,光岳晓晴、巢父遗牧、崇武连墙、绿云春曙、古秋铺琼、圣泉携雨、仙阁云护、铁塔烟霏合称 8 大胜景。

聊城是湖、河、城融为一体独具特色的旅游城市。驰名中外的京杭大运河像一条游龙越境而过;江北最大的人造湖东昌湖,犹如锦带环抱古城;光岳楼,冲汉凌空,气势雄伟,为鲁西的一大奇观;山陕会馆构筑巧妙,富丽堂皇;建于宋金之际的铁塔,俊崇浑朴,为聊城古老的象征;藏书甲天下的海源阁古朴庄重,为清代著名的四大私人藏书楼之一;初建于北宋末年的狮子楼,雕梁画栋,因传说武松在此斗杀西门庆而闻名海内外;造型独特的临清清真寺、雄伟壮观的舍利塔、坐落于东阿鱼山西麓的曹植墓、闻名遐迩的武松打虎处——景阳冈,无不凝聚着先人的智慧,标志着历史的文明,闪烁着中华民族文化艺术的灿烂异彩。

《史记》中"鲁仲连射书喻燕将"讲的是什么内容?

故事说的是战国时期,燕国攻打齐国,夺取了 70 多座城,只有莒和即墨两地保存下来。齐将田单就以即墨为据点大败燕军,杀死燕将骑劫。

当初,有位燕将攻占了聊城,可是却被人在燕王那里进了谗言,这位燕将害怕会被处死,就死守在聊城不敢回国。齐将田单为收复聊城,打了一年多,将士死伤累累,可聊城仍然岿然不动。

齐国谋臣鲁仲连就写了一封信,绑在箭杆上,射到城内,信中这样对燕将讲:"我听说,智者不去做违背时势、有损利益的事,勇士不去做害怕死去而毁掉荣誉的事，忠臣总是处处为君王着想而后才想到自己。现在将军竟因一时的激愤，而不顾燕王失去一位大臣，这不是忠臣所为；城破身死，威名不会在齐国传播，这不是勇士的举动；战功废弃，英名埋没，后人不会称道，这不是聪明人的举动。因此，明智的人不会踌躇不决，勇敢的人不会贪生怕死，如今生死荣辱、尊卑贵贱，都取决于一时的当机立断，希望将军能够三思而行，不要与普通人一般见识。"

接下来鲁仲连又详细分析了当前的局势，以管仲、曹沫的故事以古喻今，劝说燕将退兵。燕将深为折服，答复鲁仲连说："谨遵先生之命。"于是，背着兵器撤军回国。因此说，不战而屈人之兵，使百姓免遭刀兵之祸，全是鲁仲连的功劳呀！

孔繁森纪念馆里展出了孔繁森同志的哪些事迹？

孔繁森纪念馆坐落在碧波荡漾、风光秀丽的东昌湖畔，1995年7月4日经中共中央宣传部批准建馆，1995年9月10日正式开馆接待观众。江泽民同志为纪念馆题写了馆名。

纪念馆内设1个纪念厅和3个展览厅。纪念厅内安放着孔繁森同志大型汉白玉半身塑像，塑像后红色屏风上镌刻着江泽民总书记的题词"向孔繁森同志学习"。展览共分6个部分，展出图片270余幅，陈列实物千余件，并配以专题录像片。第一部分"齐鲁赤子"，展示了孔繁森在山东生活、工作，从一个普通农民的儿子成长为一名党的领

▲ 孔繁森纪念馆

导干部的光辉历程。第二部分"汗洒雪域",展示了孔繁森两次赴藏工作 10 年间,为西藏的建设和繁荣,恪尽职守、忘我拼搏、开拓进取、求真务实的精神风貌。第三部分"情系高原",展示了孔繁森热爱人民、服务人民、为民解难、无私奉献的满腔热忱。第四部分"廉洁清正",展示了孔繁森艰苦朴素、廉洁自律、一身正气、克己奉公的高贵品质。第五部分"深切怀念",展示了孔繁森不幸殉职后,山东、西藏及全国各地群众深切悼念孔繁森的感人情景。第六部分"光耀神州",展示了以江泽民为核心的党中央对孔繁森的高度评价,以及在党中央号召下,全国各地广泛开展学习、宣传孔繁森活动的情况。

　　孔繁森同志纪念馆开馆几年来,始终把宣传孔繁森事迹,展示孔繁森同志的优秀品德和崇高精神,作为对广大干部、群众进行爱国主义、集体主义和社会主义思想教育的重要内容,为全党和全国人民广泛、深入、持久地开展向孔繁森同志学习,加强爱国主义教育,促进廉政建设和民族团结提供了一个生动实际的课堂,充分发挥了教育基地的作用。据不完全统计,孔繁森同志纪念馆目前已接待来自全国 20 多个省市自治区的观众 200 余万人次,其中省部级干部 700 余人,厅级干部 1 万余人,县级干部 10 万余人。全国巡展历时近 2 年,观众近千万。目前,孔繁森同志纪念馆已成"全国爱国主义教育示范基地"、"全国青少年教育基地"、"全国党员干部教育基地"、"全国民族团结进步教育基地"。

东昌湖景区蕴涵的历史与文化有哪些?

　　东昌湖现有水域近 5 平方千米,总面积 20.6 平方千米,是中国江北地区罕见的大型城内湖泊。东昌湖引黄河水为源,常年水深 3~5 米,湖水清澈,无任何工业污染,景色宜人,令游客流连忘返。东昌湖中心是已有千年历史的 1 平方千米的正方形聊城古城。古城风貌保存完好，以古城正中的光岳楼为中心，向四面辐射，形成东西南北 4 条古城区干道。其他大街小巷，也都是经纬分明，垂直交叉，形成棋盘方格网状骨架。古城区民居，至今保留着白墙、灰瓦、坡屋顶的传统建筑风格。古老的京杭运河两岸，街巷布列，各种店铺民居，随坡就势，依河而建。条石铺砌的大小码头，株株苍劲的古槐，以及宋代隆兴寺铁塔，国家重点文物——清代建筑山陕会馆，仍会使人们体味到昔日运河漕运鼎盛时期古聊城的繁荣和辉煌。通过有效地开发和利用这些得天独厚的旅游资源，形成了东昌湖风景名胜区的重要内容——湖滨风景区、古城文化区和运河风情区。

东昌湖风景名胜区文化的内涵深厚，旅游资源丰富。聊城历史悠久，人杰地灵，历史上曾出现过许多杰出人物。明朝宰相朱延禧，清代名臣傅以渐、任克溥，书画名家邓钟岳，近代抗日民族英雄范筑先，著名学者和社会活动家傅斯年，以及 20 世纪 80 年代青年的楷模张海迪和 90 年代领导干部的楷模孔繁森等都是其中的杰出代表。此外，《水浒传》《聊斋志异》《金瓶梅》《老残游记》等中国古代名著，对古聊城和东昌湖均有描述。千年的历史沧桑，层出不穷的杰出人物，造就了东昌湖风景名胜区丰厚的文化背景和底蕴。迷人的自然风光，众多的文化景点，也汇成了东昌湖风景名胜区的丰富旅游资源。

东昌湖区，近年又兴建了中国钓鱼协会聊城垂钓基地、东昌湖游乐园、江北水上竹寨、沙滩浴场、游船码头、湖心岛、荷香岛、浮春亭等一大批游览景点和设施。沿湖 15 千米的绿化带也初具雏形。湖西公园、西关二十一孔游览石桥、北关游览石桥等一批重点建设项目也正在积极实施。

你了解山陕会馆吗？

　　山陕会馆位于聊城市东昌府区东关古运河西岸，是山西、陕西客商集资合建的一处神庙与会馆相结合的古建筑群，是全国重点文物保护单位。山陕会馆始建于清乾隆八年（1743），历经4年，起初规模不大，只有正殿、戏台和一排楼群。但浓烈的思乡之情使山陕商人不惜耗资继续进行了8次扩建，到清嘉庆十四年（1809）形成现在的规模，前后耗去66年时间，用了60465两6钱9分白银。会馆东西长77米，南北宽43米，占地面积3311平方米。保留至今的有山门、戏楼、夹楼、钟楼、鼓楼、南北看楼、南北碑亭、关帝殿、财神殿、火神殿等160余间。馆内现存有历年重修大小碑刻19块；石雕方檐柱30根，浮雕、透雕的精密木质额枋42方；作为柱础的石雕狮子、大象、麒麟等12座；照壁、折壁、人物、花鸟、山水等石刻画12幅。上百个柱础上刻有花草、鸟兽等装饰，尤其是木柱、石柱、匾额上所刻楹联、文字，正楷行书兼备，为书法家所称颂。山陕会馆的整个建筑群，布局紧凑，错落有致，装饰华丽，不仅是我国古代建筑的瑰宝，对于研究我国古代建筑史具有极高的价值，而且也是研究我国古代商业史、经济史、戏剧史、运河文化史以及书法、绘画、雕刻艺术史的珍贵资料。尤其是建筑中诸多歌颂经济的对联和碑刻上所记载的商号名称及其捐银数目等，对于研究我国清代资本主义的产生具有十分重要的意义。新中国成立后，党和国家非常重视山陕会馆的保护与维修工作。特别

▲ 聊城山陕会馆

是近几年来，国家文物局和省市地方政府已陆续投资，对山陕会馆的山门、戏楼、南北夹楼、钟鼓二楼、南北看楼等进行了维修与复原。

聊城的一切都与水有关，它最繁华兴盛的时期恰恰是水脉最多最旺盛的时候。连接北京到杭州的大运河，是世界上最长的人工河，它与万里长城一样被视为中国古代的两大工程奇迹。1700 多千米长的运河是一条巨大的经济带，它经过的城市都是重要商埠。从现在的意义讲，穿越了沿海和长江两个最有活力的经济带，连接起长江三角洲和环渤海两大经济圈。明清时期的聊城就是一个靠运河而兴盛的商埠。穿城而过的大运河漕运发达，两岸商业兴旺，在聊城太平街、双街及越河一带，各地商人纷纷前来开设商号，创办手工业作坊。长期的背井离乡，思乡恋亲之情使他们萌生出一个迫切的愿望，就是要建一处"悦亲戚之情话，慰良朋之契阔"的场所。于是，这里出现了江西会馆、苏州会馆、山陕会馆等 20 多家会馆，其中规模较大的有 8 家，号称"八大会馆"。山西商人与安徽商人分别被视为南北两股最大的商业力量，山西商人在聊城的资本最雄厚，加上陕西商人，有 1000 多人，所以山陕会馆气魄最大，占的地方也最显著。它位于双街至龙湾能停靠船只最多的地方，是聊城唯一至今仍然保存完好的会馆。

据方志记载，当年动工建造时，木料是千里迢迢的从陕西终南山运来，木匠则聘请于山西汾阳府，所以它充满浓郁的西北建筑风格。

为什么说山陕会馆是会馆和关帝庙的有机结合？

当地人把山陕会馆说成是"关帝庙"。会馆正门的上方悬挂着一块匾额，上书"协天大帝"四个大字，这协天大帝指的就是关公了，说明关羽是协助上天统御万众的神。

大门两侧木质方柱有副楹联，上联是：本是豪杰作为，只此心无愧圣贤，洵足配东国夫子；下联是：何必仙佛功德，惟其气充塞天地，早已成西方圣人。上联中的"豪杰作为"，指英雄豪杰的所作所为。"圣贤"指道德修养、能力水平极高的人。"东国夫子"指东方鲁国的孔夫子。这句话的意思是说：关羽的所作所为本来就与豪杰一样，他的高尚品行和圣贤相比也是毫不逊色的，实际上足可以与东方的孔夫子相媲美。下联提到"仙佛"，依道教修炼而达大成者叫做仙，以佛法修炼而达大成者叫做佛。"功德"就是功劳和恩德，多指佛教徒行善、诵经念佛、为死者做佛事等。成佛需要经过许多的磨难，但这种艰难的修炼，关公却没有必要去做了，因为他的浩然正气已经充塞天地，他早已成为思想道德最高尚、最完美的人了。对联主要是歌颂关羽，并把关羽与孔子并列来加以尊崇。

两边便门上各有一方石刻匾额，左为"履中"，右为"蹈和"。"履中"的"履"字意是行走，"中"是中正，是说为人处事应该行为中正。"蹈和"的"蹈"，字意是踩、踏，"和"就是和谐、融洽、平衡，是说做事要追求和谐与平衡。具体到商人来说，就是指经商、做买卖要待人和气，只有和气才能生财。这里体现了中国特有的传统美学精神——中和美，就是把"和谐"、"平衡"作为为人处事的最高境界来追求。

山陕会馆的戏楼为什么被推为全国同类建筑之冠？

山陕会馆中轴线上的第一进院落是华美的戏楼，这个戏楼被推为全国同类建筑之冠。一般的古代建筑，顶部多为 4 个挑角，这个戏楼的顶部却向东北、东南各伸出 2 个挑角，向西北、西南各伸出 3 个挑角，使戏楼顶部形成 10 个挑角，看上去像凤凰展翅，又像俊鸟争飞，显示出生机勃勃的气势。因为顶部的挑角太多，决定了内部结构的复杂，但又具有很大的随意性，表现出建造者高超的技术水平。

戏楼门上的四个大字"岑（cén）楼凝霞"，意思是说戏楼虽小，但高可与彩霞相接，内饰华丽，好似彩霞一般。门两边各有一幅线雕石版画，左为"松鹤"，右为"梅鹿"。松鹤象征着多寿，鹿取谐音禄，取多财的意思，这明显地体现了商人祈求多财多寿的两大愿望。

戏楼的山墙和山门之间，有遮雨过楼连接，把戏楼与山门巧妙地结为一体，可以防止下雨时人们进入山门遭到雨淋，考虑非常周全。

第二进院落由戏楼正面和钟鼓楼组成。戏楼檐柱上有楹联，上联是：宫商叠奏，赏心是金榜题名，洞房花烛；下联是：扮演成文，快意在坦道骏马，高帆顺风。上联意思是说：吹奏着和谐的音乐，最赏心的是高中状元之时和洞房花烛之夜。下联意思是说：人有始有终的扮演着人生舞台的角色，最得意的事情莫过于骑着骏马在平坦的大道上迅跑，坐着挂着高帆的船，顺风在江河中疾驰。把追求买卖兴隆、人生如意的美好愿望表现得淋漓尽致。

山陕会馆的戏台是最热闹的戏台，以前每年农历五月十三日，为纪念关公单刀赴会，这里要唱戏 3 天。大戏台正面对着关公大殿，戏就是唱给关老爷听的。而且这一天，还要把正殿中竖立的"青龙偃（yǎn）月刀"磨得锃亮，以显示关公的勇烈。农历六月二十四传说是关帝的生日，会馆还要唱戏 3 天，而且街巷的其他大小关帝庙都要上供祭拜，以表示对关帝的崇拜之意。但会馆的戏台一般不演关公戏，关公老家的商人们尊关公为帝君，认为帝君在殿一切活动都应严肃，不能容忍关帝随便粉墨登场扮演唱作。

山 陕会馆的石狮子和别处的石狮子有什么不同？

关帝大殿前的这一对石狮，高 3.25 米，由底座、须弥座和石狮构成。石狮头上的卷毛疙瘩采用抽象的手法雕成，既形象又逼真。狮子的神态，既令人畏怖，又给人温驯的感觉，可谓注入了商人们强烈而又复杂的思想意识。

一般来讲，狮子头上有 13 个疙瘩，人称"十三太保"。而一品之下，每低一级则要减少一个疙瘩，直到七品以下官员府第门前便不准再有狮子陈列了。而且除了这些差别之外，有的狮子下面石座四面花纹也不相同。一般正面要刻瓶、盘以及三叉戟，借谐音以象征"平升三级"的意思。左面则刻有牡丹与松柏，象征着"富贵常青"。右面刻笔墨纸砚文房四宝，象征着"文采风流"。背面刻"太极八卦图"，象征着"镇妖治邪"。

这对石狮，与全国各地的狮子相比虽然在作用与意义上是相同的，但它的造型和神态以及石座上的图案却存在着明显的不同。如石座上多刻石榴、小瓜及小鹿图案，显然是在表现子嗣昌盛、福禄绵延的意思。而狮子头上的疙瘩竟多达 44 个，是在表明品级之高，还是别有他意？这些特点的形成，应该说与商人们所追求的愿望以及对关帝的尊崇是有密切关系的。

正 殿（关帝大殿）有哪些东西可观赏？

正殿就是中间这 3 间大殿，房檐下"大义参天"的巨幅木匾，既是人们对关圣帝君的高度评价，也是众商努力追求的最高目标。

正殿前有 4 根方形石柱，石柱正面刻有歌颂关羽的楹联。内柱是行楷阳文："伟烈壮古今，浩气丹心，汉代一时真君子；至诚参

天地，英文雄武，晋国千秋大丈夫。"上联大体意思是：关羽的伟大功业震耀着古今，他的浩然正气和赤诚忠贞之心流芳百代，是汉代风云一时的品德高尚的君子。下联大意是说："诚"是天意和天地的精神，人们的道德修养如果能达到"诚"的地步，自然就能通天，况且，关帝不仅德达到了至诚的程度，而且还有杰出的文才和超群的武功，自然成为山西一带千古传颂的伟人。整个对联的意思仍然是歌颂关羽，并把关羽的行为和世人相比，激励世人向关羽学习。外柱是行楷阴文："非必杀身成仁，问我辈谁全节义；漫说通经致用，笑书生空读春秋"。

4根檐柱的上方，镶有3块木质透雕额枋。中间一块额枋雕刻着老子和八仙人物。中间骑青牛的长者是道家的始祖老子。老子的两侧分别雕刻着传说中的八仙，南侧分别是铁拐李、何仙姑、张果老和吕洞宾，北侧分别是汉钟离、韩湘子、曹国舅以及蓝采和。这里把老子和八仙人物雕刻在献殿的额枋上，一方面包含了传统观念中求仙必须修德，求仙应当以忠孝和顺、仁、信为本的儒道合流的思想；另一方面也包含了八仙过海、各显其能的含义，教育人们和经商者怎样以勇立功、以忠事主、以义待友以及立业、立身、立名。

左边的额枋上雕刻着《神仙传》的故事。右边的额枋雕刻着《行孝图》，是我国二十四孝中的几个故事，自左向右依次是《哭竹生笋》《扇枕温衾》《怀橘遗亲》《为母埋儿》《闻雷泣墓》《恣（zi）蚊饱血》和《卧冰求鲤》。

正殿额枋的上方，除绘有6幅山水及人物工笔画外，还以木雕牡丹花12朵作为装饰，看上去高雅大方，一派富贵气象。以牡丹图案作装饰，在山陕会馆的很多地方都得到应用，这是因为牡丹在我们中华民族的传统和精神里面是富贵、祥和、幸福和昌盛的象征。

暖阁前的这3尊雕像，中间是关圣帝君，两侧分别是关平和周仓。关圣帝君神像高3米，身穿刺绣衮龙袍，镏金冠旒（liú），威仪端庄，俨然帝王形象。可以说关公是山陕商人的精神支柱和偶像，因为关羽是山西人，以"义"行走天下，最受乡人崇拜，也成为远在他乡的晋商们的精神寄托。

每当人们讲起这里的传说，时常提到神案两头的两个大烛台和两支特制的大蜡烛。据说，两个大蜡烛点上后可以燃烧一年，是山西一个经营蜡烛的商人特意制作的。每年快到关帝生日的时候，那个商人就选好日子，用一头小毛驴驮着两支大蜡烛起程了，在关帝生日这一天赶到聊城，点上新蜡烛以表对关帝的尊敬。这样年复一年，从不间断。由此我们也可以看出山西商人对关帝的虔诚。

正殿（关帝大殿）有3尊关公泥塑像为什么塑成脸色金黄的帝王塑像？

这3尊泥塑像是1990年根据当时的3尊木雕像复制的。在我们的印象里，关帝是一个红脸大汉，在这里却成了脸色金黄的帝王塑像，这一方面显示了关帝在晋商心目中的尊贵，除此之外还有一个动人的故事呢！

据传关羽本不姓关，而是姓冯名贤，字寿长。他出身于铁匠家庭，从小力大过人，并练就一身好武艺，专好打抱不平。

当时，解州城内有个熊员外，绰号"解州虎"。据说"解州虎"曾一度串通官府，用土填死了全城的水井，单留下他家后院的一口甜水井，借以敲诈勒索，欺男霸女。冯贤出于义愤，便乘夜里杀死了这个恶霸，并亡命在外。当他来到潼关时，官府缉拿他的公告和画影图形已经贴在城门上。危难之际，冯贤便打破自己的鼻子，把血涂在脸上，装疯卖傻，指关为姓，蒙混过关。等逃出后，他想用洞水洗掉脸上的血迹，却怎么也洗不掉。从此，黄脸壮士一下子变成了面如重枣的红脸大汉，冯贤也就改名为关羽。这里把关羽塑成黄脸，也算是还其本来面目吧。

封建统治者侧重于神化关羽的政治价值，而平民百姓神化关羽，传播关羽的神话，则无非是希求从关帝那里获得精神上的安慰和心灵上的补偿。他们用全副心血塑造了关羽的神像，但又跪拜在自己亲手塑的神像下面，希望得到心理上的平衡吧！

山 陕会馆里建财神殿做什么？

财神殿是当地商人们祈祷发财的地方。殿内侧石柱上的楹联：德兆阜财，萃万国物华天宝；行以利涉，庆一时海晏河清。上联的大意是说：商人有好的商业道德，就能预示着发很大的财。下联意思是说：商人要靠好的行为和太平盛世获得利益，因此应为天下长久太平而庆贺。全联的意思是劝诫商人要有好的"德行"，才能在天下太平的环境里获得厚利。外侧石柱上也有一副对联：位津要而掌财源，万里腰缠毕至；感钱神以成砥柱，千秋宝载无虞。上联的大意是说：处在水陆要津而又掌握着生财之道，万里之外的财富也可以全部聚集过来。下联的大意是说：感动了钱神就可以扭亏为赢，世世代代都有充足的财宝，没有什么忧虑了。这两副对联实在是警世之作，它不仅和后面神庙的要求十分贴切，而且也将商人们的思想活动、精神状态和迫切希望，都惟妙惟肖地勾画出来了。殿内供奉的是财神像，当时的商人们要想发财，是必须来这里祭祀的。

山陕会馆里为什么还建文昌火神殿？

文昌火神殿就是南大殿，是当年商人祭祀文昌神和火神的地方。

古人是十分崇拜星占的，自然也十分崇拜那些代表星宿的神灵。这里的文昌崇拜，同样也是人们对文化之神的崇拜。

这个大殿，据说原来是把文昌和火神两尊神一起加以供奉的。供文昌又供火神，大概是因为火虽然能为人们带来光明，但有时也会给人们带来灾难的缘故吧。商人们既希望发财，又希望免灾。家财万贯，闹不好就会被一把火烧掉，又怎敢不敬奉火神呢？

南大殿也有4根方形石雕檐柱。内侧两柱上的阳文楹联是：气本似珠，看午夜光分奎壁；功源济水，居离宫位按丙丁。上联的大意是说：午夜之时，当您遥看那光芒四射的奎壁二星时，那就是文昌星所在。下联意思是说：功德是增加水的源泉，只要保持好的商业道德，就可以功德无量感动火神，使火神安居于离宫之中，这样就能水火相济而生财。外侧两柱上的阴文楹联：为南天以居尊神焰荧荧临斗柄；邻北极而宰化星精朗朗俯魁坦。上联意思是：光芒四射的火星位于斗柄所指的南天。下联意思是：文昌神所处的东方和北方相邻。

春秋阁是和山陕会馆主建筑一同建造的吗？

春秋阁是会馆最后面的一个殿宇。面阔五间，上下两层，单檐歇山，灰筒瓦顶，斗拱抬梁式结构，是整个会馆中最高大的建筑物。

阁前廊下有4根木质檐柱，前廊额枋均为木刻透雕，雕饰人物和牡丹、金瓜、花卉等。阁左右各附设一座望楼，上下各一间，两望楼券门上各有扇形匾额一方，南曰"接步"，北曰"登阶"。春秋阁过去也是供奉"关帝"的处所，一楼内原有大幅关羽画像，二楼原有关羽生平故事木雕连环人物群像，现已失存。目前，二楼西墙上仍保留着关羽全身阴线雕石刻一方。楼上中间的脊檩上有两行朱墨字"清嘉庆八年癸亥（1803）九月壬辰补建春秋阁三间，于十一日卯时上梁大吉。信士：山陕众商阖会等同心沐手谨志。"从中可知此楼阁是在会馆创建后60年兴建的。春秋阁两侧，为南北游廊，各面阔三间，进深一间，灰瓦盖顶并与望楼和正殿相接，形成一个紧凑的四合院落。两游廊南北两侧为南北跨院。两院之间，并于南北两厢游廊的东首各有小门相通。南跨院现存硬山瓦房3间。北跨院现有南屋3间、小北屋2间、小西佛亭3间，坐东朝西后门1间，均灰瓦盖顶，前出廊檐。

光 岳楼名字的由来是什么？

▲ 聊城光岳楼

光岳楼是历史文化名城——聊城的象征，位于聊城古城中央，高楼凌空，巍峨壮丽，气势非凡，它与岳阳楼、黄鹤楼并称为中国三大名楼。

光岳楼始建于明洪武七年（1374）。当时，东昌卫守御指挥佥事陈镛为与元朝残余部队作战，"严更漏，窥敌望远，报时报警"，将东昌土城改建成砖城，利用修城的剩余木料建造了这座高达百尺的更鼓楼，所以最初人们叫它"余木楼"，后也称"鼓楼"。可见，当时修建这个楼的最主要目的是用来报时、报警、窥敌望远，也就是说这是一座望敌楼。

明成化二十二年（1486）大修之后，因为它地处东昌，又更名为"东昌楼"。明弘治九年（1496），吏部考功员外郎李赞到聊城，随东昌太守金天锡登上这座楼阁，见此楼高壮极目，天下所无，但建楼已近百年，还是寞落无名，于是与金天锡商定，命名"光岳楼"，"取其近鲁有光于岱岳也"。光岳楼由此而得名，并沿用至今。随着明王朝统治的巩固，这座楼的军事功能很快被遗忘了，但光岳楼却以它的雄伟高大而名扬天下。

光岳楼是一座由宋元向明清过渡的代表建筑，是我国现存明代楼阁中最大的一座。在形式上它承袭宋、元楼阁遗制，结构上继承了唐、宋时代的传统风格，同时和明初其他建筑也有若干相似之处，开"官式"建筑先河。

从建筑结构来看，光岳楼和同时修建的西安的钟鼓楼相同，由墩台和主楼两部分组成。光岳楼的墩台是砖砌的正四棱台，高 9 米，台的四面各有一个半圆形拱门，4 个拱门相同，各有名称。南门上书"文明"，北门是"武定"，东门是"太平"，西门是"兴礼"。在墩台上是 4 层主楼，主楼全是木结构。

正因为当初建造的时候是作为望敌楼，是一个制高点，因此在建筑高度上相当讲究。光岳楼的通高和边长都是 33 米，也就是古代的九丈九尺。在中国古代，九是单数中阳数之极，寓意它的高度不可超越。600 多年以来，光岳楼一直是聊城古城区内最雄伟高大的建筑。1956 年聊城制定第一个城市建设规划时，就规定古城里不允许修建超过 12 米高的建筑物。从而保持了光岳楼雄伟的姿态，古人的愿望得以实现了。

光 岳楼一楼东门匾额上的这句诗怎么读？

　　一楼东门匾额上写的是一句诗，它的第一个字向来是受到争议最大的一个字。很多朋友来到这里，都会读作"东岱东来作翠屏"。如果这样念的话，这句诗里就有两个"东"了，这是不符合规则的。其实它是个"泰"字。意思是说：泰山在东方巍然耸立，也不过是这座楼一道翠绿的屏障而已。这句诗很夸张，但是也从侧面表明这座楼在当地人心目中有很高的位置。这句诗的作者是清朝著名诗人施闰章，当年官居山东学政。当时，施闰章是来这里判胭脂案的，施闰章来这里后写了一首《光岳楼》诗，第一句是："危楼百尺瞰沧溟"，第二句就是"泰岱东来作翠屏"。这块匾额所题摘自他此诗的第二句。

乾 隆皇帝在光岳楼的御制诗碑有什么特别之处？

　　光岳楼下有乾隆御制诗碑。乾隆皇帝曾经 5 次东巡、6 次南巡，9 次通过京杭大运河路过这里，6 次登上光岳楼，在楼上即兴作诗 13 首。这块石碑上就刻有其中 5 首。碑石正面是两首，侧面有 1 首，碑后面还有两首。

　　乾隆皇帝留下来的字非常多，所以他的字不怎么值钱。但是这块石碑还是有它独特的文物价值。这体现在两点上：第一点是字体不同，乾隆皇帝在这儿留下来的是行楷字体，而在其他地方留下的多是行草或正规小楷。第二点体现在碑侧面的那首诗上，那是乾隆 80 岁高龄的时候在这儿写的。乾隆 80 岁题写的诗相当少，所以说它有独特的文物价值。这块石碑在文化大革命期间曾被拉倒毁坏过，中间可看到的就是后来恢复的一个痕迹。史料记载在文化大革命前有两块这样高大的乾隆御制石碑，但文化大革命后只能恢复起这一块，另一块因为太碎已经恢复不起来了。

光岳楼的建筑特点是什么？

在这座楼上，木结构体现得相当清晰。它是用 32 根木柱，分成内槽 12 根，外槽 20 根排列，从一楼一直通向三楼，然后用木头的梁枋把它圈起来，用斗拱加以扣合。细节则是用木头楔子固定，整个建筑没有用一颗钉子。这 32 根柱子都是整根木头做成的，中间没有任何的榫头。我们看到的是内槽的柱子，另外的 20 根都藏在周围的砖墙里面。在后来维修时，它们的周围都加上了红色的抱柱。现在，主体结构以上的主要构件都是原始的构件，从来没有拆换过，整个楼就是一个原汁原味的古代建筑物，同时也是我国目前现存的明朝最为完整的一座古代建筑物。由此可以看出，这座楼的文物价值相当高。古人对这座楼的评价"虽黄鹤、岳阳亦当望拜"，即使是现在，也是当之无愧的。

一楼北墙上有一个神龛，神龛里面供奉的是鲁班。据说当初建楼的时候得力于鲁班的帮助才得以建成，因此当初建楼的木匠就把祖师爷鲁班供奉在这里。鲁班龛上方匾额上"巧夺天工"四个大字是溥杰先生题写的。

光岳楼上的乾隆行宫里能看到什么东西？

在"乾隆行宫"，我们首先看一副红色的楹联，是 1975 年由丰子恺先生题写的。上联是：光前垂后劳动人民智慧无极，下联是：岳峻楼高强大祖国文物永昌。上联的第一个字是"光"字，尾字是"极"；下联的第一个字是"岳"，尾字是"昌"，把"光岳楼"的楼名以藏头的形式巧妙地隐寓其中，而且上下四个字连起来是"光岳极昌"这样一个极好的寓意，真是一副内容、形式俱佳的对联。

乾隆行宫是乾隆皇帝当年题诗和休息的地方。行宫是两间比较小的屋子，乾隆皇帝过世后，这两间屋子就改作他用了，前间改成了文昌阁，后间改成了奎文阁。据《南巡盛典》记载，光岳楼是乾隆皇帝南巡三十六行宫之一。

里面还有乾隆皇帝的塑像，是 1996 年重塑的提笔写诗的形象。乾隆皇帝到各地巡游时，宫内画师都用笔把沿途的景色描绘下来，集结成集后，有一部分便称为《南巡盛典图》。东昌府当时是一个军事重镇，自然毫不例外地被描绘在了《南巡盛典图》里。《南巡盛典图·东昌段》临摹图现在就挂在行宫墙上，它再现了东昌府及周围的大致面貌。图的上方有一条河穿城而过，这就是京杭大运河。京杭大运河漕运的兴盛，给它沿途的城市带来了很大商机，聊城也不例外。当年，聊城经济非常繁荣，这也推动了文化的兴盛。就一个清朝来说，聊城就出了 3 名状元，他们是文状元傅以渐、邓钟岳和武状元李孟悦，另外还有 99 名进士，430 名举人，可谓人才辈出；而且清朝的开国状元傅以渐还做过康熙皇帝的老师。

光 岳楼上的空井有什么特别的用途吗？

从乾隆行宫内抬头看，就可以看到光岳楼三、四楼的景致。光岳楼三楼和四楼中间都依据宋代建筑风格设置了"空井"，所以光岳楼在建筑学上的研究价值，不仅仅局限于明代，还可以上溯到宋代。

建造"空井"有很多作用，它可以通风、采光、方便上下观望等。其实，在建造这座楼阁的时候，它还有一个很特殊的用途，就是充当上料口。因为整座楼都是木头构建，木料很大，从别的地方往上运很困难，所以通过这个地方用绳子把木料拉运上去，然后进行上层的建筑。

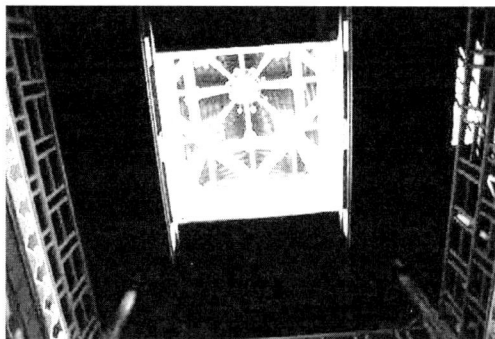

▲ 光岳楼上的藻井

　　再往上看，可以看到最上层，也就是四楼下方的藻井。藻井是从古代的"天井"和"天窗"形式演变而来的，是中国古代的建筑特色之一，主要设置在"尊贵"的建筑物之上，有"神圣"的意思。藻井有装饰作用，又符合中国古代五行生克之理。藻井里面是一些以水中生物为内容的装饰画和雕刻，中间是莲实，周围是荷花和荷叶。这些装饰品雕刻精细，绚丽多彩。藻井与水有关，体现了以水克火的寓意。中国古代建筑在世界建筑史上独树一帜。它的特点是以木料为主要建筑材料，所以古人在建筑物的顶部一般都设有藻井，寓意以水克火，从而保卫下边最怕火的木结构建筑的安全。这充分体现出我国古人具有很强的防火意识。

光岳楼二楼四面檐下各悬一块横匾，分别代表什么意思？

　　二楼四面檐下各悬有一方横额。东曰"太平楼阁"、西曰"就日瞻云"、北曰"光岳楼"、南曰"神光钟暎（yìng）"。

　　"神光钟暎"这块匾额的形式和其他匾额的形式不同，它是蓝底金字，周围还有龙纹装饰。一看到龙纹，我们就会想到题匾人的身份，这块匾额是康熙皇帝题的。它的意思是说：东岳泰山之神

光和光岳楼的神光集中在这里交相辉映。光岳楼有自身的神光，把它自身的神光向城市的四个方向发散，整个城市也因此有了神气。

"就日瞻云"，是由清朝的解岚题写的。在汉语中"就"是靠近的意思，"就日"就是靠近太阳，"瞻云"就是观赏云姿，说明这座楼极高。

"太平楼阁"，是清朝的状元邓钟岳题写的。邓钟岳是聊城人，康熙六十年（1721）的状元，书法名噪一时，康熙皇帝给他的评价是"字压天下"。

"光岳楼"是郭沫若先生1974年为纪念光岳楼建造600周年题写的。

景 阳冈现在是一处什么样的景点？

景阳冈在阳谷城东18千米处，是水浒英雄武松打虎故地，也是龙山文化遗址，现为全国重点文物保护单位，国家首批4A级景区，水浒旅游线上的重要景点。

据阳谷县志记，当年这里冈阜起伏，草密林茂，人烟稀少，野兽出没。今日的景阳冈已成一片沙冈，周围炊烟袅袅。沙冈顶部正中，建有一座民族样式的庙宇，俗称"武松庙"，据传始建于明代中期，后被毁。现存寺庙为1958年修建。庙前方有一幢刻有"景阳冈"三个大字的石碑，系我国当代著名书法家舒同先生所题。庙东二三百米处，有一刻有"武松打虎处"的墨玉色石碑。

1973年以来，经省考古队多次试掘，认定景阳冈为"龙山文化"遗址。该遗址现分为南北二冈，中间是一条公路。南冈东西长86米、南北宽75米，面积约6450平方米。北冈东西长24米、南北宽47米，面积约1128平方米，冈顶较平，高出四周地面约4

米。遗址文化内涵较为丰富。从断崖观察,北冈文化层厚约 2.5 米,南冈约 2 米,且暴露有灰坑。从采集的标本看,以泥质陶为主,夹沙陶次之;陶色以灰陶为主,其次为黑陶、红陶。纹饰有绳纹、篮纹、方格纹、弦纹、叶脉纹等。可识器形有鼎、瓮、鬲、盆等,还采集有石镰、石凿、骨凿。1978 年,被定为省级重点文物保护单位。

主要景点有"三碗不过冈"酒店、山神庙、"武松打虎处"石碑、虎啸亭、武松庙、碑林、虎池、猴山、鹿苑等 20 余处。景区北部有湖面 13 公顷,可供游客垂钓、划船。景区娱乐活动有虎斗鸡、虎斗羊、抵羊、斗鸡、山东快书、武术表演等。

海源阁为什么能列入清代四大私人藏书楼之一?

海源阁是我国历史上最著名的私人藏书楼之一,为清道光二十年(1840)进士杨以增所建,总计藏书 22 万册。它与江苏常熟县翟绍基的"铁琴铜剑楼",浙江吴兴县陆心源的"皕(bì)宋楼",浙江杭州丁申、丁丙的"八千卷楼"合称清代四大私人藏书楼。其中以翟杨两家所收藏的宋元刻本和抄本书为最多,因之又有"南翟北杨"的美称,深为海内外学者所仰慕。

海源阁藏书楼位于光岳楼南万寿观街路北杨氏宅院内,为单檐硬山脊南向楼房,面阔三间,上下两层,下为杨氏家祠,上为宋元珍本及手抄本等秘籍收藏处。藏书楼上层中间门额上悬挂"海源阁"匾额一方,为杨以增亲书,额后有杨以增自题跋语。海源阁藏书浩瀚,是杨氏四代人潜心收集的结果。杨氏第四代人杨保彝编著《海源阁宋元秘本书目》及《海源阁书目》计有 208300 卷有余。另有不载于书目者尚多。

狮子楼因什么事件而闻名？

狮子楼坐落在阳谷县城十字街首，始建于北宋景祐三年（1036），现为水浒旅游线上的重要景点。"水浒"英雄武松为兄报仇在此怒杀西门庆，狮子楼因而名扬四海。此楼为宋式建筑，二层五开间三进深，青砖灰瓦，飞檐斗拱，雕梁画栋，雄伟壮观。建筑面积451平方米，高15.8米。楼前列石狮两对；楼内陈列水浒人物塑像，形态逼真，生动传神。当代名人沈雁冰、刘海粟、李苦禅、顾颉刚等均有题咏留此。

于2003年10月1日对游客开放的狮子楼旅游城位于阳谷县城中心，该景区是以《水浒传》、《金瓶梅》故事为背景的主题景区，反映宋代民风民俗，占地2公顷。主要景点有王婆茶馆、武大郎家、冷酒馆、纸扎店、西门药店、盐店、绒线铺、绸缎庄、客栈、狮子大酒楼、棋社、戏台、玉皇庙等。节日期间举行大型的节庆和庙会等活动。日常娱乐项目有山东快书，武大、郓哥大街表演，阳谷风情表演，舞狮子、踩高跷、老年秧歌表演，豫剧团演出，民间杂耍表演、糖人表演、书法表演、工艺品制作表演等。其中，武大郎与潘金莲的形象受到游客的普遍欢迎，成为景区最大的亮点。

你知道临清有哪些清真寺吗？

临清原有三座清真寺。现保存完整的是北寺和东寺，均属全国重点文物保护单位。

北寺位于会通河与卫河交汇处，始建于明代弘治年间。此时正是临清最兴旺的时期，临清由县治升为州治。寺内碑刻记载，至今已有400余年的历史了。此寺占地面积约2万平方米，主要建筑由东西轴线排列，依次为甬道、牌坊门、望月楼、沐浴房、南北讲经堂、南北角楼、正殿、后殿、影壁、后门等殿、堂、楼、房86间。望月楼为歇山重檐牌楼式建筑，结构精巧，玲珑别致。门楣正面镶毛泽东手书"清真寺"匾额。望月楼后面悬挂两块匾额，一块书"正意诚心"，一块书"彝伦攸叙"，系清代乾隆、嘉庆年间名人书写。

穿过望月楼，便步入石材垒砌的丹墀，四面玉石栏杆环抱。一座宏伟壮观，富丽堂皇的高大建筑便展现在面前，这就是清真寺的主体大殿。它由隆起前殿、后殿、抱厦等组成勾连搭式建筑。殿顶为庑殿式结构，是封建社会规格最高的建筑形式。殿顶覆有黄、绿色琉璃瓦，飞檐四出，犹雄鹰振翼，雄伟壮观。殿门为落地花格扇，斗拱、透雕挂落，雀替仍保留着明代建筑的风格。正殿广厦后檐连接着后殿，殿顶为勾连搭式，上部是三个六角形伞盖式亭楼为主体的窑亭，窑顶峰折陡峭，攒尖顶部装以镏金葫芦形装饰。

大殿左右，建有角亭对称。角亭建在台基之上，玲珑剔透，将大殿衬托得更加庄严肃穆。大殿南北两侧便是讲经堂。讲经堂前为卷棚廊厦，花格落地门，八角开窗，匾额、楹联装点其间，似透露出缕缕书香。

进入殿内，深沉而神秘的气氛扑面而来。殿内列柱林立，高大而空旷，墙壁上彩绘以暗红、棕和金色的卷蔓纹及阿拉伯文字组成的图案。殿正中设有"圣龛"，朝向圣地麦加，殿内可供2000余人礼拜。弥足珍贵的是殿内拱门两面墙体上仍保留着明代的壁画，花卉果树，写实生动。

后殿藻井绘制更是精巧，以阿拉伯文字和花卉组成几何形图案，工整细腻，古朴典雅，历经数百年仍光彩照人。

整个清真寺建筑，是由两排左右对立、中高两低的木牌坊与歇山重檐楼阁合为一体。建筑形式以我国传统为主调，透露着外来气息，布局精巧，结构严紧，舒展大方，是不可多得的建筑艺术佳作。院内古柏参天，幽深静雅，名人佳句、先贤哲语跃然匾额楹联之上，让人赏心悦目，流连忘返。

东寺与北寺遥相呼应，始建于明成化元年（1465），距今已有500多年的历史。占地面积2万余平方米。建筑有大门、二门、穿厅、正殿、对厅、南北讲经堂、沐浴室等组成。正殿为宫殿式造型，殿顶呈凸鞍形，四角飞檐，门为落地格扇。殿内松木地板，悬阿拉伯文经字匾6块，阿拉伯文通天木柱8根。尤为珍贵的是殿内至今仍保存30幅棉纸壁画，为国内同类建筑中仅见。殿内圣龛两侧为阿拉伯文圆光，左侧字意为："你们进入穆斯林行列吧"，右侧字意为："你们进入真主的乐园吧。"殿堂内雕梁画栋，富丽堂皇。对厅面阔3间，进深2间，落地格扇，6门相连，八角二窗，前有门楼彩绘精雕，造形别致。上悬古匾3方，为"万化朝真"、"一本万殊"、"道有统宗"。整个建筑融中国传统建筑艺术与伊斯兰文化为一体，是不可多得的建筑艺术精品。

聊城有哪些有名的土特产品？

八批果子　八批果子是一种油炸的小食品，因炸制成的果子分成八条，两端相连，为椭圆形，故名"八批果子"。八批果子在制作时，面为配以矾、碱、盐的混合面团，炸制时用油量较大。经热油烹炸的面团各批都因气泡而膨胀，颜色金黄，其酥脆程度，落地碎不可拾。八批果子是聊城居民早餐的主要食品之一。且可久放，是美味早点食品。

聊城呱嗒　创制于清代，迄今已有200多年历史，已被收入

《中国名吃谱》一书。是一种煎烙的馅类小食品，尤以沙镇呱嗒最为有名。馅料有肉类馅、鸡蛋馅、肉蛋混合馅等多种。在制作时，先用烫面和死面，随季节变化按不同比例调制，卷以配好的馅料，两端捏实，轧成矩形，后放入油锅煎制而成。食之香酥，味道适口，加之有馅有面，备受群众欢迎。

武大郎烧饼　始源于北宋景祐年间。始称"炊饼"，后改称"武大郎烧饼"。因在《水浒传》《金瓶梅》两部古典名著中均有描述而名扬四海。武大郎烧饼金黄酥香，造型美观，诱人食欲。多年来，经过历代厨师们的不断创新与改进，使之成为做工精细，香脆可口，便于携带，馈赠亲友的佳品。

阳谷布袋鸡　阳谷城内北街张家世代相传。做法独特，整鸡脱骨，将五脏抽去，腹内装入海参、鱿鱼、海米、竹笋、香菇、火腿，脖颈装入水氽丸子，鸡蛋煮熟剥皮放于腹后，加料物蒸煮，清蒸后汤白如奶，称奶汤布袋鸡；过油蒸汤呈红色，称红扒布袋鸡。成品菜"折翅弯脖如打恋，无骨完整背丰满，吃时用筷子轻轻一按，当众即可下鸡蛋"，故又名"鸾凤下蛋"，被聊城市消费者协会定为"鲁西名吃"。

冠县鸭梨　以兰沃乡所产鸭梨为最好。据史料记载，冠县鸭梨已有500多年的栽培历史，因果柄处状如鸭头而得名。冠县鸭梨具有个大，皮薄，核小，肉嫩质细且脆，味甜汁多且浓，果面洁净光滑，果形端正，石细胞少，耐储藏等特点。鸭梨营养丰富，具有润燥生津、止咳化痰等药物功能，常食可清胃败火，利脾润肝。对伤津烦渴、肺热咳嗽、目青喉肿、肠干便秘等症状疗效显著，李时珍的《本草纲目》中就有记载。现为全国主要鸭梨生产基地。

罗汉饼　属糕点类，形似月饼，无馅。因其层层叠叠，借叠罗汉之意而得名。清代为贡饼。特点是绵软酥松，层次清晰，食之酥脆香甜，油而不腻。配料考究严格，工艺复杂精细，具有浓郁的传统特色。制作所用主料为面粉、猪板油、香油或花生油、绵白糖，配料有香精、枣泥、山楂泥、玫瑰酱等。制作时，先用面粉与植物油和成皮面，再用面粉、猪板油、白糖及配料和成酥面。然后，皮面包酥面，用面轴叠轧数层，卷起后按需分块，再将每块轧成圆形，直径约7厘米，厚约1.5厘米，入炉烘烤呈蛋黄色出炉即成。

滨 州 市

你了解滨州市吗？

　　滨州市位于山东省北部，黄河下游、鲁北平原，地处黄河三角洲腹地，北临渤海，东与东营市接壤，南和淄博市毗邻，西同德州市和济南市搭界，是山东的北大门。1950年建惠民专区，几经沿革，1992年改称滨州地区，2001年撤地设市。现辖滨城区、惠民县、阳信县、无棣县、沾化县、博兴县、邹平县6县1区和经济开发区，全市面积9600平方千米，据2010年第六次人口普查，常住人口374.85万。

　　滨州历史悠久，文化源远流长。早在新石器时代，就有人类繁衍生息，是黄河文化和齐文化的发祥地之一。在商朝时建有蒲姑国，秦朝开始建县，从西汉起至中华民国先后设有郡（国）、州、府、道等地方行政机构，五代时期置滨州，以濒临渤海而得名。传统民间艺术异彩纷呈，发源于博兴的吕剧，惠民的胡集书会、泥塑、木版画及滨州剪纸具有浓厚的乡土气息，独具艺术风格。滨州民风淳朴，人杰地灵，惠民县是古代著名军事家、中国武圣孙武的故里。邹平县是宋代著名政治家范仲淹的生长地。博兴县

是汉代孝子董永的故乡，中国"孝"文化的发源地。革命战争年代，滨州是中央渤海区党政军领导机关所在地。

滨州农业基础良好。农、林、牧、渔各业发达，现已建成棉花、蔬菜、冬枣、水产、牧草"五个百万亩"基地。无棣金丝小枣、沾化冬枣、惠民蜜桃、邹平水杏、阳信鸭梨等各具风味，驰名中外。沾化县被国家命名为"中国冬枣之乡"和"冬枣原产地"，成为中国最大的冬枣生产基地。渤海文蛤、梭子蟹等名优水产品名扬海内外。

滨州工业发展迅猛。魏桥创业、滨化集团进入中国企业500强。鲁北企业集团是国内第一批"环境友好型企业"、第一家无"三废"绿色化工企业。

滨州大力整合旅游资源，形成了具有滨州特色的"两山（鹤伴山、碣石山）两带（沿黄、沿海）一圣人（孙子）"的旅游格局。主要旅游景点有魏氏庄园、孙子兵法城、孙子故园、范公祠、鹤伴山国家森林公园等。

孙武为什么被后世称为"兵圣"或"武圣"？

孙武，字长卿，生卒年不详，春秋末期齐国乐安（今惠民县）人。祖父田书为齐大夫，攻伐莒国有功，齐景公赐姓孙，封采地于乐安。前532年齐国内乱后，孙武毅然到了南方的吴国，潜心钻研兵法，著成兵法13篇。前512年，经吴国谋臣伍子胥多次推荐，孙武带上他的兵法晋见吴王。在回答吴王的提问时，孙武议论惊世骇俗，见解独特深邃，引起了一心图霸的吴王的共鸣，连声称赞孙武的见解，并以宫女180名让孙武操演阵法，当面验证了孙武的军事才能，于是任命孙武以客卿身份为将军。前506年，吴楚大战开始，孙武指挥吴国军队以3万之师，千里远袭，深入大

▲ "兵圣" 孙武像

国，五战五捷，直捣楚都，创造了我国军事史上以少胜多的奇迹，为吴国立下了卓著战功。

孙武是我国古代伟大的军事家，也是世界著名的军事理论家。流传至今的《孙子兵法》是我国现存最早、最完整、最系统的兵书，北宋神宗时，被列为《武经七书》之首。全书共分计战、作战、谋攻、形势、虚实、军争、九变、行军、地形、九地、火攻、用间13篇，5900余字。《孙子兵法》揭示了战争的规律，论述了战争论、治军论、制胜论等多方面的法则，具有朴素的唯物论和辩证法思想，被誉为"兵经"、"兵家鼻祖"。他也被后世尊称为"兵圣"、"武圣"。

《孙子兵法》已有英、日、德、法、俄、捷、朝等文译本，国际上认为它是"世界古代第一部兵书"，现在不仅于军事领域，而且在经济、体育等方面，都受到了关注和应用。

孙子故园现在建成并对外开放的景点有哪些？

孙子故园坐落于山东省惠民县城文化区内，是为纪念中国古代伟大军事家、"兵学鼻祖"孙武而在原孙氏宗祠旧址上扩建而成的一处园林式仿

▲ 孙子故园外景

古建筑群。故园总占地面积 4.3 万平方米。除具有一般性园林特点外，还具有历史文物和纪念园林的性质。

孙子故园拟建孙子书院、孙子博物馆、孙子阁、孙子纪念堂、乐安湖和湖心亭、假山及其他服务设施。孙子故园建成后，突出体现了有山有水和楼、台、殿、阁、亭、榭的园林胜地，将成为国内外专家学者研究孙子兵法的中心，全省乃至全国观光旅游的主要景点。

孙子故园第一期工程于 1992 年 4 月竣工并对外开放。主要建筑有孙子书院、孙子塑像、文化广场、乐安湖等。由山东省人民政府拨款及当地人民群众，地、县机关干部捐助兴建而成，总投资 2500 万元人民币。孙子塑像坐落在乐安湖北岸、孙子文化广场中心，由优质花岗岩雕塑而成，塑像高 8 米，重 30 余吨。底座正面为著名《孙子兵法》研究专家郭化若将军题写的"兵圣孙武"四个大字，背面有惠民县人民政府撰写的关于孙武生平的四言铭文。塑像背后是一面汉代书简形影石壁，刻有孙子兵法 13 篇内容。塑像西侧是故园主体建筑之一"孙子书院"，占地 2843 平方米，整体建筑风格为仿明清木结构轴线对称组群式，建筑群以正殿为轴心，东西配殿、侧殿；左右南殿为两翼，计 7 座 35 间。各建筑之间有回廊相通，雕梁画栋、古朴典雅。中院中央莲花图案围绕的汉白玉基座上树立有铜质院标，为整个书院的总标志。院标设计仿照春秋时代青铜器制作特点，以礼兵器殳（shū）为首，盾为体，春秋时期长兵器戈、戟、矛、铍、弓为两翼，组合成一个左右交叉的整体，形似展翅欲飞的吉祥鸟，象征战争与和平、对立与统一的辩证思想及攻守、进退的战争谋略，具体准确地体现了《孙子兵法》的主题思想。

书院正殿为兵圣殿，殿内居中有铜质孙武坐像。正面及两侧墙壁陈列张挂着可称为中国一绝的大型木质浮雕《孙子圣迹图》。圣迹图由赐姓封采、敬献兵书、吴宫教战、经国治军、破楚入郢、飘然高隐 6 部分组成，形象生动地绘述了孙武家世及其非凡的一生。

东配殿为篆书《孙子兵法》石刻拓片展室，展有《孙子兵法》13 篇雕刻拓片。西配殿为孙子形象系列国画展室。中院西侧殿为礼品室，东侧殿为旅游纪念品展室。书院回廊陈列有前国家主席杨尚昆、前国务院总理李鹏、聂荣臻元帅等 15 位党政军高级领导人墨迹碑雕。

自 1992 年 4 月孙子书院落成并对中外游客开放以来，至今已接待中外游客近百万人次。孙子故园一期工程竣工后，即被中国人民解放军国防大学外训系指定为《孙子兵法》教学基地，并成为"山东省爱国主义教育基地"、"山东省国防教育基地"，已接待来自五大洲 50 个国家和地区的外训学员。

规划中的孙子兵法城由哪几部分组成？

孙子兵法城是以具有千年历史的宋代棣州古城墙、护城河遗址为依托而投资新建的省内大型人文旅游景观。

孙子兵法城始建于 2002 年 10 月，根据当前平面设计规划图，控制面积达 480 公顷，形成一个环古城墙、护城河、省道庆淄路、乐胡路三角形的广阔平坦区域。全部区域划分为 3 大部分，共 22 个景点，计划总投资 15 亿元，分为三期工程。

建设规划第一部分为孙子兵法文化展示区。由

▲ 孙子兵法城

武圣府、武圣演兵场、八阵馆、古代兵器馆等景点组成。

占地 16 公顷的武圣府景点为一组气势磅礴、雄伟壮观的秦汉式建筑群，运用声、光、电、多媒体等现代科技手段，全面展现《孙子兵法》的兵家智慧及相关军事文化。武圣演兵场景点含营军帐、演兵场、点将台和武圣坛，以独特的古典形式再现 2500 年前大型古装乐舞和战阵演示。八阵馆创意为全国首次，该馆为多维立体建筑，根据孙子创制的八阵，展现古代阵法及当代信息战思想，集中体现《孙子兵法》中的战争法则。古代兵器馆集古代冷兵器、火器、战车、战船等战争用具之大成，包括白刃类、远射类、火器类、战车类、战舰类、防护类等。

第二部分为宋代城镇观光区。主要包括宋城墙及北城门、护城河等景点。县城内宋城墙遗址为省级文物保护单位，现存古城墙长 1500 米，高 10 米，底宽 22 米。该景区将在现有遗址上恢复北宋棣州古城的北城墙、北城门、护城河等景点。

第三部分为休闲娱乐区。由古城公园、民俗文化街组成。主要展示当地民俗风貌和各种配套服务设施。

已 建成的武圣府有哪些景点？

孙子兵法城一期工程核心景点武圣府于 2002 年 10 月破土动工，2003 年 10 月部分竣工并开城试运营，于 2004 年 10 月全部竣工开放。武圣府建筑设计以南京太平天国天王府布局风格为范本，采用秦汉建筑风格，通过多种形式的单体组合，创造丰富的空间环境，为孙子文化的展示造就久远的历史氛围和高雅的内外环境。整个建筑群平面布局沿中轴线自南向北布置阙门和 15 个大殿，纵向一字排开，全长 999 米，宽 88 米。第一大殿取名序殿，用于展示孙子家世和故里惠民的历史文化。第十五大殿取名泽世殿，展示孙子文化的影响、传承,并兼做后门(德胜门)。中间 13 个大殿展示孙子兵法 13 篇,各殿分别用 13 篇篇名定名。

15 大殿共形成 15 个院落,各院落中均有标志性景观和个性化绿化特色。第一进院中间安放重 30 吨的石雕孙子像,从第二至第十五进院,大殿两侧设东西配殿(厢房),以互动性、参与性强烈的娱乐形式展示三十六计。各单体建筑通过造型和比例尺变化,创造出丰富的内外空间,同时又通过门廊、道路、桥梁的分隔和连接,实现各单体间有机结合,使群体空间既富于变化,又和谐统一。整个建筑群疏密有致,摆布均匀,布局严谨,中贯轴线,左右对称。

孙子兵法城南北两侧分别设有主次广场。正门外的南广场尤其凸显兵家对阵格调,南广场面积 9180 平方米,花岗石铺面,整体对称布局。广场中心是象征两军对垒的中国象棋棋盘,以楚河、汉界为广场到游览区主通道,两边纵向布置棋子状喷泉,棋子东西各 9 枚,依阵式排列。广场东西边界以绿化灌木植物修剪成城垛状绿篱,绿篱内侧坡面上种植草皮构成盾牌形。广场前方东北角和西北角各设一组"兵器架"式照明灯,18 个灯柱仿十八般兵器形状而制,广场南部东西方各设形似编钟架的高架装饰灯。广场南部正中置一座卧碑,正面用中、英文刻"中国孙子兵法城",背面刻有惠民县人民政府撰写的城碑碑文,背部底部设置一个大型盾牌池,池内由各色花草覆面。

武圣府内部总计陈列实物 1000 余件,展示战例 200 余例。为了真实再现兵学文化的丰富内涵,内部陈列打破传统陈列模式,各殿各厢运用大量声、光、电组成三维动画多媒体、全景模型、大型全景画、半景画、壁画、雕塑、彩绘、电影资料、特型布景建筑和大量实物、图片、文字,给游人以多层次、多角度的审美感受。陈列体系以《孙子兵法》为经线,以《孙子兵法》在各个时期的战例为纬线，用直观易见的文物为史证，纵横交错，编织出一幅生动鲜活的战争史画卷，给人以生动直观的兵学文化熏陶。同时，布展陈列空间与灯光色彩协调运用，灯光上配合各殿内容及形式，营造出既庄重严肃又可亲可近的艺术氛围。15 大殿两侧 224 间厢房除部分用于服务及商务用途外，着重展示三十六计内容，布展及游览顺序则反向由北向南进行。与 15 大殿静态的风格形成对比，厢内三十六计陈列以动态形式为主。运用电动显示、焰火荧光、变形镜、西洋景故事，虚幻成像、走马灯、木偶戏、玻璃柜卡通、皮影戏等组成一个个活泼生动而又刺激的游戏，使游人在游乐戏耍中体会三十六计计理。

麻 大湖景区有什么景点和湖产品？

麻大湖景区位于博兴县城南 3 千米处，处在鲁中泰沂山脉山前冲积平原和黄河下游冲积平原的交界地带，是由乌河、朱龙河、孝妇河等 7 条河流汇聚而成的内陆淡水湖泊。全湖东西长 7 千米，南北宽 3.5 千米，面 20 平方千米，现有水面 1000 公顷，最大水深 2.3 米，平均水深 1.2 米，湖泊呈东西方向，西窄东宽，湖盆浅平，三面高北面低。

湖区风景秀丽多姿，鱼类资源丰富，水生植物繁多，水域广阔，苇蒲丛生，芙蓉似锦，湖中有河，河中有渠，船道纵横，素有"北国江南，鱼米之乡"美称。湖区是历代文人名士聚会地，有齐桓公会盟诸侯的"会城遗址"、晏子使楚归来接风洗尘的"饮酒厅"等。每年一度的"中国博兴国际小戏艺术暨董永文化旅游节"在这里举办，更为湖区增添了独特的人文景观和艺术风采。

麻大湖物类丰富，经调查，湖区共有浮游植物 133 种，浮游动物 103 种，底栖软体动物 19 种，经济鱼类 40 种，水生及湿地植物

173 种，还时常有野鸭、大雁、天鹅在此出没。这里的特产九孔白莲藕、金丝鸭蛋、四鼻鲤鱼闻名遐迩。白莲藕为麻大湖独产，质地细腻、生脆熟面、白嫩多汁、清香无渣，历史上曾作为贡品。荡舟湖上，欣赏"出淤泥而不染，濯清涟而不妖"的荷花，垂钓龙虾、毛蟹，让您尽享返璞归真的田园乐趣。

秦台风景旅游区名称由何而来？

秦台，传谓秦始皇二十八年（前 219），遣徐福率童男童女数千人，去海上神山求长生不老药，久而不还。于是，秦始皇下令各路大军每人一盔土，米浆和之，筑台以望。台高 19 米，底部周长 188.4 米，面积 2826 平方米，顶部周长 62.8 米，面积 314 平方米。"秦台晓雾"为古滨州八景之一。出旧滨城东门，拂晓远望，秦台隐约可见，其状如枣核。远远望去，恍如山峰。日出时，有烟雾缭绕，乍隐乍现，景色如画。历任知州、官吏，均赋诗赞咏。古人概述：登台远视，水势浩荡，蓬莱仙境，渺渺茫茫近在咫尺；南望黄河，金带欲飘；西南滨城乐土，文明之乡。

秦台风景旅游区位于滨州市滨城区单寺乡西石村，面积约 27 公顷，距离市区 10 千米。是集观光、旅游、休闲、娱乐为一体的大型人文风景区。除秦台之外，旅游区内还有秦汉时期的汉阙式大门、世界上最高的秦始皇铜像、秦兵马俑、明成化十九年（1483）的八角琉璃井、神奇的秦皇台、龙隐湖、龙王庙、英贤桥等旅游景点。秦台风景旅游区的建设，对于保护秦台这一千年历史文化遗产、对于滨州市自然生态环境的改善和旅游事业的发展起着重要的作用。

八角龙井为八角形，深约 9 米。井内三泉并涌，清澈见底，刮东北风时水咸，西南风时水甜润，冬夏不涸，人称"海眼"。

秦始皇塑像威严而高大，艺术地再现了秦始皇统一中国的英雄气概。雕塑为锻铜制作，自重 6 吨，高度 18.9 米，堪称"世界第一"始皇帝铜像。

你知道沾化冬枣生态旅游区吗？

沾化冬枣生态旅游区是全省农业旅游示范点，国家 3A 级景区，位于中国冬枣之乡原产地——沾化县下洼镇。景区是以"品尝沾化冬枣，体验农家风情，享受自然休闲"为主题，以冬枣采摘园景点为主体的生态农业观光型旅游景区。

景区自建立起，结合周围特色，以"一线"（平于水库公园——冬枣研究所——张王河汊公园——25 千米冬枣长廊——思源湖）、"二场"（东西两大冬枣交易市场）、"三林"（明星林、博士林、作家林）、"四园"（观光园、休闲园、市场园、采摘园）为中心，突出了浓郁的冬枣文化，有冬枣嫡祖、天女献枣（雕塑）、科研科普区、冬枣示范园、枣乡艺苑以及认养冬枣林等独具特色的景观，集观光、采摘、旅游、科普、考察、休闲于一体。自1999 年以来，沾化县每年举办的冬枣节吸引了大量游客。

景区主要配套景点有马武村沾化冬枣生态旅游采摘区（综合性生态旅游服务景点）、东平村沾化冬枣旅游示范区（高新科技示范样板区，也是万亩绿色冬枣栽培三大核心区之一）、沾化冬枣研究所与渤海高新技术苗木繁育场（拥有目前全国唯一利用高新技术繁育冬枣苗木的基地）、秦口河和张王河汊（垂钓场所）、思源湖（全县最大的水库）、中华第一大冬枣交易市场等。

惠民魏氏庄园建筑有什么特点？

魏氏庄园是国家 3A 级旅游景区、全国重点文物保护单位，位于惠民县城东南 30 千米、220 国道南侧魏集镇的魏集村，是我国北方现存唯一的城堡式庄园。魏氏庄园是清代武定府同知魏肇庆的私人宅第，建于清光绪十六年至十九年（1890—1893）。1996 年被国务院公布为全国重点文物保护单位，1999 年被列为全省重点旅游景点。

魏氏庄园的特点是将具有防御功能的城垣与中国传统的北京四合院式民居融为一体，既承袭了北方传统建筑的对称、严谨、雄厚之风，又体现出南方建筑空间布局灵活多变的建筑风格。魏氏庄园占地约 27000 平方米，平面布局呈"工"字形，由住宅、花园、池塘、祠堂、广场 5 个部分组成。庄园坐西朝东，高大的拱券门上方镌刻着遒劲有力的"树德"两个大字。城墙部分沿用了中国古代城墙的建筑模式和特点，建有城门、城门楼、马面，还创造性地增设了角堡。城墙高 10 米，顶部有宽阔的跑道，充分显示了其军事防御功能。内宅建筑以纵轴线排列，形成了各自独立的单元。其间用仪门、暗道等相连，内宅的阁楼与城墙顶部用吊桥相连，使其能攻易守，进退自如，这是孙子兵法在民用建筑中的具体体现。庄园环境优美，素有"百亩河塘、十里桃园、园林式集镇、城堡式庄园"之说。

醴泉寺是如何得名的？

醴泉寺位于山东省邹平县西南长白山区。醴泉寺始建于南北朝时期，寺内一泉，唐中宗赐名"醴泉"，原为济南七十二名泉之一。旧时有"先有醴泉，后有济南"之说，醴泉寺由此得名。

醴泉寺风景区总面积 50 万平方米。醴泉寺群山环抱，环境优美，是一座历史悠久的佛教名寺，也曾是范仲淹的求学故地。寺内主体建筑包括山门、钟鼓楼、天王殿、大雄宝殿、范公祠等。其中，大雄宝殿与范公祠相对，形成了独具特色的佛、儒结合的建筑风格。景区存有珍贵的释迦牟尼千年石像及唐开元年间的志公碑。

抗日战争爆发前，梁漱溟先生曾在此建乡学并设医院。抗日战争时期，曾为八路军兵工厂和后方医院。如今，醴泉寺作为一座有悠久历史的古寺遗址和一代名相范仲淹的求学故里，是人们吊古励今的旅游胜地。

范 仲淹是邹平县人吗？

范仲淹（989—1052），字希文，北宋著名政治家、思想家、军事家和文学家。范仲淹祖籍彬州（今陕西省彬县），后迁居平江（今江苏省吴县）。范仲淹两岁时，父亲病故，母亲谢氏改嫁朱文翰（当时任平江府推官），范仲淹遂改名朱说。4 岁时随继父北归长山县河南村（今邹平县长山镇河南村），继父让范仲淹经商、学艺，范仲淹皆不喜欢，唯愿读书。因随母改嫁备受歧视，加之家境贫寒，范仲淹自幼形成自强不息的性格。

宋大中祥符二年（1009），范仲淹到长白山醴泉寺借读，每日仅以粥充饥，笃学不辍。大中祥符四年（1011），范仲淹得知自己身世，前往河南应天府拜戚同文为师，继续苦学。大中祥符八年（1015），中进士，初授广德军司理参军，迎母归养。29 岁，复姓范，改名仲淹。后历任大理寺丞、秘阁校理、太常博士、右司谏、枢密副使、参知政事等职，曾出任陕西经略副使、陕西四路安抚使，又曾做过泰州、楚州、陈州、睦州、饶州、润州、越州、延州、耀州、彬州、邓州、青州等地方官。范仲淹为政清廉、刚直不阿，因力主改革，屡遭诬谤，几度被贬。宋皇祐四年（1052）五月二十日病逝于徐州，终年64岁。是年十二月葬于河南洛阳东南万安山，谥"文正"，封楚国公、魏国公，有《范文正公集》传世。

你知道董永其人吗？

董永，汉代千乘（今博兴县陈户镇）人，为著名孝子。董永自幼丧母，与其父相依为命。后其父年迈病重，行动不便，董永恪尽孝道。每去田间劳作，总是以车载父，一边侍奉父亲，一边耕作。父亲病故，董永自卖其身，贷钱1万，葬埋父亲，因此孝名远扬。其孝行历代广为传诵，奉董永为孝子楷模，列为"二十四孝"之一。在山东省嘉祥县出土的武氏墓汉画像石上，就生动地刻载了董永"鹿车载父"、"肆力田亩"、"象耕鸟耘"的故事。该画像石上所刻"董永千乘人也"六字，是为"董永实有其人，故里山东博兴"的铁证。

至三国时，曹植诗作《灵芝篇》第一次用文学形式歌颂了董永。此后，几乎历代都有以董永为题材的文学作品。久而久之，董永由一个真实的历史人物，演变为神话故事中的人物。以董永故事演绎而成的神话《天仙配》，已家喻户晓，人人皆知。其民间传说在山东博兴、湖北孝感、江苏东台等地尤甚。

菏泽市

你 了解菏泽市吗？

　　菏泽市位于山东省西南部，与江苏、河南、安徽 3 省接壤，辖牡丹区、曹县、定陶、成武、单县、巨野、郓（yùn）城、鄄（juàn）城、东明 8 县 1 区，人口 881 万（2012 年末），面积 12239 平方千米。

　　菏泽历史悠久，文化底蕴深厚。菏泽史称"天下之中"，曾数度成为中原地区重要的政治、经济、文化中心。相传尧、舜、禹等著名氏族部落首领主要活动在这一地区。历史上著名的政治家伊尹、军事家孙膑、思想家庄周、农学家氾胜之、经济学家刘晏、文学家温子升等大批圣贤，都出生在这里。"商界鼻祖"范蠡经商、刘邦登基称帝、曹操成就霸业、黄巢起义、宋江聚义等都发生在菏泽。菏泽还是我国著名的"牡丹之乡"、"书画之乡"、"戏曲之乡"和"武术之乡"。

　　菏泽资源丰富，开发前景广阔。菏泽属黄河冲积平原，地势平坦，土壤肥沃，农业生产条件得天独厚，是全国著名的优质粮棉林畜生产基地，全国三个农区畜牧大市和首批四个平原绿化达标地区之一。境内煤炭储量 281 亿吨，正在开发建设的巨野煤田是华东地区最大、最好、最厚一块煤田。石油、天然气探明储量分别为 5625 万吨、273 亿立方米，已成为中原油田重要的生产基地。

菏泽旅游资源丰富，主要旅游景点有曹州牡丹园、曹州书画院、孙膑故里、孙膑旅游城、永丰塔、郓城唐塔、百狮坊、百寿坊、大成殿、雷泽湖、尧王墓、舜庙、汤王墓、伊尹庙、秦王避暑洞、范蠡湖和范蠡墓、宋江故里等。

菏泽的土特产品主要有单县羊肉汤、菏泽木瓜、芍药、曹县烧牛肉、丹皮、青山羊、青滑皮、小尾寒羊、鲁西黄牛、鲁锦、条编、曹州耿饼等。

单 县以牌坊著名，最著名的牌坊有哪些?

单县古城，因其历史上牌坊多而精闻名天下，均为节孝坊，全石结构、四柱三间、斗拱重檐、构筑精巧、气势巍峨。牌坊平面为"一"字形，四柱和额枋上雕刻精美，或云龙缠绕，或鹤凤翔翔，或八仙庆寿，或二十四孝等。其中，百狮坊和百寿坊以其雄伟的气势鹤立于牌坊之林。两坊结构精巧、宏伟壮观、雕刻精细、玲珑剔透、主次分明、繁而不乱，是全国罕见的典型清代石雕建筑。

百寿坊俗称朱家牌坊，位于单县城内胜利北街，乃清乾隆三十年（1765）为翰林

▲ 单县牌坊

院孔目赠儒林郎朱叔琪妻孔氏而建，因雕有一百个不同书体的"寿"字而得名。坊以青色鱼子状石灰岩构成，通高 13 米、宽 8 米、四柱三间三层楼阁式建筑。其独特之处是：坊座雕有 8 只矫健雄狮昂首远望，8 条出水蛟龙绕柱回舞，额枋上饰满盛开的牡丹，与正间上下额枋祥云间翩翩飞舞的 5 只透雕仙鹤、次间上额枋浮雕的相对翱翔之鸾凤构成了具有无穷魅力之艺术佳作，寓意"福寿万年"、"富贵无媲"或"喜上眉梢"。

而百狮坊则俗称张家牌坊，被誉为"天下第一坊"，位于牌坊街中段。因其夹柱精雕一百只姿态各异的石狮子而得名，寓有"百事（狮）如意"、"百世（狮）多寿（兽）"之意。乃清乾隆四十三年（1778）为赠文林郎张蒲妻朱氏而建，全石结构，高 14 米，宽 9 米，四柱三间五楼式。正间单檐，次间正檐，歇山顶，全部石砌。坊座 8 根夹柱透雕群狮 8 组，大狮子凶猛狰狞，小狮子环绕戏耍。每根夹柱前、左、右三面均浮雕松狮图。四柱和坊额上透雕云龙，其他部位也透雕加浮雕云龙旋舞，珍禽异兽、花卉图案。

你知道宋江故里吗？

郓城是水浒英雄的故乡，素有"梁山一百单八将，七十二名在郓城"之说。依据中国四大名著之一《水浒传》，宋江故里宋家村，晁盖故里东溪村，吴用老家车市，智取生辰纲之地黄泥岗等都分布在郓城。

宋江是北宋末年农民起义领袖，郓城水堡宋家村人。其少有帅才，勇猛强悍，仗义疏财，扶弱抑强。宋徽宗宣和元年（1119）联合 36 人率众起义，活动于山东、河北一带，经历十郡，官军数万莫敢抗拒，曾在梁山泊设营扎寨。他一生深明大义，知人善任，一身正气，深受士卒及百姓拥戴，为后人所敬仰。

1985 年，宋江武校于郓城建成，现名为宋江武术院。目前该院有 42 个文武结合班，学员 5000 余人，先后参加国家级庆典演出 58 次，备受国内外各界赞誉，在国内外重大比赛中共获奖牌900 多枚，是郓城一颗耀眼的明珠。

曹州书画院为何有名气？

曹州书画院位于菏泽城区广福南街西侧，建于 1985 年，占地1.6 公顷，建筑面积 9000 平方米，为菏泽书画研究、收藏、展览活动的中心。书画院建筑既有民族特色，又有现代园林风格，建有展厅、创作楼、晃媚版画艺术陈列馆、赵登禹纪念馆、曹州书画家作品陈列馆、曹州碑廊和艺苑宾舍等，收藏作品近 2000 幅。画院建筑既有传统的民族特色，又有现代的园林风格，院内藤廊、亭台、假山、喷泉。松竹斗奇，百花争艳，景观优雅，宜书宜画。院内曹州碑林有碑刻 400 余块，碑文作品以当代全国著名书法家的墨迹为主。画院西南、东墙内侧建有碑廊，全长 160 米。曹州书画院目前为全国地市级最大的书画院，曹州书画院的碑廊为全国最长的碑廊，已成为菏泽地区重要的旅游观光景点。

孙膑有什么独特的战略战术？

孙膑，字伯灵，齐国鄄邑（今郓城县红船镇孙老家村）人，孙武的后代，战国时期著名军事家，曾与庞涓同师鬼谷子王栩学兵法，后在魏国受庞涓陷害被割去膑骨，由齐使救出，并被齐威王拜为军师，数助齐帅田忌败魏军。周显王十六年（前353）于桂陵截击并大败庞涓，创下了中国历史上著名的"围魏救赵"光辉战例。周显王二十六年（前343）于马陵诱歼魏军，杀死其统帅庞涓，此即历史上著名的马陵之战。他主张"战胜而强立，故天下服矣"，可以寡敌众、以弱胜强，强调"内得民之心，外知敌之情"。孙膑晚年退隐鄄邑孙家花园，设馆授徒，钻研兵法战策，著有《孙膑兵法》89卷，图4卷。

另在孙老家村有孙膑家祠和孙膑纪念馆。家祠内塑有孙膑彩像一尊，而纪念馆中的膑公纪念碑及当代百余位将军题写之碑林亦颇具风采。

牡丹名园凝香园如今状况怎样？

凝香园也称"正春园"，位于菏泽城东岳程办事处岳楼行政村。始建于元末明初，原为袁姓所有，称"袁家堂"花园，后来袁家败落，被明代万历三十八年（1610）进士、工部尚书、菏泽城东何楼村人何应瑞购得，故又称"何园"。著名的"何园白"、"何园红"牡丹，为此园所出。这所花园一直繁荣了400来年。据祖孙三代在这座花园当花工的刘老人讲，1933年冯玉祥先生隐居泰山，为美化泰山，一次就从该园买去500株腊梅。当时就连赵楼、李集"下广"的大胡红，也从此园所购，可见那时"凝香园"花事之盛。何应瑞辞官回乡后写的七律《牡丹》，描绘了何园牡丹："廿年梦想故园花，今到开时始到家。几许新名添旧谱，因多旧种变新芽。摇风百态娇无定，坠露丛芳影乱斜。为语东皇留醉客，好教晴日护丹霞。"直到1937年底，日寇侵占菏泽后才败落下来。目前只剩下不到1公顷，专植牡丹不足2000平方米，牡丹品种70多个，其他杂花40余种，如刺梅、刺桐、玉果、白果、凌霄、黄芽球、紫薇、月季、看石榴、木瓜、柿子、龙头枣、铁梗海棠等。园中有百多年的刺柏，几百年的腊梅、紫丁香，千年翠兰松和一块假山石。

牡丹名园百花园为什么有"品种园"之称?

百花园位于古今园北的洪庙村。清末郝省谦任曹州总团练时，大修牡丹园，周围遍栽桃、梨、柿树，收集牡丹、芍药稀有品种和各种奇花异草种于园内，并打井修塘，养殖金鱼、鲤鱼，名为"郝家花园"。花开时节，车水马龙，高朋满座，繁盛一时。后因连遭战乱，又加郝省谦遭官司，花园长期失修逐渐萧条。民国时期，已成荒野。解放初，洪庙村花农又在此种植牡丹、芍药，逐步连片成方。1958 年，正式建园，名为"洪庙花园"。1982 年，政府再次拨款重建，命名为"百花园"。1990 年，政府再次拨款，由南京园林设计院设计，对百花园进行扩建，更名为"曹州百花园"。

曹州百花园面积近 7 公顷，种植牡丹 12 万多株，560 个品种，种植芍药 6 万余株，270 多个品种，以传统稀有珍贵品种多，花色齐全，分布合理，便于观赏而驰名。同时培育出牡丹新品种赛雪塔、春红娇艳、银红球、百园粉等数十种，都具有很高的观赏价值，因而百花园又有"品种园"之称。

十几年来，百花园牡丹不仅在杭州、苏州、广州、上海等城市举办大型牡丹展，而且与日本、美国、荷兰、新加坡、中国台湾等国家和地区开展交流活动。1989 年，经国家有关部门批准，与日本大阪进行了牡丹、芍药品种交流，引进日本的优良牡丹品种金宝、金阁、花王、太阳等 26 个，芍药品种 28 个。同年，日本《朝日新闻》用"中国牡丹名园"为标题，整版介绍百花园。

牡丹名园古今园名称有何来历？

古今园距菏泽城区最近，为明初洪武年间王梨庄王氏先人王猛创建，至今已有600多年的历史。几代之后，户口繁盛，人丁稠密，村周梅林森森，诸花俱备，人来其间，皆称美丽，遂将王庄村易名为"万花村"。花园经明末战乱，常年失修，日渐荒芜。到清乾隆年间，王梨庄岁贡王玫诵，捐资重修"万花村"花园，除种植牡丹、芍药外，又编制松坊、松狮、松马、松猴、松鹤等，还发展了各种树桩盆景，花园面貌为之一新，独具一格，游人络绎不绝，名为"王氏花园"。后因天灾人祸，花园又一度萧条。清末，以王愈昌为首再次重修花园。

民国年间，花园被曹州府军门张培荣霸占，改名为"军门花园"。解放后，花园获得新生，牡丹栽培面积年年扩大，品种不断增多。1958年，盖起门楼，建设花亭，搭松坊，编松兽……改名为"古今园"，取其历尽沧桑，阅历古今之意。1983年，政府拨专款重修古今园，牡丹种植面积扩大到3公顷多。新建民族形式大门，古色古香，白色的围墙、拱桥、假山……颇具古代园林风味。

古今园面积不大，但牡丹品种齐全。除牡丹外，还有许多奇花异木，芍药、荷包、迎春、丁香、月季、玫瑰、海棠等，不下几十种。200多年的龙头槐，蜷曲有致；100多年的翠兰松，郁郁葱葱；还有棵罕见的文果树，独树一帜。四季繁花似锦，松青花茂。

你了解曹州牡丹园吗？

曹州牡丹园建于1982年，面积80公顷，是目前世界上品种最多，面积最大的牡丹园，集中了曹州牡丹自古至今的发展成果，是曹州牡丹观赏、旅游、生产、科研中心。它是在明清以来风格不一、大小不等的十几处牡丹园的基础上发展起来的，如清道光年间的赵氏园、桑篱园，创于明代的毛花园，以及当时的铁藜寨花园、

▲ 曹州牡丹园

大春家花园、军门花园等。解放前，这些牡丹园多在连年战乱中破坏殆尽，只留下星星点点的牡丹、芍药。

解放后，这里的牡丹又迅速发展起来。1959 年，赵楼、李集、何楼分别建立了牡丹园，连成一片，形成了牡丹生产和观赏中心。1982 年，政府拨专款统一规划，重新布局，将 3 个牡丹园合为一体，建南、北两座仿明代牌坊门楼，高达 10 余米。檐出角翘，雕花彩绘，金碧辉煌，既敞朗宏伟，又古朴典雅。门坊正中的"凤凰戏牡丹"彩色图案下，悬挂着一块灿灿闪光的镏金横匾，上书"曹州牡丹园"五个苍劲有力的大字，是著名书法家舒同先生所题。花园内有 3 个观赏区，若干观赏点，每区各成体系，形成园中园。

南大门以内为西观赏区，以原来的赵楼花园为基础。这里除大片牡丹外，还有松柏编制的鸟兽、人物和牌坊；有现代化的温室，有供游人食宿和举办各种展览用的仿明代建筑——观花楼。园中专门开辟了紫牡丹和白牡丹观赏区，葛巾、玉版两个花仙的塑像，身披朝霞，红妆素裹。使人看了葛巾、玉版这两种名贵的牡丹花，再观赏到牡丹仙子的艳丽姿容，不禁想起蒲松龄的动人描写："宫妆艳艳"、"纤腰盈掬"、"玉肌乍露热香四流……"似乎两个花仙飘飘然窈窈然正同观花的人群欢聚。

北大门以内为北观赏区，以原来李集的花园为基础，除有大面积的牡丹、芍药外，现代化的大型暖房，中国园林式的院落，颇使人流连忘返。园中心，垂柳掩映下有一座花亭，可供游人小憩，细细领略园内风光。

亭东面，为东观赏区，以何楼、毛胡同两村的花园为基础扩建而成。

曹州牡丹园有代表性的牡丹品种有哪些？

二乔　二乔牡丹花瓣一株两色，双娇可爱。它来自洛阳，又叫洛阳锦。颜色有紫色、白色、红色和半红半白，属蔷薇型。

"二乔"，就是表示一株牡丹开放出两朵不同颜色的花，用大乔和小乔两位美女来形容其花朵的美丽。《三国演义》上说，孙策和周瑜之妻为同胞姐妹，都是著名美女，有沉鱼落雁之容、闭月羞花之貌。

似荷莲牡丹　似荷莲牡丹，浅红色，荷花型，是早期品种。唐代诗人陈标称赞这种荷花型的牡丹："应是西天无处种，不然争肯重莲花。"白居易也描写过这种牡丹："酷烈易名寿，姿容想姓潘。"明代薛凤翔赞美这种牡丹时称："潘妃到来，犹然羞涩。"

青龙卧墨池牡丹　这是较为名贵的牡丹品种，黑色花系，乌紫色，蔷薇型，花期较早，又名"一丈青"。相传当年宋江起义军失败后，一丈青扈三娘的丈夫战死，扈三娘只身流落在曹州乡下，隐姓埋名在地主万员外家的花园里当花匠。由于万员外向城里的官员献媚取宠，特意下帖请来赏花，还无耻地叫种花姑娘们招待陪宿，触怒了扈三娘，她一顿拳打脚踢，打得万员外鼻青脸肿，城里的官员也给吓跑了。后扈三娘身份暴露，万员外怕官府追究他窝藏梁山义军头领的大罪，用毒药将扈三娘害死。

扈三娘死后，种花姑娘把她的遗体埋在花园中，并将她最喜爱的，也是她亲手培植的一株最美的黑牡丹栽在墓前，后来人们把这一品种的黑牡丹叫做"一丈青"。

一捻红牡丹 一捻红牡丹的花瓣之上有淡淡的胭脂红色，原名"杨家红"，是传统的牡丹品种，传说出自唐代一个叫杨勉的人家中。花开时节，杨勉把花献给唐明皇，明皇立即命宦官高力士将花献给杨贵妃。贵妃正在化妆，用手拈花，因手上有胭脂，印在花瓣上。自此以后，这种牡丹年年开放都带有这种胭脂染的指印，牡丹名字也由"杨家红"改为"一捻红"。

葛巾、玉版牡丹 这两种红、白相间种植的牡丹我们称为"姊妹花"。红色的叫葛巾紫，实际上它属于紫色花系，台阁型。白色的是玉版白，属白色花系，荷花型。它们之所以被称为"姊妹花"，是和蒲松龄《聊斋志异·葛巾》中的故事有关。

曹州牡丹名冠天下，洛阳书生常大用慕名来游，在花园中偶然遇到一位美貌绝伦的少女，转瞬即逝，常大用爱慕至极，相思成疾。一天，常大用又遇到这位少女，跪在地上苦苦求婚。女子被她的真诚感动，就同常大用一起回到洛阳，并把妹妹玉版介绍给常大用的弟弟常大器做妻子，各自生一儿子。后来，大用发现姊妹俩是牡丹化身，夫妻感情破裂，葛巾、玉版一怒之下离开常家。临行将两个男孩抛在地上，次年在原地生出两棵牡丹，一紫一白，即葛巾紫和玉版白两个牡丹品种。

荷包牡丹 荷包牡丹枝条细长、柔软，上面缀满像荷包一样的红色花蕾。这种牡丹较为特殊，其他牡丹属芍药科，木本，而它属罂粟科，多年生草本，叶似牡丹。它的产地，众说纷纭。有人说它产于湖南中部，还有人说它产于我国北部。还有一个名字叫"朝鲜牡丹"，据说它原产于北美地区，后经朝鲜传入中国。

香玉牡丹 香玉牡丹为白色花系，纯白色，皇冠型，花期晚。

故事源于蒲松龄著《聊斋志异·香玉》中精心塑造的一位白牡丹花仙。故事说胶州黄生，住在崂山下清宫读书。一天，从窗子里看见一白衣女子掩映花间，后来女郎又带来一穿红衣裳的女子，艳丽双绝。黄生吟诗诉说爱慕之情，白衣女郎爱黄生风雅，写诗回敬，最终结为伉俪。女郎对黄生说她叫香玉，穿红衣服者名绛雪。一夜，香玉向黄生哭诉大难临头。次日，即墨一个姓蓝的坏人连根掘走白牡丹，黄生始知香玉是牡丹仙子，天天到牡丹穴处哭泣凭吊。绛雪每见黄生苦闷无聊时就过来，常常一边饮酒，一边作诗酬唱。黄生归故里期间，忽梦见绛雪告知也遇大难。黄生即回下清宫营救，知道了绛雪是耐冬花仙。黄生天天向牡丹穴浇水，不久萌生新芽，四月又开花一朵，转瞬香玉飘然而至。黄生死后在白牡丹左侧生出五叶牡丹一株。

　　石园白牡丹　石园白牡丹为白色花系。此花出自洛阳石崇园中，即大名鼎鼎的金谷园。

　　《晋书·石崇传》中写道：石崇有一位小老婆叫绿珠，美丽异常，善于吹笛。孙秀派人去讨要，石崇大怒说："绿珠是我所爱的人，不能给。"孙秀大怒，假造诏书逮捕石崇。石崇正在楼上饮宴，抓他的人来到大门口。石崇对绿珠说："我如今为了你而获罪。"绿珠哭泣道："我应当死于您的面前。"于是绿珠跳楼而死。后来在绿珠坠楼处长出一株绿牡丹。所以这种牡丹命名为"绿珠坠玉楼"，现在是一变异品种，花苞绽口仍为翠绿色，开放后变为玉白色。

菏泽有哪些独具特色的民风民俗？

　　从民俗文化看，菏泽市具有鲜明的地方特色，是国务院命名的"武术之乡"、"书画之乡"和"戏曲之乡"。

目前，全市武术种类达 50 多个，有各类武术组织及社团 1800 多个，武术馆校 41 所，武术村 1504 个。郓城、牡丹区、单县、定陶等县区被国家体委命名为"武术之乡"。民族武馆、宋江武校、东方武校、曹州武馆等 4 处馆校，在全国百处优秀武术馆校评审中列入优秀行列，在校生均在 1000 人以上。宋江武校、曹州武馆的在校生达 4000 多人。

热爱书画艺术的民风遍布全市城乡，全市有国家级书画会员 58 人，省级会员 600 余人，市级会员 2000 多人，还拥有多处书画创作专业村和书画爱好专业村。

菏泽传统地方戏曲剧种繁多。早在 20 世纪 50 年代，毛泽东、朱德、刘少奇、陈毅等党和国家领导人就曾看过菏泽的地方戏曲，并给予了很高的评价。在历届全国及山东省戏曲汇演评比中，多次捧取大奖。现在有各种古乐、舞蹈、戏曲学校 10 余所，各种文化娱乐设施遍布城乡。另外，菏泽还有古老的斗鸡、斗羊等风俗。

菏泽民间工艺品种类多样。著名的有菏泽鲁锦、面塑、草条编等。其中菏泽鲁锦是鲁西南农村的家纺布，可制作鲁锦时装、工艺品、壁挂等 30 多种饰品。

菏泽面塑，历史悠久，牡丹区的穆李村是有名的"面塑之乡"，著名艺人李芳清等人曾到东南亚、中东、欧洲和澳大利亚等 10 多个国家和地区献艺。

致 谢

在本书编纂过程，作者查阅了大量文字与图片资料，并吸收部分优秀成果，在此对相关单位和人员表示衷心感谢！

选题策划：殷　钰　高　震　谭　燕
责任编辑：殷　钰
责任印制：闫立中
装帧设计：中文天地

图书在版编目（CIP）数据

圣人故里山东. 2／曾招喜，张爱文编著. -- 北京：
中国旅游出版社，2015.4
（中国地理文化丛书）
ISBN 978 - 7 - 5032 - 5196 - 2

Ⅰ. ①圣…　Ⅱ. ①曾…　②张…　Ⅲ. ①山东省 - 概况
Ⅳ. ①K925. 2

中国版本图书馆 CIP 数据核字（2015）第 002335 号

书　　名：中国地理文化丛书——圣人故里山东（二）
作　　者：曾招喜　张爱文
出版发行：中国旅游出版社
　　　　　（北京建国门内大街甲 9 号　邮编：100005）
　　　　　http：//www. cttp. net. cn　E-mail：cttp@ cnta. gov. cn
　　　　　发行部电话：010 - 85166503
排　　版：北京旅教文化传播有限公司
经　　销：全国各地新华书店
印　　刷：三河市兴国印务有限公司
版　　次：2015 年 4 月第 1 版　2015 年 4 月第 1 次印刷
开　　本：710 毫米×1000 毫米　1/16
印　　张：20. 5
字　　数：257 千
印　　数：1 - 5000 册
定　　价：40. 80 元
ISBN　978 - 7 - 5032 - 5196 - 2